Lucien Rebatet & Pierre-Antoine Cousteau

Dialogo tra gli "sconfitti"

Lucien Rebatet (1903-1972)
Pierre-Antoine Cousteau (1906-1958)

Dialoghi tra gli "sconfitti"
nel carcere di Clairvaux
Gennaio-dicembre 1950

Dialogues de « vaincus »
à la prison de Clairvaux
Janvier-décembre 1950

Tradotto dal francese e pubblicato da
Omnia Veritas Ltd

www.omnia-veritas.com

© Omnia Veritas Limited - 2025

Tutti i diritti riservati. Nessuna parte di questa pubblicazione può essere riprodotta con qualsiasi mezzo senza la previa autorizzazione dell'editore. Il codice della proprietà intellettuale vieta le copie o le riproduzioni per uso collettivo. Qualsiasi rappresentazione o riproduzione totale o parziale con qualsiasi mezzo, senza il consenso dell'editore, dell'autore o dei loro successori, è illegale e costituisce una violazione punita dagli articoli del Codice della proprietà intellettuale.

DIALOGO PRELIMINARE	**7**
DIALOGO 1	**17**
LA BANDIERA NERA E LA SVASTICA	17
DIALOGO 2	**38**
SOPRAVVIVENZA DEL PIÙ ADATTO	38
DIALOGO 3	**49**
REGNO BRITANNICO	49
DIALOGO 4	**65**
SAÜL IL BALUCHONNEUR	65
DIALOGO 5	**76**
DA SOCRATE A BOUSSELAIRE	76
DIALOGO N. 6	**94**
IL SESTO COMANDAMENTO	94
DIALOGO N. 7	**108**
PRIMA DELLA GERMANIA ETERNA	108
DIALOGO N. 8	**127**
CREDERE E CAPIRE	127
DIALOGO N. 9	**137**
IL TERZO SESSO	137
DIALOGO N. 10	**149**
OSCURANTISMO	149
DIALOGO N. 11	**164**
COMFORT IN PRIGIONE	164
DIALOGO N. 12	**182**
ROOSEVELT, STIAMO ARRIVANDO	182
DIALOGO N. 13	**197**
AIUTARE CLIO	197
DIALOGO N. 14	**215**

L'ESCARPOLETTE 215
DIALOGO N. 15 .... **225**
    PIEDI SPORCHI 225
        APPENDICE AL DIALOGO N. 15 .... *239*
        UN INNOCUO PASTICHE DELLA STRADA VERSO LA LIBERTÀ *239*
DIALOGO N. 16 .... **240**
    E' STAMPATO 240
DIALOGO N. 17 .... **250**
    LETTERATURA 250
DIALOGO N. 18 .... **279**
    IL PASSATO DELL'INTELLIGENZA 279
DIALOGO N° 19 .... **292**
    LA SCOMMESSA DI DIO 292
DIALOGO N. 20 .... **307**
    SACRO AMORE PER LA PATRIA 307
GIÀ PUBBLICATO **321**

DIALOGO PRELIMINARE[1]

Cousteau - Era un ottimo modo per passare il tempo.

Rebatet - Finché eri tu a inventare l'intrattenimento, potevamo essere certi che sarebbe stato buono. Hai sempre saputo giocare molto meglio di me.

Cousteau - Non esageriamo. Non ho solo buone idee... Ma non è stato spiacevole cercare di stilare una sorta di inventario delle verità primarie che sono sopravvissute al nostro disastro.

Rebatet - E poi, tra l'altro, per chi è ridotto a *Pèlerin, Hommes et Mondes* e *France-Illustration* per quanto riguarda la lettura politica, è stato un grande sollievo mettere almeno nero su bianco queste verità sopravvissute.

Cousteau - Lei cita cose la cui conformità è garantita in fattura. Ma si ricordi che quando ci davano i giornali sovversivi, quelli dell'opposizione, *Le Canard enchaîné, Aspects de la France* o l'*Observateur*, il rispetto e la prostrazione erano altrettanto spaventosi.

Rebatet - L'*Observer* non è così prostrato.

Cousteau - Non prostrati davanti alla repubblica borghese, ai capitalisti, ma prostrati davanti al proletariato, al mito del progresso. Quelli che a sinistra pensano di essere così liberati non sono meno impigliati nei loro tabù sociali di chiunque altro...

---

[1] A differenza degli altri venti "dialoghi", questo dialogo non è stato scritto nel 1950, ma dopo che i due autori erano stati rilasciati dal carcere, quando stavano pensando di pubblicarlo.

Rebatet - E *Rivarol*?[2]

Cousteau - Non ho dimenticato *Rivarol*. È un giornale di amici, l'unico che ci ha veramente difeso. Molto spesso, quando lo leggevo, mi sentivo rivendicato e gli sarò sempre grato per questo. Ha combattuto una battaglia magnifica in condizioni finanziarie impossibili.

Rebatet - Solo quando si tratta della Chiesa, è tutto, niente più libertà.

Cousteau - Ahimè...[3]

Rebatet - In breve, solo Le *Crapouillot* rimase veramente libero in tutti i settori contemporaneamente, attaccando indiscriminatamente tutte le grottesche, che fossero della Resistenza, del collaborazionismo, del papismo, delle banche o della massoneria.

Cousteau - Sì, ma Le *Crapouillot* raramente varcava i cancelli della prigione, e quando si trattava di verità primarie eravamo ridotti a vivere in un'economia chiusa.

Rebatet - Finalmente questi dialoghi inediti stanno per apparire. È il segno che questo universo ha funzionato mentre noi eravamo in ombra. Ma non nel senso delle mattinate trionfali di prosperità repubblicana e di

---

[2] Settimanale di estrema destra, fondato nel gennaio 1951 su iniziativa di René Malliavin (alias Michel Darcier), che si definisce "settimanale dell'opposizione nazionale". In origine era un rifugio per i sopravvissuti al vichismo e al collaborazionismo. Cousteau e Rebatet vi scrivevano, con lo status di "star".

[3] *Le Crapouillot* è un mensile fondato al fronte nel 1915 da Jean Galtier-Boissière, all'epoca di sinistra e "anticonformista". Vicino ai neosocialisti prima della guerra, contribuì a lanciare il collaborazionista *Aujourd'hui*, che ebbe vita breve durante l'occupazione, prima di riportare *Le Crapouillot* dopo la guerra. Ha sposato la causa e i valori dei "vinti". Galtier-Boissière arrivò a sostenere la campagna di negazione dell'Olocausto di Paul Rassinier. Pubblicò un importante articolo di Rebatet dopo la sua liberazione, un articolo-testimonianza in cui Rebatet raccontava la sua vita in prigione ("On ne fusille pas le dimanche", giugno 1953), che fu poi ristampato in *Les Mémoires d'un fasciste, op. cit.*

grande pace democratica. Certo che no.

Cousteau - Si noti che non tutto può ancora essere detto. Ci sono molte verità orribili e blasfeme che, quattro anni fa, avrebbero scatenato il braccio secolare della Coscienza Universale, e che ora sono ammirate da tutti, quasi come dei truismi.

Rebatet - Le malefatte di Roosevelt, per esempio...

Cousteau - Altri argomenti, tuttavia, rimangono tabù.

Rebatet - A proposito, cosa facciamo del dialogo sugli ebrei?

Cousteau - Non se ne parla. Lo releghiamo in fondo ai nostri archivi.

Rebatet - È un peccato. Per una volta stavamo quasi dicendo cose buone sul popolo eletto.[4]

Cousteau - Sì, ma non possiamo nemmeno dire qualcosa di buono su di loro, perché una volta per tutte si è capito che gli ebrei non esistono, che non sono mai esistiti, che sono una creazione puramente immaginaria degli antisemiti cinocefali, e che la sola menzione del loro nome è una presunzione di genocidio.

Rebatet - Allora non parliamone più. Non voglio tornare in prigione. Un'altra domanda: il dialogo sui negri?

Cousteau - Lasciamo fuori anche lui. È troppo pericoloso. Quando ci si

---

[4] Cousteau si riferisce alle *Réflexions sur la question juive* di Jean-Paul Sartre, pubblicate nel 1946 (poi Gallimard, 1954). In questo libro, Sartre traccia una sorta di ritratto psico-sociale dell'antisemita (l'"odio" dell'antisemita non è altro che un'"attrazione profonda e sessuale per gli ebrei"); avanza l'ipotesi, oggi criticata, che l'ebreo esista innanzitutto attraverso gli occhi degli altri, e dell'antiebreo. Accusa Céline di essere stata "pagata". Sartre divenne il capro espiatorio degli intellettuali purificati. Céline gli dedicò una violenta e scatologica replica in un piccolo pamphlet, *A l'agité du bocal*.

offende per il coito franco-bambarese, si viene troppo presto bollati come criminali. L'altro giorno ho incontrato una signora molto ortodossa che faceva un gran chiasso perché una giovane tedesca aveva trovato lavoro come dattilografa a Parigi: "Quei crucchi non sanno stare a casa!", ha detto al colmo dell'esasperazione. E quando, cinque minuti dopo, le feci notare che c'erano davvero molti negri sulla boul'Mich, volevo che vedeste il modo superbo in cui mi zittì: "Sono francesi come gli altri. Quindi non parliamone più.

Rebatet - Precisamente, stavo prendendo le parti dei negri contro gli imbecilli, contro il sottaceto Guéhenno. Daranno a quei poveri negri delle terribili pesti. Li organizzano. Li faranno votare. Finirà con un terribile massacro di negri. Auguro a quei negri ogni bene.

Cousteau - Anch'io. Ma abbiamo solo il diritto di augurare loro ogni bene in una prospettiva democratica. Se si va oltre, si ricade nel genocidio.

Rebatet - Orribile! Rassegniamoci, cancelliamo i negri.

Cousteau - OK. Non si tratta di un'enorme quantità di sciocchezze. E visto che pubblichiamo gli altri dialoghi, forse dovremmo spiegare ai lettori le condizioni in cui sono stati scritti... Per cominciare, ricordiamo che è la prima volta nella storia della letteratura che i dialoghi sono stati scritti da due autori diversi. Finora l'autore si è accontentato di dialogare con se stesso, di dialogare un monologo, che in breve è una violazione della fiducia, un imbroglio sull'etichetta di merce. Platone, Tacito, Luciano, Estienne, Fénelon, Montesquieu, Renan non hanno operato diversamente? Siamo davvero in due. I nostri dialoghi sono veri dialoghi. È un'innovazione rivoluzionaria.

Rebatet - Sei incredibilmente pretenzioso. Sarai sempre così soddisfatto di te stesso.

Cousteau - No. Sono un tipo corretto. E quando sei "*il primo al mondo*" a fare qualcosa, la gente deve saperlo. Guardate la letteratura contemporanea. Il premio non viene assegnato per l'ingegnosità stilistica o psicologica, ma allo scrittore che per primo ha scalato una montagna o raggiunto un abisso sottomarino.

Rebatet - O ha attraversato l'Australia su un pattino...

Cousteau - Bifronte...

Rebatet - Per essere uno che lavora come freelance per Montesquieu e Renan, oggi parli una lingua piuttosto buona.

Cousteau - Peccato. Non riesco a trovare altre parole... Quindi la bicefalia dei nostri dialoghi è il nostro modo di fare qualcosa di inedito.

Rebatet - Basta per il capitolo del tuo compiacimento. Devi illuminare il lettore...

Cousteau - Prima di tutto, ricordiamogli che abbiamo fatto un po' di rumore ai nostri tempi...

Rebatet - Ancora il tuo compiacimento!

Cousteau - Chiamatelo come volete... Vorrei ricordare al lettore che lei ha scritto Les *Décombres*, che è stato di gran lunga il *bestseller* degli anni della guerra. Ora, se così tante persone hanno comprato Les *Décombres*, non è stato perché avevano paura della Gestapo, ma perché erano d'accordo: il "piccolo manipolo di traditori" era piuttosto denso...[5]

---

[5] Credo di aver dimostrato, attraverso l'analisi delle lettere che Rebatet ricevette dopo la pubblicazione de Les *Décombres*, che i suoi lettori non condividevano necessariamente il contenuto politico di questo libro. 65.000 copie furono vendute - una cifra considerevole date le circostanze e la scarsità di carta, e l'editore Denoël stimò che gli ordini erano per circa 200.000 copie. *Cfr.* R. Belot, "Les lecteurs des

Rebatet - E i 300.000 francesi che solo nella zona nord acquistano *Je Suis Partout* ogni settimana non sono stati costretti da nessuno. Trecentomila numeri significa un milione di lettori. Ci siamo venduti a loro. Se avessero "resistito" al piacere di leggerci, non avremmo dovuto far altro che sparire... E, cortese per cortese, tocca a me ricordare al lettore che, dopo il ritiro di Brasillach, lei è stato il direttore politico di questo *bestseller*...

Cousteau - In seguito, ci siamo trovati in un mare di guai. Fummo arrestati nel 1945, condannati a morte il 23 novembre 1946 e graziati nella Pasqua del 1947.

Rebatet - Siamo arrivati alla prigione di Clairvaux, con una condanna all'ergastolo, alla fine di maggio del 1947, non ricordo la data esatta.

Cousteau - Non importa. Per capire quello che stiamo per leggere, specifichiamo che in questa prigione i nostri destini sono iniziati divergendo.

Rebatet - Lei è stato immediatamente classificato come contabile presso Lingerie.

Cousteau - I lettori sanno cos'è un contabile di prigione?

Rebatet - È colui che amministra i salari e le altre indennità dei detenuti su carta, poiché in carcere non è consentito l'uso di contanti. È il lavoro più invidiato del carcere, perché comporta una serie di privilegi: non devi lavorare con le mani, hai un piccolo ufficio che ti isola dal resto dei detenuti. E, guarda caso, l'ufficio Lingerie era il più bello di tutta la casa.

Décombres de L. Rebatet : un témoignage inédit du sentiment fasciste sous l'Occupation", *Guerres mondiales et conflits contemporains*, n. 163, Paris, P.U.F., 1991, pp. 3-30.

Cousteau - Lei, invece, ha impiegato molto tempo per lasciare il segno!

Rebatet - Ho trascorso due anni nel Quartier des inoccupés. Non c'erano privilegi, eravamo al di sotto del livello di sussistenza di un prigioniero leggero.

Cousteau - È tutta colpa tua. Se non avessi avuto una bocca così grande, se fossi stato un po' più diplomatico...

Rebatet - Non posso farmi tagliare le corde vocali. Per evitare i guai che la mia bocca mi procura sempre. Inoltre, Clairvaux mi ha messo troppo di cattivo umore... Avevo bisogno di sfogare questo stato d'animo.

Cousteau - E naturalmente gli spioni riferivano ogni tua parola, il che non incoraggiava certo la direzione a darti un nascondiglio.

Rebatet - Finalmente sono stato rilasciato dall'Ino. e sono diventato assistente contabile nel suo ufficio alla Lingerie.

Cousteau - E da quel giorno è iniziata la nostra vita inimitabile.

Rebatet - È un aggettivo piuttosto grande, visto che stiamo parlando al lettore che non è obbligato a giudicare tutto in termini relativi, come facciamo noi.

Cousteau - Quel rifugio nell'ufficio Lingerie, dove sedevamo su sedie sgangherate, davanti a un tavolo divorato dai vermi, tra scatole di cartone verdi e polverose, era un paradiso carcerario. Ma mi piacerebbe vedere l'espressione di alcuni dei nostri eminenti colleghi che oggi parlano a bocca aperta delle debolezze dell'epurazione, se fossero stati trasportati lì.

Rebatet - Non hanno voluto riportare i dialoghi! Non vogliamo romperci l'incensiere sul naso, ma abbiamo avuto la nostra piccola forza di carattere.

Cousteau - Vede, dopo aver riletto i nostri testi, temo che il lettore si faccia un'idea un po' falsa del clima della nostra espiazione, che si immagini una sorta di sanatorio per illustri intellettuali.

Rebatet - Speriamo che il lettore capisca che non è nel nostro temperamento lamentarci e che la letteratura e le idee generali sono state la nostra fortuna, il nostro balsamo, il nostro sostegno quotidiano. [6]Non avrei mai tollerato di pubblicare una geremiade alla Groussard sul braccio della morte a Fresnes, che mi ha affiancato a *Crapouillot* sulle carceri. [7]Ma abbiamo il diritto di dire al lettore che anche noi avremmo potuto scrivere *Les Jours de notre mort* . Il materiale non sarebbe mancato, con 141 giorni di catene, i primi anni di Clairvaux...

Cousteau - È un dato di fatto che la vita nelle carceri francesi durante i primi anni dell'epurazione era atroce, come in qualsiasi altra prigione del mondo... In seguito, la disciplina si allentò un po', e fu allora che io e lei potemmo organizzarci per godere di un certo grado di comfort in prigione. Ma anche allora le costrizioni rimasero dure. Come te, non ho voglia di lamentarmi e preferisco lasciare da parte questo aspetto della nostra espiazione.

Rebatet - Diciamo al lettore che a metà del 1950, l'anno dei nostri dialoghi, fummo trasferiti, tu al Dipartimento traduzioni e io alla

---

[6] Il colonnello Georges Groussard era un ufficiale dei servizi segreti francesi che, dopo aver organizzato la repressione antigollista nel regime di Vichy, cercò di creare un movimento di resistenza a Vichy in collegamento con gli inglesi e al di fuori del movimento gollista. Arrestato nel maggio 1942 dalle autorità di Vichy, fu internato a Vals-les-Bains.

[7] *Les Jours de notre mort*, Paris, Éditions du Pavois, 1947, (ripubblicato Paris, Hachette, 1993) è il racconto di David Rousset dell'esperienza del campo di concentramento. Combattente della resistenza trotskista, David Rousset fu deportato in Germania. Scrisse un secondo libro sui campi nazisti, *L'Univers concentrationnaire*, che vinse il premio Renaudot nel 1946 (ristampato a Parigi, Hachette, 1998). In seguito all'affare Kravchenko, si impegnò nella denuncia dei campi in URSS.

biblioteca, che era lì accanto. A quel punto, possiamo ammetterlo, i *Giorni della nostra morte* erano completamente alle spalle. Ma avevamo già trascorso cinque anni in prigione, tre anni in una gabbia per polli, dodici ore al giorno, ventiquattro ore al giorno.

Cousteau - Quindi, sempre per l'edificazione del lettore, i nostri dialoghi sono stati scritti per metà nell'ufficio del laboratorio di lingerie e per metà nella biblioteca della Centrale. Iniziavamo parlando un po' dell'argomento che avevamo scelto, girando per uno dei cortili della prigione come tutti gli altri detenuti del mondo. Poi ci sedevamo a un tavolo comune e cominciava il gioco, un gioco che in qualche modo ricordava i "foglietti" della nostra infanzia. Io scrivevo una frase, ti passavo il foglio, tu mi rispondevi e così via...

Rebatet - Ben presto divenne un mucchio di carte terribilmente compromettenti. Ci saremmo trovati in un mare di guai se questo manoscritto fosse stato sequestrato durante una perquisizione.

Cousteau - Meno male che i pirati erano impegnati a cercare il liquido per accendini e i pezzi di pelle rubati dalle officine...

Rebatet - Mi sono strappato dalle mie letture esegetiche e teologiche, ho lasciato Origene per trovare Stalin, perché era anche un periodo di grandi studi pii per me, la mia scolastica. Ho dovuto correggere tutta la retorica religiosa di Les *Deux Étendards*.

Cousteau - Avevo anche una mia piccola ricerca, che ha portato all'accumulo di ben dieci chili di scartoffie, di cui forse un giorno parleremo ancora. Ma questa è un'altra storia. Torniamo alla tecnica del dialogo.

Rebatet - Ricordate il nostro sospiro di sollievo quando avevate finito di digitare il nostro testo sulla macchina di traduzione e questo era arrivato, con mezzi proibiti, nel mondo libero...

Cousteau - Resta da vedere come il mondo libero accoglierà questi dialoghi dal campo di prigionia, e se i cittadini che non sono mai stati imprigionati avranno la stessa libertà mentale di leggere i nostri testi che noi prigionieri abbiamo avuto per scriverli.

DIALOGO 1

LA BANDIERA NERA E LA SVASTICA

> "Gli uomini saranno sempre guidati da queste due parole: *ordine* e *libertà;* ma l'ordine mira al dispotismo e la libertà all'anarchia. Stanchi del dispotismo, gli uomini chiedono la libertà; offesi dall'anarchia, chiedono l'ordine".
>
> Rivarol, *Sulla filosofia moderna*

Quel giorno, Rebatet si era immerso negli *Atti degli Apostoli* di Loisy, l'opera più diabolica di tutte, e Cousteau si stava facendo le unghie. Entrambi erano estremamente attenti al loro lavoro. Rebatet era impegnato a collazionare i tre racconti della conversione di Saulo. Cousteau stava rettificando l'ovale delle sue unghie con una lima esperta, spingendo indietro le pellicine e rimuovendo le piccole escrescenze di carne. Per quanto fossero assorti, ognuno dei due era vagamente consapevole di ciò che l'altro stava facendo, e ognuno provava una sorta di disprezzo per un'attività così frivola. Cousteau ruppe il silenzio:

Cousteau - Dica, terribile creatura, si è mai reso conto dell'umorismo che emerge dai nostri discorsi?

Rebatet mormorò un'onomatopea incomprensibile. Poteva essere un invito a spiegarsi. Cousteau lo prese in questo modo:

Cousteau - Non fraintendetemi: quello che stiamo dicendo può non essere molto divertente, ma il fatto che siamo noi a dirlo è piuttosto comico. In ogni caso, ci sono parecchie persone là fuori che sarebbero piuttosto sbalordite dal modo in cui stanno andando le nostre conversazioni.

Rebatet si è liberato solo a metà dagli *Atti degli Apostoli*. Il suo volto rimaneva chiuso, il suo sguardo assente. Cousteau capì che doveva insistere:

Cousteau - Lei e io siamo stati etichettati come "fascisti". Non senza ragione, in effetti. E abbiamo fatto di tutto per giustificare questa reputazione...

Rebatet - Fino alla condanna a morte...

Cousteau - Ma per lo strambo medio - e anche per lo strambo superiore - che cos'è un fascista? Prima di tutto, è un errante, un tipo strano, l'anima dannata della reazione più nera, il tirapiedi della sciabola e del goupillon... E così come ci aspettiamo che un nichilista abbia le bombe in tasca, che un socialista abbia i piedi sporchi e che un seminarista sia brufoloso, dobbiamo immaginarci congelati in attenzione permanente davanti alle epinalerie di Derroulédi.

Rebatet - Conosco alcune persone, senza andare molto lontano, che sono sull'attenti ventiquattro ore al giorno, ma non è il nostro caso.

Cousteau - Penso addirittura che abbiamo raggiunto un grado sensazionale di anarchia. Siamo molto più anarchici degli anarchici ufficiali, che in realtà sono dei poveri tipi dolorosamente conformisti. Va bene liberarsi dei vecchi miti per abbracciare il mito del progresso, il mito di una società senza Stato.

Rebatet annuì con un cenno di assenso:

Rebatet - Non c'è dubbio che siamo più liberati di questi ragazzi. Ogni nostra parola lo dimostra.

Cousteau - Allora come si spiega che, con un simile temperamento, ci siamo onestamente e deliberatamente inseriti in un sistema politico i cui conformismi avrebbero dovuto metterci fuori gioco? E come si spiega il fatto che questa contraddizione non ci disturba affatto?

Rebatet si era completamente riaperto:

Rebatet - Quello che dici è interessante. A prima vista, mi fa sanguinare il cuore. Mi ricorderà sempre quello che ero quando avevo vent'anni: il piccoletto che più probabilmente avrebbe attraversato questo secolo senza il minimo incidente. Avevo tutte le mie idee sulla religione, l'etica e la politica, e avevo deciso una volta per tutte che non avrei mai messo un dito in quelle fogne. L'aggettivo più ripugnante che potevo applicare a un essere o a una cosa era sociale: un prete sociale, un'atmosfera sociale...

Alla menzione di questo termine, Cousteau fece un broncio di disgusto. Anche lui stava per calpestare le questioni sociali. Ma Rebatet non si lasciò interrompere:

Rebatet - ... Per me, l'attività più imbecille dell'uomo era l'apostolato, qualunque forma assumesse. La graduale contaminazione da parte di altri di un piccolo uomo che, nel suo stato iniziale, era perfettamente sano, i sacrifici al pregiudizio e alla correttezza, questa potrebbe benissimo essere la mia storia... E non mi dispiacerebbe scriverla in questa forma, una sorta di racconto anti-sartriano. Ma la realtà non è così semplice e sconcertante. O almeno spero che non lo sia.

Cousteau - Permettimi di fermarti, caro Lucien. Non è affatto sconcertante... Non solo non ho rimpianti, ma mi congratulo ogni giorno per aver vissuto questa avventura fascista...

Rebatet - Anche qui, anche in prigione?

Cousteau - Sì, anche qui. È stata un'avventura magnifica ed emozionante. [8] Il mio "impegno" - come dicono i francs-tireurs e i partigiani dei Deux Magots - mi ha portato, con una sorta di fatalità, a esperienze, sensazioni e soddisfazioni di orgoglio che altrimenti avrei sempre ignorato e che i più fortunati non possono permettersi. Ricordate quello che Stendhal fa dire a Mathilde de la Mole sulla pena di morte: "È l'unica cosa che non si può comprare".

Rebatet - Puoi scommetterci che me lo ricordo! Quindi non sai che l'ho scritto nella mia cella mentre eravamo in catene...

Cousteau - Può darsi, ma visto che siamo stati costretti a rimanere ognuno a casa propria, mi sta dicendo... In ogni caso, per quanto riguarda l'impegno, non ho rimpianti. Ma sono un po' sorpreso. Perché se a vent'anni ti sei liberato dalle convenzioni civili, morali e religiose, a quell'età anch'io non rispettavo più niente. Non proprio come te, però. Tu eri più anarchico di me. Io ero - e mi scuso per questo - più di sinistra...

Rebatet - È una sorta di impegno...

Cousteau - Ma per me la negazione superava di gran lunga lo zelo costruttivo. Il mio socialismo rimaneva vago. D'altra parte, sapevo bene da cosa non volevo più essere ingannato, con qualsiasi pretesto. Niente più *sursum corda* per la nostra santa madre Chiesa, la linea blu dei Vosgi e la proprietà costruita. [9] E sapete, visto che siamo in tema di confidenze,

---

[8] Si tratta di un'allusione a Jean-Paul Sartre, che durante l'occupazione passava più tempo nei caffè di Saint-Germain-des-Près (dove amava scrivere) che nel maquis, pur sostenendo l'epurazione e l'impegno di sinistra dopo la Liberazione.

[9] *L'Ile des pingouins* (*L'isola dei pinguini*) (1907), di Anatole France, è uno dei libri in cui l'autore esprime una sorta di socialismo saint-simoniano: in esso, un santo cieco battezza i pinguini, che diventano così uomini...

come ho avuto la mia rivelazione: a sedici anni *ho letto L'Ile des Pingouins* di quella vecchia barba di Anatole France. Partire da lì per arrivare al *Mein Kampf* è abbastanza comico...

Rebatet - Sono stati i preti e *L'Echo de Paris* durante la guerra del 1914-1918 a farmi diventare anarchico. [10] Quando ho iniziato a fare giornalismo, mi capitava di frequentare ebrei e uomini di sinistra, che trovavano subito il modo di conciliare quello che dicevo con la mia appartenenza all'A.F.: per loro ero un anarchico di destra. Nonostante tutto, questo anarchismo conviveva con una vivissima ammirazione per Mussolini. Quindi ero di destra per lo stesso motivo dei barbelli:

Cousteau sorrise con indulgenza

Cousteau - Conosco la sua teoria: i barbari e gli artisti hanno bisogno di ordine per prosperare.

Rebatet - Espresso in questa forma, è classico, è piuttosto piatto, e lo stesso insufficiente. Mi sembra che abbiamo il diritto di rivendicare la nostra aristocrazia, il cui tratto distintivo è in primo luogo la libertà di spirito, e in secondo luogo l'orrore per i miti egualitari, che ci distingue dall'anarchico sentimentale, che è sempre più o meno nazareno. Una certa forma di aristocrazia sarebbe necessariamente legata all'anarchia.

Cousteau - È ovvio. Ma, ad essere sincero, me ne sono reso conto solo molto più tardi. La mia "conversione" - se c'è stata - è avvenuta in condizioni piuttosto confuse. È stata più sentimentale che razionale e l'influenza personale di un uomo è stata decisiva. Sapete come sono entrato in *Je Suis Partout*?

Rebatet - Non ricordo i dettagli. So che lei era in casa quando sono

---

[10] Abbreviazione di "Action Française", il movimento di estrema destra nazionalista e monarchico di cui Charles Maurras fu leader e teorico.

arrivato io stesso, verso la fine del 1932. Lei aveva già scritto in *Candide*...[11]

Cousteau - No, *Candide* è venuto dopo... In Rue du Saint-Gothard ho iniziato con *Je Suis Partout*, e in circostanze piuttosto pittoresche... Non credo di averle mai raccontate...

Rebatet - Continua...

Cousteau - All'epoca lavoravo al Journal e mi guadagnavo da vivere come segretaria di redazione. [12]Allo stesso tempo, scrivevo segretamente - perché se qualcuno l'avesse scoperto, sarei stato cacciato dal Journal - la pagina degli echi di Le *Monde* di Barbusse. Tra l'altro, fu Georges Altman a darmi il benvenuto in questa casa dove venivo pagato a malapena. Ma è stato un sollievo poter urlare contro le teste di legno e le duecento famiglie... E poi, per arrotondare un po' i miei pagamenti mensili, scrissi una rubrica umoristica - o presunta tale - su *Coup de patte* di Augustin Martini, che firmai Albert London... È lì che sono iniziati i problemi... [13]Un giorno fui invitato al banchetto della *Coup de patte* e, guarda caso, mi trovai alla destra di Gaxotte. Gaxotte firmava le sue rubriche "L'Idiot du Village". Fino ad allora, né io né lui avevamo dato un volto ai nostri rispettivi pseudonimi. Abbiamo imparato a conoscerci. Gaxotte mi ha messo i bastoni tra le ruote, ha dichiarato eccellenti i miei articoli e mi ha invitato a contribuire a *Je Suis Partout*. Vi ricordate

---

[11] Fino al 1936, *Candide*, come *Je Suis Partout*, apparteneva a Fayard.

[12] Il settimanale *Monde*, fondato nel 1928, era di sinistra. Il suo direttore, Henri Barbusse, un pacifista con stretti legami con i comunisti francesi (dal 1926 sarebbe diventato direttore letterario de *L'Humanité*), raccontò la sua esperienza di guerra in *Le Feu* (1916).

[13] Inizialmente maurrassiano, Pierre Gaxotte fu l'uomo di fiducia di Fayard fino al 1936. Laureato all'Ecole Normale Supérieure e storico dell'Ancien Régime, fu il curatore della famosa raccolta "Les Grandes Études Historiques". È stato lui a curare *Candide* e *Je Suis Partout*. Dotato di un certo carisma e di grande intelligenza, influenzò lo sviluppo politico di Rebatet e Cousteau. Ma una volta finita la guerra, non seguì i suoi giovani emuli sulla strada del collaborazionismo, da cui l'odio che essi nutrivano nei suoi confronti, poi rafforzato dalla sua elezione all'Académie française (1953).

com'era quel giornale nel 1932...

Rebatet - Il canard più conservatore di Francia, pieno di topos sulla fintanza [sic], una sorta di settimanale Temps, ad uso dei colonnelli dell'A.F., dei professori di storia e dei banchieri cattolici.

Cousteau - Potete quindi immaginare che quando Gaxotte mi ha proposto di inserire la mia prosa, sono quasi svenuto per lo shock. Stavo per rifiutare con una certa alterigia, ma all'improvviso mi venne in mente che sarebbe stato divertente prendere in giro gli scagnozzi della reazione, e accettai. Solo che l'articolo che avevo portato a Gaxotte era una vera e propria provocazione. Nella mia mente non c'erano dubbi che sarebbe stato rifiutato.

Rebatet - Cos'altro ha inventato?

Cousteau - Non avevo inventato nulla. Avevo semplicemente ripescato dai giornali americani una vecchia storia che giaceva in giro da diversi anni e che riappariva periodicamente sulle prime pagine. Era una storia oscura - per usare un eufemismo - su sette negri dell'Alabama condannati a morte per aver violentato due donne bianche. La difesa sostenne che le donne bianche erano consenzienti e per di più si prostituivano. La Corte Suprema annullò il verdetto. Ma i giurati dell'Alabama condannarono nuovamente a morte i negri e la Corte Suprema ribaltò il verdetto. Quindi i giurati condannarono di nuovo. Non c'era alcun motivo per cui la storia dovesse finire... Questa storia è stata il mio primo articolo *su Je Suis Partout*. L'ho intitolato "Un affare Dreyfus americano. Sette negri innocenti moriranno?

Rebatet - Santo cielo, stavi andando forte. In un giornale fedele all'A.F., non c'erano dubbi sulla colpevolezza di Dreyfus.

Cousteau - Anche questo non è niente. Avrebbe dovuto vedere il testo.

Ero senza riserve a favore dei ragazzi neri, così mi sono unito a *Je Suis Partout* con un inno alla negritudine così delirante che Sartre stesso l'avrebbe probabilmente trovato eccessivo.

Rebatet - E Gaxotte le ha sottratto questo foglio?

Cousteau - Senza esitazioni o mormorii. La settimana successiva, la mia prosa negrofila fu stampata in bella mostra con il titolo intatto. Fui spazzato via.

Rebatet - Quindi

[14]**Cousteau** - Allora Gaxotte mi chiese altri fogli, io tornai in rue du Saint-Gothard e feci conoscenza con gli altri redattori. Presi l'abitudine di andare in quel sudicio bistrot di Place Denfert-Rochereau che lei conosce così bene...

Rebatet - C'era sempre un vecchio cliente abituale che assomigliava a Victor Hugo.

Cousteau - Ma quello che avevamo da dire non assomigliava affatto a quello del defunto pontefice... Gaxotte aveva completamente riorganizzato la sua squadra...

Rebatet - Lo so. Ha eliminato gli ottuagenari originali. A poco a poco, li ha sostituiti con giovani come noi...

Cousteau - All'inizio, mi sentivo un po' imbarazzato da tutti i genocidi che calpestavano la coscienza universale... Poi mi sono abituato. Ero sotto l'incantesimo di Gaxotte. Ero sotto il suo incantesimo. Bastava che affrontasse qualche problema e quello che il giorno prima mi sarebbe sembrato inaccettabile diventava immediatamente accettabile. Insomma,

---

[14] Indirizzo della prima sede di *Je Suis Partout*.

se sono diventato fascista lo devo innanzitutto all'insegnamento di Pierre Gaxotte.

Rebatet - Se tu sei entrato in *Je Suis Partout* attraverso i negri, io sono entrato attraverso lo stantuffo dell'ebreo Levinson...[15]

Cousteau - Eravamo davvero predestinati.

Rebatet - Il primo piatto che abbiamo svuotato faccia a faccia a Montparnasse, al Dôme o alla Rotonde, deve essere stato all'inizio del 1933... E un anno dopo eravamo entrambi devoti discepoli di Gaxotte. Non gli ricorderemo mai la sua breve vergogna...

Cousteau - Non preoccuparti, siamo il suo rimorso quotidiano...

Rebatet - Oh, certo, se Gaxotte non fosse esistito, ne avremmo senza dubbio trovato un altro, visto che stavamo cercando un Gaxotte. Resta il fatto che è a causa di Gaxotte che siamo stati condannati a morte...

Cousteau - Dio, riesco ancora a sentire le sue tirate su Hitler e la crociata anti-russa... In breve, non abbiamo fatto altro che continuare il lavoro di Gaxotte...

Rebatet - Ed è stato grazie a lui che tu, anarchico di sinistra, e io, anarchico di destra, ci siamo riuniti sotto la bandiera dell'iperarchia, del fascismo e della dittatura. Entrambi nemici di convinzioni, abbiamo trovato una fede e l'abbiamo diffusa... Non facciamo spiegazioni a posteriori, vediamo come sono andate le cose. Tutto sommato, siamo riusciti a vivere al di fuori delle battaglie politiche. Abbiamo messo un

---

[15] André Lévinson, ebreo di origine russa, è anche un uomo di Fayard, per il quale ha diretto la collezione "Univers". Ex professore di letteratura all'Università di San Pietroburgo, è stato anche un grande critico: critico letterario per *Nouvelles Littéraires*, critico coreografico per *Candide*, critico cinematografico per *Comédia*, *Radio-Magazine* e *Je Suis Partout*. Alla sua morte, nel 1933, Rebatet lo sostituì in questi due settimanali.

dito, due dita...

Cousteau - E poi fu tutto finito...

Rebatet - Perché nel 1936 eravamo troppo informati. Sapevamo che tutto dipendeva dal futuro politico della nostra città e dell'Europa. Non so esattamente come vi sentivate voi. Ma per me, a 25 anni, avrei passato sei mesi in un museo, in una discoteca o nella camera di una ragazza - perché queste sono sicuramente le tre cose che mi piacciono di più nella vita - ma dopo il Front Popu, ho perso interesse per la pittura, ho sbagliato i miei topos musicali, non sono più andato a caccia, non sono più stato capace di leggere un libro sull'amore. Né tu né io potremmo dire quando ci siamo coinvolti.

Cousteau - È raro che qualcuno possa dire che...

Rebatet - Resta il fatto che nel 1938 eravamo impegnati fino alle sopracciglia, così fondamentalmente impegnati che fare marcia indietro, in quel momento, avrebbe significato contraddirsi ignominiosamente o stupidamente, cosa che non era nel nostro stile.

Cousteau - E perché dovremmo cambiare idea? Forse abbiamo sbagliato a scegliere, ma se c'era una scelta, la nostra era di gran lunga la più intelligente e onorevole.

Rebatet - Abbiamo nuove prove di questo ogni giorno.

Cousteau - Se il fascismo ci ha stregato, non è stato solo per la seduzione personale di Gaxotte. Il fascismo era più di un gioco mentale.

Rebatet - Era una cosa molto seria. Non si trattava più di una critica intellettuale alla democrazia, come nel caso di Maurras, ma di un sistema completo, attuabile, realizzabile, già realizzato da Mussolini. Dopo centocinquant'anni di assurdità egualitarie, si ripristinavano l'ordine, la gerarchia e l'autorità, senza aver paura di chiamarli per nome e di dichiarare che gli uomini non sarebbero mai stati governati in altro modo. Per questo grande compito si era finalmente rinunciato alle chiese...

Cousteau - E questo non deve esserle dispiaciuto...

Rebatet - ... Abbiamo affermato i diritti del lavoro, i limiti e i doveri del capitale... [16]Quasi arrossisco a usare queste formule, visto che sono state riprese dal generale de la Perche. Ma queste parole, che non sono più che una battuta demagogica nella sua bocca, avevano un significato molto concreto nella Roma del 1933.

Cousteau - C'erano tutti gli elementi necessari per una completa revisione della società... C'era anche la possibilità di invertire quella che i progressisti chiamano la corrente della storia.

Rebatet - Sì, era una speranza che giustificava perfettamente la nostra azione. Tuttavia, non trovavo la stessa soddisfazione di voi nel combattere, le mie ambizioni erano altre e lo stesso successo de Les Décombres mi ha lasciato piuttosto freddo. Dal 6 febbraio 1934, sono un uomo che aspetta che il pianeta si calmi per potersi finalmente dedicare ad altro. [17]Sono felice di essere stato condannato a morte, anche se tutto sommato non ho trovato le sensazioni che mi aspettavo: niente a che vedere, come ho già scritto al mio amico Galtier, con l'intensità, con l'iniziazione a Wagner, per esempio, o con la prima notte con alcune ragazze molto desiderabili.

---

[16] Questa frase si riferisce al generale de Gaulle.

[17] Si trattava, ovviamente, di Jean Galtier-Boissière, con il quale Rebatet era in regolare corrispondenza all'epoca.

Cousteau - Non mi dirai che hai dei rimpianti!

Rebatet - No! Non ho rimpianti. Mi dico semplicemente questo: ho fatto bene a criticare gli evasori, le talpe borghesi, tutti quelli che si nascondevano in casa quando il gioco si faceva duro. Ma a un livello più alto, ho detto "no" alla società a vent'anni. L'ideale di fermezza, di virilità, non sarebbe stato quello di resistere ostinatamente alle ondate di furore, entusiasmo e disgusto che ci rendevano partigiani di una fede politica?

Cousteau - Bisogna essere davvero un superuomo per farlo.

Rebatet - In ogni caso, per quanto mi riguarda, ho fatto i seguenti conti: nei quattro o cinque anni che ho trascorso da vero anarchico, ho accumulato tutte le conoscenze che mi hanno reso ciò che sono. Se valgo qualcosa, sono uscito da quei cinque anni nella mia interezza. [18]Alla vita sociale devo: cinque anni di servitù penale impiegatizia, due anni di caserma, due anni di servitù penale capitalista, dieci anni di giornalismo politico in cui ho messo da parte il mio vero lavoro, quello per cui mi sentivo fatto; infine 141 giorni di catene e ora cinque anni di prigione. Questa esperienza mi autorizza a ripetere il mio NO a qualsiasi tipo di società, a qualsiasi tipo di aggregazione di uomini, a gridarlo, a sputarlo per il resto della mia vita.

Cousteau ritenne superfluo contraddire Rebatet. Conosceva la frivolezza dei grandi giuramenti solenni che piacciono tanto ai galeotti, agli sconfitti e agli ubriachi. Lui stesso aveva giurato troppo spesso che non sarebbe mai più stato catturato - pur intuendo che lo sarebbe stato - per mostrare eccessiva severità.

---

[18] La "prigione clericale" si riferisce alla formazione scolastica di Rebatet presso i Maristes de Saint-Chamond, i "due anni di caserma" al suo servizio militare in Germania con le truppe di occupazione, e i "due anni di prigione capitalista" agli anni 1928-1930, quando era dipendente di due compagnie di assicurazione a Parigi.

E con un sorriso tornò all'argomento della conversazione:

Cousteau - È molto divertente confessarsi l'un l'altro come facciamo, e molto istruttivo... In breve, sebbene lavori con lei da diciassette anni - e che anni! - non mi sono mai reso conto così chiaramente di quanto fossero diverse le motivazioni che ci hanno portato a perseguire la stessa politica nello stesso modo. Lei ha fatto politica con riluttanza, con la rabbia nel ventre, consapevole di sacrificare l'essenziale per il secondario. Per me era tutto il contrario. La politica in sé mi ha divertito e continua a divertirmi, a prescindere dalle mie ore di anatemi. Senza dubbio perché non ho la fortuna di essere un artista astuto e delicato come lei.

Rebatet - Mi fai incazzare, stupido bastardo", ruggì Rebatet con fragorosa modestia.

Cousteau - Non si arrabbi. So cosa sto dicendo. Lei stesso mi ha appena spiegato che non mette nulla al di sopra dei piaceri di Wagner, Rembrandt o Dostoevskij. Non c'è nulla di disonorevole in questo. Non la sto rimproverando per questo. Non sto suggerendo che lei abbia torto. Ma vedo che non sono fatto dello stesso metallo. Non riesco a immaginare un'opera d'arte che susciti in me la stessa esaltazione, la stessa intensità di vita che, per esempio... ehm... beh, mettiamo questo articolo intitolato "Non una vedova, non un orfano per i cechi" che ho scritto all'epoca di Monaco, tra le quattro e le sei del mattino, al culmine della mia esasperazione... Probabilmente vi sciccherò dicendo che uno dei ricordi più belli della mia vita è stato forse il nostro processo.

Rebatet non saltò. Ma rivolse all'amico uno sguardo cupo. Cousteau continuò:

Cousteau - Esattamente! Il nostro processo. Sei giorni davanti ai pagliacci, camminando sul filo del rasoio tra l'arroganza e lo sgonfiamento. E senza rete, con la certezza della morte o del disonore al minimo passo falso. Non rinnegare nulla e tuttavia rimangiarmi tutti gli insulti che mia madre e mia moglie mi avevano fatto giurare di non sputare in faccia al Presidente. Essere fermo e dignitoso, cercando comunque di salvare la testa... In confronto a quelle ore, tutte le altre ore della mia vita precedente sembravano deplorevolmente noiose... Ho scritto da qualche parte nel mio quaderno di aforismi che la vita vale la pena di essere vissuta solo se si rischia. L'azione politica è un modo per rischiare. Almeno di questi tempi. Rebatet era sarcastico:

Rebatet - Quindi è entrato in politica per farsi condannare a morte?

Cousteau - Non mi metta in bocca parole... Ma come ha detto lei prima, quando abbiamo incontrato Gaxotte, eravamo maturi per impegnarci. Aggiungo che, pur venendo da sinistra, ero molto più predisposto di voi. Non avevo detto no alla società. Ho detto no a un certo numero di miti. Non è la stessa cosa. Non capivo la vanità dell'apostolato, accettavo che fosse legittimo voler cambiare la struttura della società.

Rebatet - In questo caso, ovviamente, non deve essere stato troppo difficile. È più facile per un militante diventare un nemico che per uno scettico entrare nella mischia.

Cousteau - Per quanto riguarda il motivo per cui mi sono orientato più verso i fascisti che verso i marxisti, ripeto che prima di tutto c'è stata l'influenza di Gaxotte. E aggiungerei che c'è stata anche un'altra influenza. Ricorda il libro di un certo Maulvault, *El Requete*, pubblicato intorno al 1937?

Rebatet - Un libro molto mediocre...

Cousteau - Senza dubbio, ma ruota attorno a un'idea interessante. È la storia di uno spagnolo che vive in Francia e che torna in patria non appena scoppia il Movimento, senza alcuna motivazione politica. Non ha più motivi per unirsi ai bianchi che ai rossi. Sapeva semplicemente che, dato che i suoi compatrioti combattevano, doveva combattere anche lui. Alla fine, si arruolò con Franco. E quando gli fu chiesto il perché, rispose: "*Cuestion de estetica*". C'è sicuramente qualcosa di questo nel mio impegno. Tra lo sfarzo wagneriano dei congressi di Norimberga e le sfilate di marmellata del Front Popu, dalla Bastiglia alla Nazione, non c'era esitazione: l'estetica era nel campo fascista.

Rebatet - C'è molto di questo anche in me. Mi piaceva già un certo stile di Mussolini, quell'aria disinvolta e ribelle che si trovava nella gioventù italiana. Ma la mia prima grande sensazione fascista fu il 30 giugno 1934. [19]Ero ancora viscido per le trame fangose di febbraio, per il nostro misero fascismo parigino, ingannato, diviso, castrato dai vecchi, dai teorici dell'imbroglio e dai venduti. Ricorderò sempre di essere in piedi in Place Denfert, a leggere della spedizione punitiva del Führer nel fascio di giornali che avevo appena comprato. [20]I pennivendoli dell'*Intran* e degli altri giornali gridarono all'orrore.

Cousteau - Era, infatti, in flagrante contraddizione con l'estetica della repressione democratica. La repressione democratica è altrettanto feroce, a volte anche di più, ma ha sempre un alibi legale...

Rebatet - Vedevo questo leader che scendeva in picchiata come un'aquila sui colpevoli, operando lui stesso. E sentivo i tromboni della *Walkyrie*. [21]Fino a quel momento, i baffi di Dudule e gli occhi senza pupille di Himmler avevano ispirato il mio disgusto. Ma finché esisteva il wagnerismo hitleriano, era difficile rimanere insensibili ad esso. [22]Le

---

[19] Rebatet si riferisce ai disordini di estrema destra del 6 febbraio 1934, ai quali parteciparono le leghe antiparlamentari e fasciste.

[20] È il quotidiano *L'Intransigeant*.

[21] È con questo termine irriverente che i redattori di *Je Suis Partout* si riferivano al padrone del Terzo Reich.

[22] Film documentario di L. Riefenstahl sul Congresso di Norimberga del 1934.

sequenze iniziali di *Triumph of the Will (Il trionfo della volontà)*, il leitmotiv di Norimberga, quando l'aereo bianco del Fürher vola tra le nuvole sopra i vecchi tetti che i negri americani hanno bruciato, ah! quanto mi piaceva! Il che mi permette di dire che furono in parte i gesuiti a trasformarmi in un hitleriano, dato che fu un futuro gesuita a insegnarmi Wagner a 18 anni...[23]

Cousteau - Ci sono stati molti gesuiti nella sua vita...

Rebatet - Anche più di quanto possiate immaginare... Ma mi sembra di recitare *le Decombres* per voi. Credo di aver detto tutto quello che c'era da dire su Wagner e Dudule. L'hitlerismo mi ha fatto partecipare, per la prima volta nella mia vita, a quella che i domenicani progressisti chiamano estetica comunitaria. Non rinnegherò mai quelle sensazioni. Ma la *Nascita di Venere*, la *Kleine Nacht Musik* di Mozart, i dipinti del Greco a El Escorial, il portale reale di Chartres o Odette de Crécy che cammina lungo l'Avenue du Bois non sono meno belli. E in Mozart o Proust non si trovano Topaz, Herriot, Bevin, Le Trocquer...

Cousteau - Quando si fa politica, bisogna rassegnarsi a sporcarsi un po' le mani. E ci sono volte in cui ne vale la pena. Non è stato inutile cercare di prevenire la guerra.

[24]**Rebatet** - La nostra lotta nel settembre 1938, senza un soldo, con la rabbia nel cuore, per la pace e per il nostro Paese, sì, è stata magnifica, come lei mi ha appena ricordato. È il mio ricordo politico più bello, molto

---

[23] Varillon scelse una strada completamente diversa da quella dell'amico: contribuì a fondare il movimento di resistenza spirituale Témoignage Chrétien e divenne presidente dell'A.C.J.F. prima di scrivere opere religiose molto apprezzate. È stato una figura importante del rinnovamento cristiano. Vi rimando al mio libro: Robert Belot, *Le Journal d'une passion de François Varillon*, Paris, Le Centurion/Bayard, 1994.

[24] La "rissa del settembre 1938" si riferisce alla posizione pacifista assunta da *Je Suis Partout* al momento della crisi di Monaco.

più emozionante del successo di Les *Décombres*. Ma che fogna è la politica: i capi del P.P.F., gli spioni, i doppiogiochisti, il gabinetto del Maresciallo, il trust di cervelli gollisti o la Casa Bianca... E fare politica significa entrare in questa fogna. [25]Altrimenti si rimane un letterato, che era soprattutto il nostro caso; parlo di Robert almeno, di entrambi.

Cousteau - La parola politica è davvero ambigua. O, per essere più precisi, si è degradata. È venuta a significare una certa ripugnante attitudine ai trucchi, ai mercanteggiamenti, ai compromessi e agli inganni. Un'attitudine di cui Laval, per esempio, era dotato fin dalla culla. Tutti riconoscono, anche i suoi peggiori nemici, che Laval era una mente politica per eccellenza.

Rebatet - Dopo tutto quello che hai scritto contro di lui, mi piace sentirtelo dire...

Cousteau - Ma allora non siamo mai stati politici, perché eravamo indifferenti alla nozione di efficienza, perché ci rifiutavamo di scendere a compromessi, e perché ci limitavamo a dire le cose come stanno, e a sostenere non ciò che si poteva contrattare, ma ciò che DOVEVA essere... Se ho amato così tanto questa cosa nauseante chiamata politica, non è per ambizione o per il gusto della fogna, ma per il piacere di combattere... Ma qui siamo molto lontani da ciò che avevamo iniziato a discutere: la domanda era come si potessero conciliare le negazioni della nostra adolescenza con le affermazioni del nostro fascismo.

Rebatet - Beh, spiegati!

Cousteau - Per me, ripeto, è stato più facile di quanto immaginassi, visto che ero predisposto all'apostolato. Resta il fatto che, nonostante tutta la

---

[25] Si tratta di Robert Brasillach, nominato caporedattore di *Je Suis Partout* nel 1937. Rifiutandosi di lasciare la Francia per la Germania nel 1944, a differenza di Rebatet e Cousteau, fu fatto prigioniero alla Liberazione e fucilato il 6 febbraio 1945.

mia devozione a Gaxotte, ci sono stati molti momenti in cui mi sono sentito in imbarazzo. Ne sono uscito rifiutando, per principio, come sistema, di soffermarmi su questioni accessorie. Mi sono imposto di vedere solo l'intero problema e di considerare tutto il resto come trascurabile.

Rebatet - Anch'io facevo la stessa cosa, che è tipica di tutte le fedi, religiose o meno.[26]

Cousteau - Beh, ricordo una discussione piuttosto aspra che ebbi intorno al 1936-1937 con Thierry Maulnier. Questo coraggioso difensore dei sillogismi mi attaccò per le mie simpatie franchiste. Poiché ero libero da ogni preoccupazione religiosa, poiché ero francamente ostile alla dittatura dei preti, come potevo prendere così a cuore la causa di Franco, la cui vittoria sarebbe stata ovviamente la vittoria dello zucchetto e del sabretache?

Rebatet - È proprio quello che è successo. Ahimè, sfortunata falange nata dal partito sacerdotale...

Cousteau - In ogni caso, al momento del colloquio con Maulnier, accettai questo rischio.[27] Risposi con malumore che sarebbe stato doloroso chiedere un modulo di confessione, ma che sarebbe stato ancora più doloroso essere controllato dal Guépéou, e che anche la più benigna democrazia capitalista mi disgustava più della teocrazia spagnola. Quindi Franco era di gran lunga il male minore e andava sostenuto fino in fondo.

---

[26] Thierry Maulnier, che frequentò l'Ecole Normale Supérieure con Brasillach e Bardèche, fu inizialmente un maurrassiano rigoroso, rifiutando ad esempio la deriva nazista di Rebatet. Scrisse brillanti articoli sulla rivista teorica dell'Action Française, *La Revue universelle*.

[27] Il "Guepeu" è uno dei tanti nomi (N.K.V.D., M.V.D. e K.G.B.) dati alla polizia politica dell'URSS, il "braccio armato della dittatura del proletariato", originariamente chiamato Cheka. Simboleggiava gli aspetti più repressivi di questo regime.

Rebatet - Non ti sei perso nulla...

Cousteau - Ed è in virtù di questo stesso imperativo che dal 22 giugno 1941, dall'inizio della guerra contro la Russia, io ero senza riserve e senza riserve per la Germania, e che mi costringevo a chiudere un occhio su tutto ciò che era ridicolo o addirittura mostruoso nel comportamento delle persone della nostra parte.

Rebatet - Ma tutto ciò non spiega come, per uso strettamente personale, si possano conciliare le vostre intime negazioni con le nostre affermazioni collettive. Per esempio, quelli di noi che sono tornati a casa sono soliti parlare di difesa della civiltà cristiana. Lei difendeva la civiltà cristiana?

Cousteau - Sì, l'ho difeso, per forza di cose, ma incidentalmente, come se difendessi una parte di un tutto. E per me era una parte molto piccola dell'insieme che era importante per me. Probabilmente mi sbagliavo, ma non riuscivo a prenderla sul serio. Non mi sembrava importante. Non sentivo di avere pregiudizi stando vicino a persone che condivano la nostra crociata con un vocabolario cristiano.

Rebatet - E il patriottismo?

Cousteau - Questo fu un altro formidabile ostacolo. Il fascismo era nazionalista. Questo mi infastidiva enormemente. Mi ha dato meno fastidio quando è iniziata l'Internazionale bianca che Maurras scomunicava quotidianamente in cinque colonne, in modo vago, vergognoso. Lì ho trovato un terreno solido. [28]Credo di essere stato molto più adatto a questo internazionalismo di destra rispetto agli altri compagni del P.J.S. cresciuti in un ristretto sciovinismo... E quando si trattò di rifiutare la guerra franco-tedesca, allora ero completamente a

---

[28] Acronimo di *Je Suis Partout*.

mio agio, avevo le gambe che avevo a vent'anni.

Rebatet - Ma la guerra contro i russi

Cousteau - Per rispondere, vorrei citare un autore poco conosciuto, ma che ha comunque arricchito la nostra letteratura con alcuni potenti aforismi: "L'obiettore di coscienza", scriveva Jean Paulhan, "non è un uomo che si rifiuta di combattere, è un uomo che aspetta la guerra che ha scelto". Ma la guerra contro i russi non era una guerra nazionale, era una guerra civile.

Rebatet - Per un uomo formato da pensatori di sinistra, questo è l'unico tipo di guerra onorevole.

Cousteau - Anatole France lo proclamò brillantemente, ed è vero che questa guerra mi si addiceva perfettamente, per così dire... Per quanto riguarda gli altri aspetti della nostra crociata che avrebbero potuto sconvolgere le mie convinzioni giovanili, non mi sono soffermato su di essi. La rabbiezza di Vichy, il paternalismo del Maresciallo, il puritanesimo dei censori della zona sud, il gangsterismo dei capi banda della zona nord, tutto questo era secondario. Noi difendevamo, con tutti i suoi difetti, una forma di civiltà aristocratica, l'unica che dava una possibilità agli anarchici di qualità, e la difendevamo contro la dittatura degli spazzini e dei delinquenti. Questo era l'essenziale. E valeva la pena tentare. Siamo stati sconfitti. E così sia. Ma oggi mi darebbe fastidio aver ceduto senza combattere.

Rebatet - Non è il nostro caso. Abbiamo combattuto per dieci anni. Abbiamo proposto le nostre soluzioni a questo universo. Non dico che fossero ideali, ma avevano un aspetto diverso dalle schifezze contemporanee. Le nostre soluzioni sono state rifiutate. Abbiamo persino scatenato una guerra mondiale per renderle impossibili.[29] Quindi ora è tutto finito, possiamo dire un caloroso *Scheiss!* alla società occidentale...

Ancora una volta, Cousteau si astenne dal dubitare ad alta voce del carattere definitivo di una risoluzione così solenne. Rebatet, invece, si abbandonò al suo peccato preferito, che è, come tutti sappiamo, quello di immaginare che la più piccola dichiarazione si transustanzi in un torrente di pagine scritte a mano.

Rebatet - Potrebbe esserci un modo piuttosto sensazionale di esprimere questo *Scheiss!* La nostra confabulazione mi ha appena dato l'idea. La cosa fastidiosa è che le mie idee hanno sempre la forma di 3.000 pagine. Ma dopo tutto, non saremo rilasciati prima del 1965, e la prigione è la madre della letteratura. In ogni caso, se mai partorirò questo libro, la dedica sarà tua. Sarebbe il minimo che potessi fare.

Laboratorio di lingerie nel carcere di Clairvaux, gennaio 1950

---

[29] In altre parole, "merda".

DIALOGO 2

SOPRAVVIVENZA DEL PIÙ ADATTO

> "Non potendo rendere forte ciò che è solo, abbiamo reso forte ciò che è solo
>
> Pascal, *Pensieri*

È stata una di quelle belle giornate in cui i contabili possono sfuggire alla schiavitù della fine del mese. La gente comune non sa quanto siano rari questi giorni. Solo gli addetti ai lavori conoscono la demoralizzante elasticità dei fine mese, la tirannia dei conti sommari che iniziano intorno al ventesimo e si trascinano oltre il decimo. Tra queste due calamitose distese si trova il mese vero e proprio, contratto e ridotto alle dimensioni di una minuscola settimana. Ma che settimana! Spogliata di ogni obbligo, ricca di tutte le virtualità di un distinto ozio. Essendo l'ozio la madre di tutte le arti, Cousteau e Rebatet si trovarono adatti alle speculazioni più sostanziose. Cousteau cercò di approfittare della tregua per spronare Rebatet a qualche polemica che li avrebbe scossi dalla loro mediocrità penitenziaria. Ma Rebatet ha schivato l'invito. Sembrava che stesse rimuginando su un vecchio problema. E infine:

Rebatet - Sto avendo dei ripensamenti. Mi chiedo cosa avremmo potuto fare per evitare che ci sparassero. Questo mi fa preoccupare, per me e per voi. Non siamo stati venduti a nessuno, lo hanno ammesso loro stessi, il che è stato davvero preoccupante. Non abbiamo consegnato nessun amico. Non abbiamo collaborato con i Chleuhs con la mano destra e con i servizi segreti con la sinistra. Non abbiamo detto a nessuno che scrivevamo sotto l'effetto di alcol o etere, o che eravamo pieni di treponemi. Avevamo fedine penali ridicolmente pulite: non una frode, non una truffa, nemmeno una piccola indecenza. Non siamo né barbari né zie, per nostra sfortuna.

Cousteau - Eppure siamo ancora vivi.

Rebatet - Non crede che sia una cosa seria? Certo, non gli abbiamo sputato in faccia le loro verità in corte d'assise, non abbiamo sfidato la loro giuria di scavatori, e in effetti avevamo ragione a farlo. Ma questo non basta a spiegare la nostra sopravvivenza. Ci deve essere qualcosa di sbagliato in noi che loro hanno fiutato. Come quelli che puzzano di piedi ma sono gli unici a non saperlo.

Mentre Rebatet parlava, Cousteau sprofondava nella costernazione. Stava tornando a uno dei temi delle sue meditazioni

Cousteau - È una cosa terribile da dire, basterebbe a farmi perdere il sonno.

Rebatet ridacchiò. Aveva l'abitudine di lanciare sarcasmi pungenti a Cousteau, deridendo la sua prodigiosa capacità di dormire che, a quanto pare, nulla poteva spezzare.

Cousteau - Non si preoccupi, non perderò il sonno. Ma come lei, sono preoccupato. O la nostra grazia è un incidente (le più belle cose meccaniche a volte si rompono) o la magistratura francese si è sbagliata su di noi, ha pensato di vedere in noi una di quelle colpe che, ai suoi occhi, sono le uniche attenuanti concepibili. Ma io penso piuttosto che si sia trattato di un incidente.

Rebatet - Sei un ottimista!³⁰

Cousteau - Quando i nostri dossier sono stati consegnati a Tauriol, lui si era appena insediato. Eravamo la sua prima condanna a morte. Non voleva iniziare il suo lavoro con una carneficina. E noi giornalisti eravamo in tre. Di solito, diamo il 50% di sconto. Era impossibile ucciderne uno e mezzo. È difficile ucciderne il 100%, soprattutto per un evento.³¹ Così Tauriol ci ha graziato tutti e tre. Ma deve essersene pentito. Più ci penso, più mi convinco che è stato un incidente della loro macchina legale e che, grazie a Dio, la nostra onorabilità non è in discussione.

Rebatet - Non dimentichiamo nemmeno i nostri conoscenti, che sono stati numerosi e si sono fatti avanti in un notevole 30% dei casi. Per non parlare delle persone che non ci conoscevano e che hanno chiesto la nostra grazia. C'erano davvero molte persone contrarie alla nostra morte.³² Era abbastanza per far riflettere il ciclope dell'Eliseo.³³ Ma due mesi dopo, il Ciclope mandò tranquillamente al macero il piccolo e coraggioso Radici...

Cousteau - Ma anche dal loro punto di vista, questo sfortunato uomo non aveva un quarto delle nostre responsabilità.

Rebatet - Ma gli mancavano le conoscenze mondane. Dov'è la giustizia in questo, mio buon uomo?

Cousteau - Non c'è giustizia. E questa assenza non si limita al nostro caso. Non c'è mai giustizia. Non c'è mai stata. Non ci sarà mai. Almeno su questa terra. E poiché non abbiamo l'infantilismo di abbandonarci alle

---

[30] Vincent Auriol, primo Presidente della Quarta Repubblica.

[31] Cioè loro due e Claude Jeantet.

[32] Si tratta di Vincent Auriol, indicato nella pagina successiva come "lo S.F.I.O. con un occhio solo".

[33] Giovane miliziano di perfetto onore fucilato per aver eseguito gli ordini dei suoi superiori.

favole nazarene che relegano la giustizia nell'aldilà, tanto vale farsene una ragione. La legge e la giustizia sono costruzioni metafisiche. Se si smonta un po' il sistema, si trova sempre la vecchia legge della giungla, cioè il diritto del più forte. Questo è solido. La società organizzata elimina i suoi nemici. I proprietari difendono la loro bistecca. La banda al potere elimina gli individui o i gruppi che la preoccupano.

Rebatet - Si tratta di operazioni legittime.

Cousteau - Ma lo fanno con diversi gradi di ipocrisia. Questa è la differenza tra arbitrio e legalità. Personalmente, perdono molto ai cinici, ma nulla agli ipocriti. E quando si tratta di ipocrisia, non abbiamo nulla di cui lamentarci: ci hanno dato ragione.

Rebatet - Quindi, ancora una volta, preferenza per i comunisti, che non hanno mai vacillato dalla loro tesi: dovevamo essere distrutti come cani rabbiosi. Per inciso, non credo che i comunisti ci volessero davvero morti, altrimenti l'avrebbero preteso e l'avrebbero ottenuto.

Cousteau - È vero che ancora oggi, nonostante i litigi e gli insulti spettacolari, ottengono tutto quello che vogliono.

Rebatet - Domanda: chi è più ipocrita, il magistrato del M.R.P. che uccide il suo vicino delegandogli il suo sacerdote, o il più alto magistrato, lo S.F.I.O. con un occhio solo, che è fondamentalmente contrario alla pena di morte?

Cousteau - Ripeto che questi personaggi mi ispirano orrore solo nella misura in cui non hanno il coraggio intellettuale della loro ferocia. I democratici bondieusard e i socialisti pellucidi che ci hanno attaccato e che portano tutta la responsabilità dell'epurazione - perché i comunisti si accontentavano di ululare alla morte, ma nessuno di loro è mai stato Presidente del Consiglio o Ministro della Giustizia - queste persone, quindi, avevano indubbiamente delle buone ragioni per eliminarci. Ciò che è spregevole è che sostengano di aver agito in nome della Legge.

Rebatet - Non si accontentavano di essere i più forti: volevano anche avere ragione...

Cousteau - E vale la pena notare che, in una certa misura, sono riusciti a farlo sembrare tale. L'obiettivo finale di questa epurazione era far sì che quasi tutti gli accusati si dichiarassero colpevoli.

Rebatet - Quando si considerano innocenti, continuano a esercitare la professione di avvocato. Perché basano la loro innocenza sulla colpevolezza degli altri. O almeno tendono a ragionare in base alla scala delle sentenze emesse. Il condannato ha una meravigliosa facilità a identificarsi con le decisioni della Giustizia, quando queste gli sono state favorevoli per motivi sempre piuttosto confusi.[34] Avendo deciso di dimenticare che A. aveva scritto circa centocinquanta articoli esattamente sulla falsariga delle trasmissioni di Paquis, egli stesso ha completamente dimenticato di esserne l'autore. Il che gli permette di rispondere a chi si dispiace per me: "Sì, , ma con quello che ha firmato Rebatet...".

Cousteau - Non parlarmi di questa abiezione! I peggiori delinquenti in prigione sono gli innocenti. O sono veramente innocenti, e non mi interessa cosa gli succede perché non sono nostri amici, o sono falsamente innocenti, e questo è molto peggio. Perché in questo modo sono entrati nel gioco del nemico, hanno accettato la sua scala di valori e, proclamandosi innocenti, ammettono implicitamente che le altre condanne sono legittime. L'unica reazione onorevole è quella di ripudiare questo mito degradante dell'innocenza e della colpa, e di

---

[34] "A" è Pierre Gaxotte. Va sottolineato che Gaxotte, pur avendo scritto alcuni articoli molto impegnati prima della guerra, in particolare in *Je Suis Partout*, rifiutò di impegnarsi durante l'occupazione.

accettare solo vincitori e vinti. Tutto il resto sono sciocchezze e fumo negli occhi.

Rebatet - Sì, dobbiamo sradicare dai francesi la mania del diritto, la religione del diritto. Tutti quegli imbecilli che dicono sempre: "Io ho il diritto di..." "Lui non ha il diritto di...". Non ha il diritto di...". Mi viene ancora da rabbrividire quando lo sento dire! Ogni , proprio qui, i ragazzi che sono stati smistati e picchiati dall'Ingiustizia sono convinti che io sia pazzo, che stia giocando una gag.

Cousteau - Non importa cosa pensano questi poveretti. Sarebbe un'educazione del tutto nuova e non ce la sentiamo di farlo.

Rebatet - Ah, diavolo no!

Cousteau - Va bene avere un accesso individuale ed egoistico a un certo numero di verità e, da parte mia, ho perso il desiderio di condividere queste verità con i miei contemporanei. D'altronde, qualunque cosa si faccia, non credo sia possibile sottrarre le masse all'impostura legale.

Rebatet - Le masse hanno bisogno di illusioni.

Cousteau - Hanno bisogno del mito giuridico come della metafisica, e si arrabbiano non appena si cerca di riportarli alla realtà. I pagliacci che amministrano la farsa della giustizia lo sanno bene. Fanno leva sull'ingenuità della gente, e ci giocano di sicuro. L'importante è non farsi ingannare.

Rebatet - Come possiamo esserlo dopo l'esperienza degli ultimi anni?

Cousteau - Devo confessare che prima di arrivare alla Gare de l'Est, ammanettato, avevo solo delle idee piuttosto vaghe sulla giustizia... Ma per una questione di principio, mi sono rifiutato di schierarmi dalla parte dei cattivi contro i magistrati, di abbandonarmi alla demagogia hugolesca e al sentimentalismo alla Carco...[35] Ebbene, quando ho visto come ci trattavano i magistrati, gli stessi che di solito condannavano i ladri di polli, ho sentito subito di dover rivedere tutte le mie idee sui ladri di polli... E la prima volta che sono stato portato in pretura, in rue Boissy-d'Anglas, e ho potuto vedere i cittadini liberi nelle strade di Parigi attraverso le fessure del cestino dell'insalata, ho scritto sul mio quaderno: "Oh! le facce sporche delle persone oneste".

Rebatet - Anch'io conoscevo poco la giustizia prima di entrare in carcere, ma la disprezzavo senza saperlo. Questo era dovuto al mio orrore per la legge e per le tradizioni dell'A.F. Ne avevo anche una profonda paura e mi ero imposto di non mettermi mai nella condizione di cadere in zampe pericolose come quelle dei giudici.

Cousteau - Per come ti conosco, dovevi fargli violenza il più delle volte.

Rebatet - In generale, lo calpestavo due volte alla settimana quando mi trovavo di fronte a un foglio bianco. Ma detto questo, ho sostenuto la giustizia contro i piagnistei umanitari. Sapete che una delle mie gag era quella di affittare un appartamento di notte, per poi rendermi conto il giorno dopo, una volta firmato il contratto, che si affacciava sulla Santé.

Cousteau - Questo è un vantaggio che avete rispetto a me. Un tempo non avrei saputo dire dove si trovava La Santé, e sono passato davanti a Fresnes sulla route d'Orléans migliaia di volte senza sapere cosa fosse... Niente mi ha preparato alla vita in prigione.

Rebatet - Beh, ho vissuto di fronte a una prigione per due anni prima di . È stato all'inizio del mio matrimonio. Véronique, avvocato, per così dire, di nascita - nel 1939 c'erano circa 6.000 avvocati a Bucarest - si

---

[35] Francis Carco, romanziere popolare degli artisti bohémien di Montmartre.

lamentava spesso della sorte degli sfortunati confinati dietro quelle terribili mura. Io scherzavo su questo sentimentalismo.

Cousteau - Riconosco il suo cuore di pietra.

Rebatet - Ero molto più felice di sapere che questi 'sfortunati' erano all'ombra piuttosto che rompere il mio lucchetto. Non sono mai uscito da lì. I giudici erano utili, come i pulitori di scarichi. Questa è ancora la mia opinione.

Cousteau - Sì, ma a condizione che non si abbia la pretesa irrisoria di infliggere "punizioni". Una società ben organizzata è obbligata a eliminare gli individui dannosi, gli elementi asociali, ma diventa burlesca quando traspone la nozione mitica di bene e male in anni di prigione.

Rebatet - In ogni caso, la professione di giudice è la più ripugnante delle professioni, molto più ripugnante di quella di poliziotto o carceriere. La reputazione di servilismo della magistratura francese è ben consolidata da molti secoli. Si potrebbe scrivere un bel manualetto sull'argomento.

Cousteau - Sono d'accordo, ma a parte le sgradevoli generalità che si possono dire su queste persone, dovremmo insistere sulla loro concezione delle circostanze attenuanti. È qui che si rivela la loro natura ignobile. È questa la loro caratteristica abiezione. Si può dire che, sistematicamente, la severità delle sentenze era proporzionale all'integrità, alla lealtà e all'onorabilità degli imputati, e che i giudici dell'epurazione riservavano la loro indulgenza solo ai personaggi insani o, almeno, a quelli i cui difetti caratteriali erano evidenti.[36]

Rebatet - Ricordo il mio primo incontro con Sariac a Fresnes, nell'ottobre 1945. Era un ottimo amico e mi commosse molto rivederlo.[37]

---

[36] L'avvocato di Rebatet.

[37] Il forte di Montrouge è il luogo in cui venivano fucilati i condannati a morte. Brasillach, ad esempio,

Era ansioso di difendermi lui stesso e io, da parte mia, ero particolarmente desideroso di mostrargli l'estrema gravità del mio caso e la quasi certezza della passeggiata mattutina a Montrouge. No", disse, "non hai ucciso nessuno, non hai rubato nulla, non hai fatto del male a nessuno. Non hai mai preso soldi da nessuno? Ne è sicuro? Allora non ti spareranno. Ti salveremo la testa senza difficoltà, e nel giro di due anni sarai in strada. All'epoca avevo ancora la mia verginità legale. Non dico di aver creduto alle parole di Sariac, ma quella sera andai a letto con un certo ottimismo.

Cousteau - Ho avuto le sue stesse illusioni. La mia onestà mi ha rassicurato.

Rebatet - Che bastardi eravamo. E cento volte più mascalzone era Bernard, che lavorava nell'edilizia. Liberato come sono oggi, so cosa gli avrei detto: "Disgraziato! Ma sei deciso a farmi uccidere! Appellati all'onestà! Avresti potuto darmi subito una pallina di cianuro. Con quei bastardi è un affare fatto. Non vedi che per loro l'unico nemico è l'uomo pulito? Amico, non mi interessa tanto sbattere, vorrei solo fare qualche altro tiro e scrivere qualche altra fantasia. Quindi, ecco cosa farai: metterai subito insieme un dossier fasullo su di me come ladro, o come minimo come racket e pappone. Farete di tutto per far testimoniare che mi esponevo fuori dai collegi, che ho violentato la nipote del mio droghiere e che ho picchiato mia madre dall'età di sedici anni. Aggiungete un po' di frociaggine, è essenziale di questi tempi.[38] Poi mettete insieme un altro dossier su di me: dal 1943 ho consegnato una cinquantina di miliziani al Fifis e all'Intelligence Service. E naturalmente sono sempre stato venduto. Sono stato venduto fin dal 1929: nell'A.F.

---

fu giustiziato lì.

[38] "Fifis": membri della F.F.I.

prendevo soldi in modo subdolo dai muratori.³⁹ Ho preso soldi anche da Abetz, dall'Abwehr, dall'Organizzazione Todt, ho ricevuto assegni enormi che ho speso in orge a casa di Tonton. Non ho mai scritto una riga senza sentimento. Ma ho anche preso a palate gli inglesi, perché era ovvio che il mio vocabolario oltraggioso non poteva che ridicolizzare la collaborazione. Fate il possibile per farmi avere i documenti di supporto. Se non aiutate a falsificare documenti e a produrre falsi testimoni, a cosa servite? Se fa il lavoro come si deve, ce la caveremo con diciotto mesi. È un peccato che non abbia due o tre milioni da destinare all'operazione: potremmo ottenere la libertà provvisoria".

Cousteau - Sì, solo che eravamo giovani e non lo sapevamo. Ora lo sappiamo, ed è un po' tardi per essere coinvolti. E poi, a pensarci bene, temo di non avere l'inclinazione...

Rebatet - Peccato. Oggi saresti in giro con i tuoi bambini.

Cousteau - A meno che, naturalmente, non siate stati tenuti in prigione come "testimonial". Perché in questa epurazione diretta esclusivamente contro gli oppositori onesti che si rifiutavano di inginocchiarsi, ci sono stati comunque degli individui poco raccomandabili che hanno fatto la fine del mondo. Non per caso. A scopo propagandistico. Per poter dire: "Guardate quei luridi! Dobbiamo essere spietati". E nonostante gli indulti individuali concessi quasi esclusivamente a collaboratori di dubbia moralità - sapete la percentuale di "scarcerazioni immediate" dell'anno scorso: otto condannati su dieci! - c'è ancora un certo numero di delinquenti che il Consiglio Superiore della Magistratura non ha ancora rimesso in libertà. Delinquenti che, in altre circostanze, avrebbero già beneficiato delle più ampie misure di clemenza, ma che vengono trattenuti per giustificare il mantenimento in carcere di Béraud e Maurras.

---

³⁹ Servizio segreto dell'esercito tedesco.

Poveri delinquenti! Sono sfortunati a trovarsi in così cattiva compagnia...

Rebatet era ripiombato in un silenzio tempestoso. Davanti ai suoi occhi passavano immagini molto sgradevoli.

Rebatet - Mi chiedo", conclude, "se nove avvocati su dieci non debbano ancora essere collocati al di sotto dei giudici. Questi ausiliari della giustizia! Questi giudici camuffati! Ah, che senso ha preoccuparsi di tutte queste teste di cazzo? Il disprezzo per i pettirossi è vecchio come il mondo. Ma questo non impedisce a milioni di borghesi di dire: "La magistratura... mio zio magistrato", e gli avvocati vengono messi sullo stesso piano dei letterati, quando in tutto l'ordine di Parigi non ce ne sono venti che sarebbero capaci di interpretare il cane schiacciato in *Libé-Soir*. Sottocabine che gli ufficiali giudiziari del villaggio non vorrebbero come copisti... Ma non c'è bisogno di far ribollire il sangue per queste scimmie, avvocati o giudici che siano. Le persone che hanno bisogno di giudici o che se ne fregano saranno sempre molto più numerose di quelle che ricevono i colpi della giustizia.[40]

Due giorni dopo queste osservazioni, una ventina di condoni furono rifiutati a miliziani, a poliziotti che cinque anni prima non avevano fatto altro che dare la caccia ai comunisti, al signor Jules Moch, a padri di famiglia, al segretario di redazione dell'*Eco di Nancy*.[41] In compenso, il re dei detenuti tatuati della Centrale, dove aveva già trascorso otto anni per omicidio, molto prima della guerra, beneficiò di una comoda commutazione della pena. A Parigi c'erano sempre dei giudici.

Laboratorio di lingerie nel carcere di Clairvaux, febbraio 1950.

---

[40] Jules Moch è stato Ministro dell'Interno nel 1947.

[41] Questo personaggio tatuato, assassino, ladro, barbaro, eminentemente antisociale, era in realtà molto simpatico, con una regolarità impeccabile nel mondo carcerario.

Dialogo tra gli sconfitti

DIALOGO 3

REGNO BRITANNICO

"Ogni vero inglese detesta gli inglesi. Siamo la nazione più malvagia della terra e il nostro successo è un orrore morale"

Bernard Shaw, *Maggiore Barbara*

Quel giorno, Cousteau distolse Rebatet dagli esercizi di Sant'Ignazio mettendogli davanti agli occhi una pagina di Aldous Huxley:

Cousteau - È un peccato che lei non legga correntemente l'inglese. C'è un'evocazione di un minuetto di Mozart che deve essere assolutamente straordinaria. Dico "che deve...", perché io, sapete, la musica...

Incuriosito, Rebatet si armò coraggiosamente di un dizionario e fece buoni progressi tra le metafore e gli ingegnosi neologismi di *Antic Hay*. Era un testo emozionante e malinconico. Huxley parlava del *Quintetto in sol minore* di Mozart. Rebatet lo aveva ascoltato più volte in passato, con gli esecutori più perfetti del mondo. Ma non ricordava più i temi che l'inglese parafrasava con tanta precisione e gusto. La Repubblica lo aveva condannato per cinque anni a non ascoltare più musica. "Feccia! Feccia viaggiatrice. Non li perdonerò mai, mai! Proprio quando forse stava iniziando, dopo 25 anni da appassionato di musica, a capire cosa fosse la musica, e soprattutto questa, a capirla come Huxley.[42] Infine, nonostante il giudice Didier, nonostante Tauriol le Borgne,

---

[42] Giudice cripto-comunista, presidente della Corte di giustizia di Parigi, che condannò a morte Cousteau e Rebatet il 23 novembre 1946.

nonostante la vigilanza della Coscienza Universale che chiedeva ancora pene detentive esemplari per i mostri fascisti, era ancora possibile parlare con un Huxley o un Proust, e forse meglio che nei giorni della libertà. Il carcere sarebbe diventato veramente impossibile solo se la letteratura fosse stata bandita da esso.[43] Fortunatamente, Huxley aveva *ricevuto un nihil obstat* da un secondino alsaziano che non capiva né l'inglese, né il tedesco, né il francese. Rebatet offrì a Cousteau la sua traduzione approssimativa di due pagine... *e dall'acqua la musica si è modulata in un arcobaleno*. Che immagini affascinanti e precise.

Rebatet - Questa volta", ha detto, "è deciso.[44] Quest'anno non finirà finché non prenderò sul serio l'inglese. Dovrò solo dedicargli un quarto del tempo che ho dedicato ai Padri della Chiesa negli ultimi tre anni, e ne trarrò un po' più di piacere! L'Inghilterra è la metà della letteratura. Sono in sintonia con questa lingua che non conosco.[45] Nelle mie carte ho ballate di Kipling e pezzi di Shelley che ho copiato a Fresnes e all'Ino. Non capisco ogni parola, non so nemmeno a quali suoni corrispondano queste parole, ma credo che sia molto bello. L'unica volta che mi sono sentito così è stato quando ho guardato le poesie di Nietzsche. Ma nessuno ha scritto in tedesco come Nietzsche... Che gamma di opere hanno questi inglesi! È strano lo stesso. Non ho quasi mai conosciuto un inglese, non sono nemmeno mai stato a Londra, e non appena metto il naso in un libro di Shaw, Wilde o Huxley, anche se si tratta di tradurli miseramente, mi sento a casa.

Cousteau - La penso esattamente come lei. Anche se conosco l'Inghilterra meglio di voi, e anche se ci sono stato abbastanza spesso,

---

[43] Il direttore del carcere centrale, la "gaffe", è il direttore del carcere di sorveglianza.

[44] Rebatet è uscito di prigione non sapendo più l'inglese di quando è entrato.

[45] "Quartier des Inoccupés": una discarica centrale per i detenuti che non lavorano. Il disagio che vi si vive è sistematicamente organizzato per dare ai suoi ospiti il desiderio di evadere accettando tavole d'aereo o bagni vuoti. Rebatet vi ha trascorso due anni.

non mi sento molto più vicino a questo popolo ermetico, ma altrettanto a casa tra i suoi grandi scrittori. C'è una totale incompatibilità di umori tra noi e gli inglesi: il cosiddetto abisso che ci separa dai Fridolini non è nulla in confronto alla Manica.

Rebatet - Non è solo una questione di incompatibilità! Dovrebbe essere normale per tutti gli europei, senza eccezioni, odiare per primi gli inglesi. Perché se l'Europa non è mai stata creata, pur essendo scritta nella geografia di questo continente, è perché la sua creazione si è sempre scontrata con l'implacabile volontà dell'Inghilterra. Questa ha usato tutto il suo potere e tutto il suo genio per dividere le nazioni continentali...

Cousteau - E anche per vassallizzarli! Per gli inglesi, da questa parte della Manica, qualsiasi cosa facciamo, rimaniamo subumani. Ah, il popolo dei Signori, l'*Herrenvolk*, non è il popolo tedesco, è il popolo inglese.

Rebatet - Gli inglesi possono certamente essere considerati superiori al resto dell'universo, ma cosa dobbiamo pensare degli imbecilli del continente e di altri paesi che si inchinano rispettosamente all'immagine che gli inglesi danno di sé?

Cousteau - Si potrebbe pensare che questi segaioli, spesso molto illustri, siano essenzialmente spregevoli. Ma non possiamo farci nulla, vero, buon uomo?

Rebatet - Abbiamo fatto quello che potevamo... Ci siamo chiesti, credo, come mai i grandi scrittori di questo popolo, così straniero e così odiato, fossero così accessibili a noi.

Cousteau - Forse - dico "forse" perché non ne sono sicuro - questo è dovuto alla sopravvivenza di un clima aristocratico in Inghilterra. La natura dell'aristocrazia è quella di essere internazionale. È il furfante, sempre e ovunque, a essere sciovinista. Gli scrittori inglesi, anche quelli che sembrano i più patriottici, partecipano consciamente o inconsciamente a questo universalismo aristocratico. Hanno raggiunto un genuino umanesimo che rende il loro mestiere facile per i letterati di altri Paesi.

Rebatet - Credo che l'Inghilterra sia davvero l'ultimo Paese ad aver conservato un'élite, senza dubbio perché è stata molto ricca, perché tutto il mondo ha lavorato per essa, il che ha permesso a un numero abbastanza elevato di giovani inglesi di avere un ampio tempo libero per i loro studi, i loro viaggi e le loro opere. Ma c'è un altro aspetto di questo mistero insulare: il fatto che gli inglesi civilizzati siano così diversi da tutto ciò che conosciamo degli inglesi in generale. Sono aperti al mondo esterno, psicologi, scettici, anticonformisti. Non ho mai sentito parlare di questi tratti, anche se molto attenuati, nell'inglese medio, che sembra al contrario più chiuso nei suoi pregiudizi di qualsiasi altro europeo medio.

Cousteau - Hai ragione. Presi singolarmente, gli inglesi sono più stupidi dei popoli del continente, più stupidi persino dei tedeschi, il che la dice lunga, e certamente più stupidi dei francesi che, isolati dai loro compatrioti, danno una sconcertante illusione di intelligenza.

Rebatet - È un'illusione, certo, ma è vero lo stesso: si ha l'impressione che i francesi pensino, che abbiano idee, a volte anche che abbiano troppe idee su troppe cose.

Cousteau - Questa è almeno una critica che non può mai essere mossa agli inglesi. L'inglese per strada è una specie di bruto limitato alla routine meccanica, incapace di iniziativa, privo di curiosità. Ma queste persone che non pensano non turbano chi pensa per loro. In Francia, quando per caso - è raro, ma accade - individui decenti accedono al governo, sono sempre costretti a governare innanzitutto contro la Francia, contro i desideri e le aspirazioni del popolo francese.

Rebatet - Gli esempi non mancano. Da Luigi XI a Laval, tutti gli statisti di qualche merito sono stati odiati dal popolo.

Cousteau - Niente di simile in Inghilterra. I contemporanei della regina Elisabetta, William Pitt e Disraeli, non si indignarono. Non che comprendessero i disegni dei loro governanti, ma accettavano, più inconsciamente che consapevolmente, che il regno dell'alta speculazione politica fosse inaccessibile per loro. Queste cose non li riguardavano. Ecco perché, almeno fino agli ultimi anni, i popoli più stupidi hanno avuto la politica più intelligente.

Rebatet - Intelligente? Sono d'accordo sulla politica estera. Ma dopo tutto, l'Inghilterra è stata la madre dei parlamenti, la prima nazione a sancire i principi democratici nelle sue carte statali, ed è stata l'Inghilterra a fornire esempi per tutti i democratici nel XVIII secolo. Non mi sembra un contributo molto vantaggioso allo sviluppo dell'intelligenza umana.

Cousteau - Sono d'accordo. La democrazia è un flagello disgustoso. E non perdonerò mai l'Inghilterra per averci dato quel flagello. Ma ci sono vecchi flagelli che stanno benissimo, e sono quelli che infettano a morire. La democrazia non ha compromesso seriamente la salute degli inglesi, perché, almeno fino agli ultimi anni, il suo funzionamento è stato costantemente truccato, perché è rimasta, come ad Atene o a Roma, il divertimento di un'élite, il privilegio di una casta.

Rebatet - In breve, era una democrazia fasulla.

Cousteau - La vera tradizione della democrazia inglese è quella dei "borghi marci": diciassette elettori che mandano in Parlamento tanti rappresentanti quanti ne ha la città di Manchester. Quando i brogli raggiungono tali proporzioni, la legge dei numeri cessa di essere veramente malvagia.

Rebatet - Ma il danno è stato limitato. Limitato, da un lato, dall'incapacità dell'elettorato britannico di elevarsi al livello delle idee generali. È stato anche limitato dalla determinazione dei veri leader della Gran Bretagna (forse cinquecento uomini in tutto) a non tenere conto della volontà (come dicono loro) del popolo sovrano... Permettetemi di fare un esempio che ritengo molto significativo. Nel 1935, come forse ricorderete, seguii la campagna elettorale per il *J.S.P.*, che si concluse con il trionfo dei conservatori. Fu una campagna poco impegnativa, di una correttezza sconcertante. Almeno per chi è abituato al pugilismo alla francese. Signori e signore molto dignitosi che si bombardano sul palco con omaggi reciproci. Elettori corretti, flemmatici, disciplinati, che aspettano che l'oratore finisca il suo discorso prima di fare domande, con il dito alzato come scolari ben educati e che parlano solo a turno, previa autorizzazione del presidente. Un motivo in più per astenersi dal gridare "Uccidetelo! Bastardo! Venduto! In breve, uno spettacolo molto edificante.

Rebatet, che si vantava di essere stato un fascista fin da bambino, sorrise beffardo.

Rebatet - E non è stato tentato di diventare un democratico?

Cousteau - Mi avevano avvertito. Sapevo che doveva essere una bufala. Tuttavia, non riuscivo a vedere chiaramente l'inganno. È diventato evidente solo il giorno dopo le elezioni. L'intera campagna elettorale, sia da parte dei conservatori che dei laburisti, si era basata su un programma di pace a tutti i costi attraverso il disarmo e la Società delle Nazioni. Persino il cannibale Duff Cooper, il cui guerrafondaio ha contribuito a scatenare l'ultima guerra, ha detto la sua sul disarmo. L'ho sentito con le mie orecchie nel cortile di una scuola a Westminster. E non ci si poteva sbagliare: disarmo, disarmo, disarmo! Ma appena finita la campagna elettorale, nei quindici giorni successivi all'insediamento del governo Baldwin, la prima decisione di questo Parlamento, liberamente eletto su un programma di disarmo, fu quella di votare 150 miliardi di franchi di crediti militari aggiuntivi.

Rebatet fece il broncio con disprezzo. Questi miliardi non gli facevano molta impressione. Le sue capacità di valutazione finanziaria, già mediocri per natura, erano state offuscate dalle successive cadute del valore del franco liberato.

Rebatet - Non più di questo, dice.

Cousteau - Un attimo, buon amico. Miliardi di franchi 35. Sono 5.500 miliardi di Tauriol per cannoni nuovi di zecca. Quando un deputato dell'opposizione chiese perché i conservatori non avessero parlato di un simile progetto ai loro elettori, Baldwin rispose molto semplicemente: *È perché non saremmo stati votati*. In realtà, i veri padroni dell'Inghilterra avevano già optato per la crociata anti-Hitler. Ma questo non era affare del popolo. E non si poteva dire più cinicamente del vecchio Baldwin quanto poco si tenesse conto delle regole del gioco democratico.

Rebatet - In breve, l'Inghilterra sarebbe stata protetta a lungo dall'impeccabile stupidità dei cittadini inglesi. Mi piace questo punto di vista. Prima di tutto, è una piccola vendetta morale contro l'arroganza britannica. In secondo luogo, conferma che le virtù sociali sono sempre di ordine piuttosto basso: conformismo, mancanza di discernimento e di pensiero critico. Le grandi conquiste storiche si fanno con mandrie di idioti. Ma oggi è certo che l'Inghilterra è in declino, che la sua potenza non è altro che un mito. E di questo sono molto contento. Non credo che sia perché gli inglesi sono diventati meno stupidi.

Cousteau - No, ma perché partecipano più genuinamente, più attivamente al governo della loro isola (non oso più dire "del loro impero"). È parte integrante della democrazia che, alla lunga, anche le organizzazioni più sane possono essere superate. Non importa quanto si distorcano le regole del gioco, l'affermazione ripetuta di una certa quantità di assurdità alla fine porta i suoi frutti. L'elettore più inoffensivo arriva a prendersi sul serio, a voler esercitare i propri diritti, in modo genuino. Non si accontenta più di una finzione. Pretendono un governo a loro immagine e somiglianza e pretendono di controllarlo. Basta guardare a ciò che sta accadendo oggi in Inghilterra!

Rebatet - In effetti, non è bello.

Cousteau - Sono orrendi, quegli uomini con la pancia flaccida e i pantaloni a cavatappi che compongono il ministero del Lavoro. Nessuno di loro è un vero gentiluomo. Piccoli e gretti gentiluomini della più bassa stratificazione *della classe media*, intrisi di pregiudizi egualitari, animati da un fanatismo freddo come le teste rotonde del defunto Cromwell, e che perseguono, senza alcun riguardo per il rottame, le assurde fantasie che per loro hanno preso il posto dell'interesse nazionale... Ho incontrato Attlee una volta nel 1933 o 1934. Era il segretario del vecchio leader laburista Lansbury, che ero venuto a intervistare. Fu lui a condurmi, dopo il nostro colloquio, in una galleria della Camera dei Comuni. Lo scambiai per un impiegato e a malapena gli offrii una mancia. Il fatto che l'Inghilterra si sia ridotta a essere governata da questo ometto spiega molte cose... E i politici Tory non sono migliori. Anche loro si abbandonano alla demagogia più volgare.

Rebatet - Quindi, è ben fatto. Il popolo inglese è incapace come quello francese di dare vita a un partito rivoluzionario; sarebbe sorprendente vedere emergere una personalità dell'onorevole famiglia reale.

Al pensiero che dalla collezione di manichini della famiglia reale potesse emergere qualcosa di decente, Cousteau scoppiò a ridere.

Rebatet - Così l'Inghilterra è destinata a scendere dignitosamente nella merda. È un peccato per una certa civiltà, l'unica cosa che ancora mi interessa, quella che il nostro amico Aldous Huxley rappresenta. Sono scomparsi gli svaghi, i privilegi, il capitale estetico che rendevano possibile quella civiltà. Se le mie informazioni sono corrette, Huxley si è stabilito negli Stati Uniti.

Cousteau - In California.

Rebatet - È stato preceduto dalle biblioteche e dai dipinti delle grandi collezioni inglesi, che fino al 1920 erano ancora le più ricche del mondo, e che passate ai produttori di calze Kayser, di Coca-Cola e di zuppa in scatola.

Cousteau - In fondo, si tratta solo di uno spostamento geografico.

Rebatet - In effetti, è facile vedere una nuova Atene prendere forma a Santa Monica. La natura deve essere più bella lì che nello Yorkshire, e i talenti più illustri del pianeta tendono, a quanto pare, a riunirsi lì. C'è una frase nelle *Decombe* che mi soddisfa abbastanza. In pratica dice che l'Inghilterra è stata ridotta a un'isola fumosa e nebbiosa. Tra le tante profezie... deplorevoli o troppo inverosimili (il lato apocalittico di noi, ne parleremo ancora!). Questa almeno si sta avverando, e sarebbe una grande soddisfazione per la morale internazionale, se esistesse. La Gran Bretagna è stata gravemente responsabile delle due guerre del XX secolo. In entrambe ha subito perdite incalcolabili. Il mio più grande piacere sarebbe se Churchill ne fosse consapevole.

Cousteau - È improbabile...

Rebatet - Churchill è un altro grande enigma, un modello famoso, per gli storici del XXI secolo, se ci sono ancora storici nel XXI secolo. Non mi sono esercitato quanto voi. Posso solo elencare i tratti della sua personalità che mi sembrano evidenti: una magnifica vitalità, un grande temperamento da uomo di guerra, una capacità di malafede che spinge indietro tutti i limiti conosciuti dell'indecenza, una grande immaginazione e certamente un grande disprezzo per gli uomini. Ma questo non spiega il suo carattere o le sue azioni. Nel complesso, Churchill aveva le qualità essenziali di un grande politico.

Cousteau - Eppure è stato lui il principale responsabile della decadenza dell'Inghilterra.

Rebatet - Lei sa che io ho una teoria delle preferenze nel senso più organico, più primitivo del termine.[46] Papa Ratti era favorevole alla democrazia, perché preferiva i vicari democrassouillard e i cardinali sindacalisti al vecchio clero reazionario e letterato, che comprendeva ancora gentiluomini come Merry del Val, per esempio: proprio come uno preferisce il cavolo rosso alle melanzane quando è un teutonico. Non sorprende che Churchill abbia rifiutato di trattare con Hitler perché Churchill preferisce la guerra alla pace. Vive meglio quando si combatte, anche se si respira meglio a Saint-Moritz che ad Aubervilliers.

Cousteau - Sarebbe una semplificazione eccessiva vedere Churchill solo da questo punto di vista.

Rebatet - Ovviamente, questo personaggio è tanto complesso quanto mostruoso. Ho letto il primo volume delle sue Memorie.[47] La mia testa è stata fumante di indignazione per tutta la notte nella mia gabbia per polli. Sappiamo che Churchill è indiscutibilmente un mortale di prim'ordine e improvvisamente ci troviamo di fronte alla disonestà incarnata. Non mi dispiace che Churchill decida di dire lui stesso la verità. Ma fino a questo punto! E quando il tipo di epopea che stava raccontando aveva il finale

---

[46] A differenza del suo successore, Pio XII (1939-1958), Achille Ratti, Papa con il nome di Pio XI (1922-1939), condannò apertamente il nazismo nella sua enciclica *Mit brennender Sorge*.

[47] Cage à poule (gabbia per galline): piccola cella in rete metallica di due metri per due, in cui la maggior parte dei detenuti delle prigioni centrali viene rinchiusa per la notte.

che vediamo oggi... Mi pongo due domande: Churchill è intelligente, è patriottico?

Cousteau si grattò la testa.[48] Churchill era apparso prima della guerra, con grande scandalo di M. Bidault, nella sua galleria di "solenni idioti della democrazia". Era un personaggio familiare. Troppo familiare, forse. Non appena ci si avvicina a un argomento, ci si rende conto che le cose non sono così semplici come sembrano ai non addetti ai lavori.

Cousteau - Hai ragione, Lucien, a parlare di un enigma. Churchill è un enigma vivente. Intelligente? Un patriota? Come no! Grondante di intelligenza, dotato di doni prodigiosi che lo distinguono dall'ordinario e appassionatamente impegnato a servire il suo Paese. Ma incapace di capire le cose più semplici, di piegarsi alle discipline elementari, di rovinare le occasioni migliori con battute inopportune o sbalzi d'umore, e responsabile in ogni caso, nonostante o a causa del suo losco patriottismo, degli errori inglesi più sfrenati di questo secolo...

Rebatet - Sì, c'è un mistero di Churchill...

Cousteau - Tanti doni, tanta buona volontà elargiti nella direzione sbagliata, vanificando lo scopo... Se Churchill fosse morto alla vigilia di questa guerra, sarebbe stato ricordato solo come un fallimento. Un fallimento pittoresco, ma pur sempre un fallimento.[49] Esattamente come Clemenceau che, senza il massacro del 1914-1918, sarebbe passato alla storia come un agente pagato dai servizi segreti e come uno dei più noti

---

[48] Una serie di articoli pubblicati poco prima della guerra su *Je Suis Partout*, che all'epoca ebbero un certo impatto. I personaggi principali di questa galleria - Kerensky, Benes, Titulescu, Roosevelt, Zamora, ecc. - hanno in seguito subito grandi disgrazie nei rispettivi Paesi o si trovano in una posizione alquanto negativa agli occhi della storia.

[49] Il termine "libretto degli assegni di Panama" si riferisce all'affare di Panama (1892), uno dei maggiori scandali politici e finanziari della Terza Repubblica. I "chéquards" erano i deputati accusati di aver preso tangenti.

scacchisti di Panama. [50] Nel 1937 e nel 1938, Churchill non era disprezzato come il Padre della Vittoria, né la sua onorabilità era messa in discussione. Ma a Londra nessuno lo prendeva più sul serio.

Rebatet - All'epoca mi avevi spiegato che a Londra era considerato un clown.

Cousteau - Churchill era stato un clown per tutta la vita. Tenente degli Ussari, scriveva articoli; giornalista, sparava con i fucili; liberale, votava con i conservatori; conservatore, votava con i liberali. La gente si era stancata delle sue stravaganze. Inglese dalla testa ai piedi, perfettamente inglese, il suo comportamento aveva tuttavia tutto per scandalizzare gli inglesi. Era stato processato in diverse occasioni, la maggior parte delle quali con esito disastroso.

Rebatet - La spedizione dei Dardanelli, da lui concepita e ordinata, fu uno degli errori più tragici del 1914-1918.

Cousteau - In ogni caso, Churchill non era più desiderato. Era fritto. I giornalisti politici parlavano di lui con un'indulgenza un po' sdegnosa, e nessun Primo Ministro si preoccupava di prendere a bordo della sua galea un olibrio così preoccupante. Era molto meglio averlo contro che con...

Rebatet - Ma la guerra ha ripristinato tutto il suo prestigio, e anche di più...

Cousteau - Perché? Perché all'epoca di Monaco, insieme a Duff Cooper, era uno dei pochissimi politici britannici ostili all'appeasement. All'epoca non aveva molta importanza: era solo un'altra pagliacciata del vecchio enfant terrible. Ma la guerra del 1939 sembrava essere una

---

[50] Chiunque ne dubiti può consultare *Leurs Figures* di Maurice Barrès.

condanna della pace del 1938. Per Churchill fu una vendetta personale.[51] Fu sostituito dal vecchio con l'ombrello e da quel momento in poi fu facile prevedere che avrebbe combattuto questa guerra totalmente, senza battere ciglio, fino alla fine... Per amor proprio, ovviamente (era la sua piccola faida)... Un gusto artistico e disinteressato, si potrebbe dire, per la guerra (Churchill amava l'audacia come altri amano la musica, e possiamo rendergli giustizia dicendo che in tutta la sua vita non perse mai l'occasione di esporsi dove si sventravano bovini umani).

Rebatet - Non credi che anche lui sia andato in guerra per patriottismo?

Cousteau - Sì, ed è qui che vediamo una falla nella sua vasta e brillante intelligenza. È qui che il vecchio clown cominciò improvvisamente a mancare di immaginazione. Churchill mise gli occhi su Hitler, convinto di seguire la tradizione dei grandi antenati che, con un istinto molto sicuro per l'equilibrio europeo, avevano successivamente contrapposto Francesco I, Carlo V, Filippo II, Luigi XIV, Luigi XV, Napoleone e Guglielmo II. Distruggere la nazione dominante del continente. Semplice. Un classico. Ma Hitler non era la minaccia numero 1 per la Gran Bretagna. Il pericolo numero 1 era e rimane la Russia sovietica. Churchill eliminò il male minore.

Rebatet - Sembra che lo abbia ammesso il giorno in cui, di fronte agli amici più stretti, ha ammesso di aver "ucciso il maiale sbagliato".

Cousteau - Tragico errore di calcolo. Sarebbe stato necessario capire che una Germania nazista contrapposta al bolscevismo era indispensabile all'Inghilterra quanto l'indipendenza del Belgio lo era per la Regina Vittoria... E capire che per preservare l'Impero non bastavano più i cannoni, che occorreva un'ideologia che giustificasse e affermasse il primato dell'uomo bianco, proprio l'ideologia che il Führer offriva

---

[51] È Sir Arthur Neville, detto Chamberlain.

all'Occidente. L'Inghilterra, che ha ispirato la crociata delle democrazie, è stata vittima degli stessi principi che hanno fatto da alibi a questa crociata. Questi principi proclamano che l'ultimo dei rifiuti di Calcutta ha lo stesso peso di uno studente di Oxford. Allora perché gli inglesi avrebbero dovuto rimanere in India?

Rebatet - Non sono rimasti lì.

Cousteau - E, in nome degli stessi principi, saranno cacciati dal Kenya e dalla Gold Coast. Forse sarebbe stato spiacevole per l'orgoglio britannico avere a che fare con Hitler, ma sarebbe stato molto meno catastrofico, in ultima analisi, che perdere l'Impero e trovarsi faccia a faccia con le avanguardie dell'Armata Rossa. Churchill non lo capì e non lo sospettò nemmeno.

Rebatet - Tuttavia, non si può immaginare che egli, come quell'imbecille totale di Roosevelt, abbia ceduto alle assurdità della coscienza universale.

Cousteau - No, certo che no. Non è mai stato così stupido da credere a tali degradanti sciocchezze. Il suo comportamento era ispirato solo da preoccupazioni di un onorevole realismo. Ma, ripeto, ha sottovalutato il potere esplosivo delle ideologie che hanno impregnato i combattenti di questa guerra di religione. Soprattutto, aveva sbagliato obiettivo. La sua *delenda est...* era mal indirizzata. Con una *delenda est Russiai* sarebbe stato un vero grande uomo e il vero salvatore dell'Inghilterra. La storia dirà che fu il suo becchino. *Ahimè, il povero Yorick...*

Rebatet - Vedo che si potrebbe scrivere una nuova monografia su Churchill... In breve, il vecchio pirata si è indurito in due o tre idee e sentimenti tradizionali. Ed è proprio perché queste idee e questi sentimenti erano tradizionalmente britannici che nel luglio del 1940 aveva l'intera Inghilterra dietro di sé. Ci sono ancora due punti oscuri sull'atteggiamento di Hitler nei confronti degli inglesi dal 1933. Ci furono dei negoziati tra Gran Bretagna e Hitler. Come si svolsero? Quali furono le responsabilità reciproche degli inglesi e di Hitler nel fallimento di questi negoziati, che avrebbero salvato tutto?

Cousteau - Questo, amico mio, non lo sapremo mai, nonostante le rivelazioni dei pitoni che si aggirano per i corridoi dell'ONU. Sai bene che i documenti diplomatici sono tutti falsificati.

Rebatet - L'altro punto oscuro è l'opinione di Churchill sulla Russia dal 1939 al 1944. Non è possibile che Churchill fosse completamente cieco. Già nel luglio del 1945, egli vociferava temi antibolscevici. Il suo sogno era forse quello di continuare la guerra contro i russi una volta sconfitta la Germania? Se sì, era assurdo. È il lato pichrocoliano dei grandi guerrieri, Alessandro, Carlo V, Guglielmo II, Hitler, quel difetto fatale che non esiste in Stalin.[52]

Cousteau - In ogni caso, che avesse o meno l'inclinazione a iniziare una nuova guerra contro i russi nel 1945, l'unico fatto indiscutibile è che a Yalta consegnò freddamente e consapevolmente mezza Europa ai bolscevichi.

Rebatet - Questo è assolutamente criminale. Ed ecco cosa è scandaloso: Churchill ha ormai 75 anni, non ha più nulla da aspettarsi dalla vita, è un uomo di lettere, ha dedicato tanto tempo ai suoi libri quanto alla politica. Dovrebbe sentire che ci deve la verità sui retroscena del periodo prebellico e della guerra, sui suoi pensieri privati, su tutto ciò che è stato costretto a nascondere durante i combattimenti, e sugli errori che ha commesso, perché non c'è uomo, per quanto grande, che non ne

---

[52] Per molto tempo, la Conferenza di Yalta (febbraio 1945) è stata erroneamente vista come il momento in cui americani, britannici e sovietici si sono "spartiti" il mondo, dividendosi le aree di influenza.

commetta.

Cousteau - Sarebbe ovviamente un compito grande e utile, davvero degno di un uomo superiore.

Rebatet - Invece, questo mucchio di bugie, tutti i luoghi comuni della propaganda, questa apologia ostinata, contro ogni probabilità, che può stupire un negoziante inglese ma non può ingannare nemmeno un semplice giornalista... No, alla fine Churchill era un tipo strano e bisbetico. La storia sarà crudele con lui. Se nel 2050 resterà qualche storico serio, si riferirà ai vostri "Solenni Idioti".[53]

E Rebatet iniziò a fischiettare una canzone da strada "europea": *Denn wir fahren Gegen England* e lo si sentiva mormorare tra i denti:

Rebatet - Sì, ma gli idioti sono rimasti sulla strada, come tutti gli altri.

Laboratorio di lingerie nel carcere di Clairvaux, febbraio 1950.

---

[53] Perché siamo all'esordio contro l'Inghilterra.

DIALOGO 4

SAÜL IL BALUCHONNEUR

"I disagi subiti dalle persone arrestate inaspettatamente sono dovuti principalmente a una mossa falsa da parte loro nei confronti del carceriere
                      Ernst von Salomon, *Il questionario*

Rebatet scartò con aria disgustata la Bibbia parallela di Segond, aperta davanti a lui in mezzo a un'intera biblioteca religiosa. Si voltò verso Cousteau, che lo guardava con aria amichevole!

Rebatet - Tutto sommato, lei è molto tollerante", disse con una specie di sospiro.

Cousteau - Tollerante! Non mi insulti, per favore! Non me lo merito... E non vedo affatto...

Rebatet - Zitto! Siete molto più tolleranti di me. Negli ultimi sei mesi mi avete visto infilato nell'accozzaglia di questi libri oscuri, orribili e ripugnanti, a fare un lavoro indecifrabile, interrompendo i vostri conti per citare Sant'Agostino o celebrare Sant'Ignazio. Se voi aveste fatto lo stesso, vi avrei ricoperto di sudiciume e avrei acceso il fuoco con le vostre cianfrusaglie già da tempo.

Cousteau - Sai, Lucien, sono pronto a trasmetterti molte cose, perché sei tu, perché abbiamo fatto molto rumore insieme e abbiamo molti ricordi divertenti in comune. Sì, sono pronto a trasmetterti il tuo gusto perverso per i testi nauseabondi dei Padri della Chiesa. Ma questo non è un motivo per essere tolleranti!

Rebatet - Per me si chiama ancora tolleranza. Non gridare. Ascoltatemi e basta. Voglio dire qualche parola sulle Scritture. Non si tratta del Cristo viatore o del Cristo pneumatico. Questo vi interesserà.

Cousteau - Non credo.

Rebatet - Ti dico che ti interesserà. Si possono trovare molte cose in queste storie, anche se non ci si crede, ovviamente. Ho appena fatto una piccola osservazione sul servizio carcerario romano.

A queste parole, la diffidenza di Cousteau scomparve:

Cousteau - Se si tratta del servizio carcerario romano, è diverso, mi interessa.

Rebatet - Non credo che nessuno ne abbia mai parlato. Probabilmente perché gli esegeti non sono mai andati in prigione. Io non sono nemmeno un esegeta dilettante - come minimo dovrei imparare di nuovo il greco - ma sono in prigione. Un vantaggio enorme rispetto a Renan, Loisy, Hamack padre Lagrange... Ed ecco fatto. Mi rendo conto che metà dei testi cristiani del primo e del secondo secolo sono stati scritti in cella, in isolamento, in catene e portati fuori di nascosto. [54]*epistola* di Paolo *agli Efesini*, "il prigioniero del Signore", e le *epistole a Timoteo* erano tutte lettere impacchettate, gocce di paracadute, tavolette che nascondeva nelle suole dei sandali quando veniva chiamato alla sbarra. C'erano anche quelle che passava quando si trovava nel quartiere politico. Ci sono le lettere di Ignazio di Antiochia, quelle dei condannati di Lione, di Ireneo, di Blandino. Per tre quarti si tratta di lettere sensazionali, le ultime parole

---

[54] *Efesini*, IV-I.

di martiri, testamenti scritti in cancelleria, poco prima di finire sui leoni. L'autenticità è evidente. A volte i delatori vengono addirittura additati agli amici rimasti: "Alessandro il fabbro mi ha fatto molto male. Il Signore lo ripagherà secondo le sue azioni. Guardatevi anche da lui, perché si è opposto con forza alle nostre parole. Nella mia prima difesa, nessuno mi ha aiutato, ma tutti mi hanno abbandonato."[55]

Cousteau - Parli come i clienti di Donsimoni.[56]

Rebatet - È la Seconda *Lettera a Timoteo*, IV, 14-17. L'ebreo Saul è, inoltre, gonfio, un po' più del suo discendente Lopotka: "Sto già servendo come libagione e la mia partenza si avvicina. Ho combattuto la buona battaglia, ho terminato la corsa, ho mantenuto la fede". Ascoltate Ignazio di Antiochia, condotto in pasto ai leoni nel Colosseo nel 107: "Quando affronterò le belve che mi attendono? Se sarà necessario, le lusingherò... Se mi faranno supplicare, le provocherò... I più crudeli tormenti del diavolo si abbattono su di me, purché io entri nel possesso di Gesù Cristo".[57] In realtà, questa lettera potrebbe essere un falso. Ci sono state lettere false di martiri. Ma ce ne sono state abbastanza di autentiche perché si possa incolpare la Penitenzieria romana. I guardiani romani dei sigilli hanno fatto un pessimo lavoro. I guardiani non hanno applicato le regole. È chiaro che le perquisizioni sono state effettuate in modo deplorevole. I detenuti hanno convertito i loro hack in un batter d'occhio. Il risultato: sono stati allontanati fisicamente, con metodi molto sgradevoli e rivoluzionari, ma hanno potuto gridare al mondo intero di essere degli eroi.

Cousteau era stupito. Non aveva mai avuto occasione di sospettare che il successo del cristianesimo fosse il risultato di un fallimento del servizio

---

[55] Giudice istruttore presso la Corte di giustizia di Parigi, specializzato in casi di Gestapo.

[56] Ebreo della Gestapo fucilato all'inizio del 1947.

[57] *Epistola ai Romani*, V-VII.

carcerario. Quindi si spinse oltre.

Cousteau - È certamente vero. È proprio così... È incredibile! Avete appena fatto una scoperta sensazionale. Dovete ammettere che vale la pena di andare a Clairvaux!

Rebatet emise alcuni grugniti furiosi. Non gli piaceva che gli venissero mostrati i benefici della prigione. Senza prestare ulteriore attenzione, Cousteau continuò:

Cousteau - Non basta che il martirio sia esemplare perché sia efficace. Chi viene torturato deve anche avere la possibilità di spiegarsi. Che uno venga ucciso, pubblicamente o meno, denti del leone o dalle pallottole di Fifis, non serve alla causa se ci assicuriamo che tenga la bocca chiusa.

Rebatet - Che il martire chiuda la bocca, è tutto lì!

Cousteau - Guardate il grande Stalin. Non fa martiri. Né Bukharin, né Zinoviev, né Kamenev, né altri viscidi topi hanno mai scritto epistole ai moscoviti. La prova che il servizio carcerario sovietico funziona bene.[58] Mentre con i blunders di Nerone si è perso ogni senso di coscienza professionale...

Rebatet - Ah, cominciamo a capire il mondo ora che ne siamo esclusi! Con Stalin, tutto è serio. E c'era un'altra organizzazione di incomparabile serietà, quella della Chiesa, quando esisteva davvero. Nessuno ha mai letto gli ultimi inni a Mitra dei pagani condannati a morte per paganesimo nel VI e VII secolo.[59] Gli eretici, gli ariani, i nestoriani, monofisiti, i docetisti, sono oggi conosciuti solo attraverso i racconti dei vescovi che

---

[58] Gaffes" è il gergo dei carcerieri.

[59] Si tratta di sette cristiane soppiantate da Roma e dichiarate eretiche.

li hanno influenzati.

Cousteau - Dalle segrete dell'Inquisizione non è mai uscita una sola lettera clandestina, così come dalla Loublianka...

Rebatet - Chiudiamo un occhio sui processi di Mosca. Ci si chiede con orrore quali droghe i russi iniettino ai loro prigionieri, quali inaudite torsioni delle palle infliggano loro per ottenere le loro spaventose confessioni. Ma tutti coloro che sono stati bruciati e impiccati dall'Inquisizione si sono sottoposti alla tortura facendo ammenda, chiedendo essi stessi il fuoco e la corda come penitenza per i loro peccati. La Chiesa e il Cremlino sono i due grandi modelli. A parte questo, ci sono solo pasticcioni, legalisti che credono nella legge, sprovveduti sentimentali, governanti che sbudellano o perdonano , a seconda che abbiano il fegato malato o abbiano fatto l'amore in modo piacevole.

Cousteau - Inoltre, le istituzioni sovietiche, come quelle della Chiesa antica, devono aver raggiunto un grado di perfezione straordinario per essere riuscite a cambiare la natura stessa della guardia carceraria.[60] Esistono infatti caratteristiche ben definite della guardia carceraria che si possono trovare in tutti i tempi, in tutti i Paesi e sotto tutti i regimi - tranne, ovviamente, sotto Torquemada e sotto Stalin - e che sono molto diverse da quelle che un vanesio immagina. Per l'idiota medio che non è mai stato in prigione, la guardia carceraria è una specie di mostro, un uomo nero con un cuore di granito, un Javert con un tocco di Adjudant Flik.

Rebatet - Questo è il modo in cui si presenta generalmente la guardia carceraria.

---

[60] Figura emblematica dell'Inquisizione spagnola, resa popolare da Victor Hugo, Thomas de Torquemada, confessore di Isabella di Castiglia e Ferdinando d'Aragona, fu nominato inquisitore generale dal Papa nel 1482.

Cousteau - Sì, ma la ferocia non dura. Non può durare. L'uomo, pur essendo un animale abietto, non è in grado di mantenere uno stato di ferocia permanente. Prima o poi, a contatto con il suo prigioniero, la guardia carceraria finisce per diventare più umana. Occorrono sistemi di coercizione incredibilmente sofisticati - quelli di cui si parlava prima - per rendere impossibile l'umanizzazione della guardia carceraria.

Rebatet - Normalmente, deve umanizzarsi; normalmente, una guardia carceraria non deve essere in grado di resistere all'incantesimo del suo prigioniero...[61]

Cousteau - Quando ero un gefang in Turingia, quelli dell'O.K.W., che conoscevano bene questo fenomeno, presero la precauzione di cambiare le nostre guardie ogni mese. E ogni mese dovevano rifare tutto da capo![62] Ma non è un esempio che un Unteroffizier appena arrivato non sia stato domato in meno di otto giorni. Naturalmente, il nuovo Unteroffizier arrivava gridando: "Spazzate sotto i letti! *Sauber machen!* E salta! *Das ist nicht eine Schweinerei, das ist Deutschland!* "Hai sempre ragione, buon uomo" ridevano i ragazzi, la cui fiducia era stata rafforzata dalle esperienze precedenti. E il giorno dopo, al ritorno dai cantieri, organizzammo la messa in scena rituale: il mio amico Jean-Pierre Veber srotolò una tela e iniziò il ritratto di un amico. L'Unteroffizier, durante il suo giro, dava un'occhiata obliqua alla tela. Ma senza dire una parola. Senza abbandonare la sua maschera feroce. Il giorno dopo, la scena era la stessa. Questa volta, l'Unteroffizier si fermava a guardare per un momento. Il terzo giorno disse "*schön!* Il quarto chiese a Veber di fargli un ritratto da inviare alla sua Gretchen. Questo è quanto. Era nel sacco. Niente più grida. Amici. *Krieg sehr traurig... Bald zurück zu Hause mit Madame.*

---

[61] "Gefang": *gefangener*, cioè prigioniero.

[62] Oberkommando der Wehrmacht, comando supremo delle forze armate tedesche.

Rebatet - Guardate i combattenti della resistenza, e anche quelli che hanno votato comunista alle ultime elezioni. Hanno tutte le ragioni per odiarci. Con due o tre eccezioni, sono tra i più rispettabili.

Cousteau - È vero, però...[63]

Rebatet - Dal maggio all'ottobre 1945, ho bazzicato una mezza dozzina di prigioni e campi, sorvegliato da sidis - sidis molto comprensivi - da fifaillons che cominciavano a stancarsi delle botte. Non andò troppo male. Arrivai a Fresnes il 6 ottobre. Ero stato sputato dai proletari a La Villette. Ero rassegnato al peggio. Mi sono detto: "Finora ho avuto a che fare solo con dilettanti. Ora ho a che fare con dei professionisti.[64] Non vedo l'ora che arrivi Montrouge. È la mia unica speranza". L'8 ottobre avevo già firmato una copia di *Décombres* e cinque o sei libri di autografi per i blunder del mio piano. E non avevo più la stessa fretta di correre a Montrouge.

Cousteau - Per quanto possa sembrare paradossale, la verità è che sono stati i nostri compatrioti, nel loro insieme, a volerci far soffrire il più possibile, e che è stato il servizio penitenziario, dai direttori all'ultimo dei detenuti, a limitare i danni, a fare il possibile per rendere le cose meno insopportabili. Non che i detenuti siano migliori degli altri uomini!

Rebatet - Ah, diavolo no!

Cousteau - Ma, come ho detto prima, non è possibile vivere costantemente con un prigioniero senza essere tentati di capirlo e di simpatizzare un po' con lui. Ricordate il nostro periodo in catene: tutte gaffes di Fresnes che sfilavano nelle nostre celle uno dopo l'altro per

---

[63] "Fifaillons": membri della F.F.I.

[64] Per chi se lo fosse dimenticato, fu tra le mura di questo forte che De Gaulle e Auriol fecero fucilare i collaborazionisti.

offrirci parole gentili. Non stavano recitando. Sono convinto che se ci avessero sparato, avrebbero ferito i loro sentimenti.

Rebatet - Ce ne saremmo andati in un fiume di lacrime.

Cousteau - Quando si vive un'esperienza del genere, si capisce perché San Paolo e Sant'Ireneo non hanno avuto molti problemi a convertire le loro guardie prima di andare dai leoni...

Rebatet - Il sistema carcerario della Repubblica è spaventoso. Tutto è pensato per torturare il prigioniero o per degradarlo nella sporcizia, la promiscuità, le gabbie per uomini, le reti di delazione, regolamenti feroci. I carcerieri avrebbero tutto in mano per farci cagare addosso fino alla morte. Se siamo vivi, se non siamo straccioni, è a loro e solo a loro che lo dobbiamo.

L'indignazione di Rebatet crebbe progressivamente:

Rebatet - In ogni caso, non dobbiamo la nostra sopravvivenza agli avvocati, che non si sono mai preoccupati nemmeno per un secondo, fin dai tempi più antichi, del regime a cui erano sottoposti i loro clienti. Non alle associazioni di beneficenza! Le avete viste, voi, le "cornette", le signore della Croce Rossa, le Conferenze di San Vincenzo de' Paoli, da quando siamo in prigione?[65] Ah! Mi sentiranno tossire, i liberi cittadini, quando mi parleranno dei Quaccheri, dell'Y.M.C.A. e delle Piccole Sorelle dei Poveri "che fanno tanto bene". Se mai dovessi tornare a vivere in una vera casa, le mendicanti che mi portano di sopra possono prepararsi a riportarmi giù sul loro culo.[66] Se non saremo morti in prigione, lo dovremo agli scribacchini e ai loro capi immediati. Canterò

---

[65] Associazione cristiana dei giovani uomini.

[66] "Matuches": hack.

per gli hack fino al mio ultimo respiro!

Cousteau - E poiché sono universalmente sconosciuti, scriverò un libro a gloria dei carcerieri, che chiamerò *'Pietà per gli sprovveduti'*... Chi conosce la prigione solo attraverso *La Chartreuse de Parme* o La *Tulipe Noire* immagina che la ferocia del secondino sia mitigata solo dalla sua venalità...

Rebatet - Comunque, parecchie guardie di Fresnes arrotondavano i loro mesi facendo commissioni a pagamento in città.

Cousteau - Ma questo è un aspetto secondario del problema. Nel complesso, i nostri carcerieri hanno deliberatamente, gratuitamente, scelto di rimanere al di sotto del livello di ferocia normativa. Non è esagerato dire che così facendo hanno tradito la volontà di magistrati, legislatori e patrioti. La loro benevolenza è stata esercitata di nascosto, in modo fraudolento, in modo vergognoso. E non poteva essere altrimenti. Ricordiamo gli incessanti colpi di avvertimento sparati dai giornalisti della Resistenza, gli articoli indignati della stampa parigina su "Fresnes-Palace".

Rebatet - Per questi spadaccini era impossibile essere abbastanza duri con i collaboratori imprigionati. Non c'erano mai abbastanza colpi, mai abbastanza prepotenze, mai abbastanza abusi.

Cousteau - Per coprire le proprie tracce, il Servizio Penitenziario è stato costretto ad affermare di essere così feroce come il popolo sovrano richiedeva, e praticamente ogni articolo della stampa fifi si traduceva in un irrigidimento - fortunatamente mai molto prolungato - della disciplina. Se gli scribacchini si fossero divertiti a tagliarci le orecchie, nessuno li avrebbe biasimati. Quello che gli si rimprovera è di non essere stati abbastanza cattivi.[67]

Rebatet - Per due anni il penitenziario è stato diretto da Madeleine Jacob.[68] Furono i due anni delle prigioni infernali, dei rastrellamenti con fanfara, dell'ammiraglio Abrial rasato a zero, del regno dell'Ange Soleil, della sinistra-destra anche per i vecchi e i mutilati, della carestia per gli indigenti, dello scorbuto come sui pontoni inglesi. Tutti i francesi lo sapevano, i loro giornali ne parlavano. Pensavano che fosse perfettamente normale.

Cousteau - Si potrebbe dire che i campi tedeschi erano molto peggio.

Rebatet - Senza dubbio, ma la stampa tedesca non ne ha mai parlato. Ciò che accadde a Dachau e Buchenwald era avvolto nel più fitto mistero per i tedeschi.

Cousteau - Forse, dopo tutto, i tedeschi avrebbero approvato Buchenwald e Dachau. È possibile, ma non lo sapremo mai. Non hanno avuto la possibilità materiale di farsi un'opinione.[69] D'altra parte, quasi tutti in Francia sapevano che Henri Béraud, testa rasata e zoccoli ai piedi, etichettava dieci ore al giorno nell'inferno di Poissy. Chi, a parte gli onorevoli francesi trascurati dall'epurazione, protestò?

Rebatet - Anche in questo caso, l'immagine ufficiale dei tormenti inflitti agli eretici della democrazia è stata sistematicamente oscurata e

---

[67] Madeleine Jacob, che scriveva la rubrica giuridica per *Franc-Tireur* (poi passata a *Libération*), era solita definire i tribunali spietati e i governatori delle carceri feroci.

[68] Assassino mulatto il cui processo aveva fatto scalpore prima della guerra. Era maresciallo di corte (cioè capo Kapo) alla prigione di Fontrevault quando vi furono inviati i primi prigionieri dell'epurazione. Tutti i resoconti concordano nel dire che fu feroce con i nuovi prigionieri.

[69] Henri Béraud, scrittore e pubblicista di *Gringoire*, si schierò con i collaborazionisti. Condannato a morte alla Liberazione, fu poi graziato.

notevolmente più spaventosa della realtà (che non era bella).

Cousteau - È questa esagerazione che i giornali di questo popolo spirituale hanno trovato troppo blanda. Per me va bene... Ma dovrebbero lasciarci in pace con i loro piagnistei sul rispetto della persona umana. Nessun popolo ha il monopolio dei boia.

Laboratorio di lingerie nel carcere di Clairvaux, marzo 1950.

DIALOGO 5

DA SOCRATE A BOUSSELAIRE

> "La pena di morte è legittima, a condizione che non sia eseguita per virtù o giustizia, ma per necessità o per qualche profitto"
>
> Anatole France, *Gli dei hanno sete*

Una casa saccheggiata è uno spettacolo triste. Ma c'è di peggio. Se invece di un'orda devastatrice è una truppa di onesti stuccatori a occupare il posto, allora l'orrore diventa indicibile. Quel giorno, la Lingerie era la preda degli stuccatori. Con i polmoni pieni di polvere, le ciglia frangiate di bianco, ripiegati con i loro fagotti di vestiti in uno spazio vitale angusto e perennemente minacciato, Cousteau e Rebatet contemplavano il disastro con occhi cupi. Rebatet, tuttavia, si ricompose più rapidamente dell'amico. Per amor di forma, aveva salutato gli invasori con una raffica di "bordelli di Dio", ma il disordine in sé non era sufficiente a rattristarlo. Anzi, era soprattutto il riordino che influiva sul suo benessere intellettuale, ed era riuscito, abbastanza rapidamente, a ricreare per sé, almeno moralmente, una zona di intimità in mezzo alle macerie. È da questa intimità che Cousteau, incapace di soffrire in silenzio, venne a stanarlo:

Cousteau - A proposito, a che punto è il suo studio sull'assassinio politico?

Rebatet - A proposito? chiese Rebatet, rimettendosi gli occhiali sulla fronte.

Cousteau - dico "apropos" perché questi pittori mi fanno venire un impulso omicida. Semplice associazione di idee. Ricordi che sei mesi o un anno fa (qui non si sa, il tempo non ha più misura) mi parlasti della necessità di studiare con serenità il meccanismo dell'assassinio politico e di ricercarne le leggi principali. Ero molto interessato.

Rebatet - È ancora un progetto in cantiere. Non ci ho più pensato. Temo che sia al di là delle mie possibilità.[70] Non conosco abbastanza la storia e credo che avrei la stessa tendenza che ha avuto lei per la sua *Giovanna d'Arco:* prima scrivere il libro e poi fare ricerche.

Cousteau - L'abitudine di un vecchio giornalista...

Rebatet - Questo metodo ha dato i migliori risultati per la vostra *Jehanne*, ma difficilmente sarebbe adatto al mio trattato, poiché si tratterebbe di raggruppare e confrontare il maggior numero possibile di fatti e vedere se è possibile trarne delle regole.[71] L'argomento è scoraggiante da qualsiasi punto di vista lo si guardi: "*Da Socrate a Bousselaire*, poiché il nostro amico Bousselaire è stato giustiziato "politicamente" per le stesse ragioni di Maria Antonietta e del Duca d'Enghien. Dobbiamo sapere con esattezza chi hanno assassinato San Luigi e Bianca di Castiglia, un argomento sul quale gli storici non sono molto disponibili.

Cousteau - Non è molto loquace. Sono a malapena disposti a riconoscere che questo pio monarca ha introdotto una pittoresca innovazione nella penologia francese, facendo arroventare le labbra dei bestemmiatori.

Rebatet - È un bel pezzo di carità cristiana. Ma è una questione di

---

[70] *Jehanne au Trou*, opera storica di P.-A. Cousteau, inedita al momento della stesura del testo.

[71] Bousselaire, ladruncolo, scagnozzo della S.D. in rue des Saussais, compagno di Cousteau e Rebatet nel braccio della morte a Fresnes. Fucilato nel 1947 per "cospirazione con il nemico".

assassinio ed è da questa prospettiva che dovremmo rivedere tutta la storia, in particolare quella dell'antichità, che conosco così poco. Ha un'opinione sull'assassinio di Caio Gracco?

Cousteau si grattò la testa. Non conosceva le circostanze di questo assassinio.

Cousteau - Naturalmente, non si può intraprendere un trattato come questo senza aver prima sorbito alcune enormi compilazioni, poiché si tratta sostanzialmente di una rassegna dell'intera storia dell'umanità. Ma è bene fare una premessa: questa è la storia dell'umanità! L'omicidio politico, che gli storici presentano come un incidente, è invece un fenomeno estremamente comune, una procedura che è stata utilizzata costantemente in tutte le epoche, sotto tutti i regimi, e la cui frequenza non è stata in alcun modo diminuita dal cosiddetto progresso della civiltà. Anche i monarchi più eleganti hanno le mani sporche di sangue, e chiunque abbia messo un dito in una macchina politica è diventato *ipso facto* complice di un certo numero di assassinii.

Rebatet - La nozione stessa di politica è inseparabile dalla nozione di omicidio.

Cousteau - Non c'è bisogno di indignarsi, non c'è bisogno di nascondersi, non c'è bisogno di fare la faccia tosta.

Rebatet - Le cose stanno così.

Cousteau - Invece di lamentarsi, è molto più corretto, come lei suggerisce, cercare di capire quando e come uccidere. È questo l'importante. Perché l'omicidio non ha un valore specifico. Non basta sterminare per essere un grande statista. Alcuni massacri sono stati errori deplorevoli. Altri erano indispensabili. Credo, ad esempio, che sarebbe stato ragionevole spararci.

Rebatet - Non mi soffermerò sull'ovvietà di questa osservazione! Vedo che avete capito la mia idea: sì, sarebbe un manuale di assassinio ad uso di ogni uomo destinato alla politica, al governo dei suoi simili, insomma le istruzioni per l'uso di un'arma che, salvo casi straordinari, quell'uomo sarà obbligato a usare, a consigliare, o il cui uso dovrà disapprovare.

Cousteau - Pensare che c'è una Scuola di Scienze Politiche e non ha un professore di omicidio!

Rebatet - Eppure nei nostri consigli dei ministri ci sarebbe l'imbarazzo della scelta per quanto riguarda i docenti con una buona esperienza in materia. Non mi spingerei fino a dire che a questi corsi andrebbero aggiunte delle esercitazioni pratiche. Potremmo limitarci a qualche lezione su come identificare l'assassino, per le operazioni segrete... Ma siamo seri. Il nostro secolo è il secolo dell'assassinio per eccellenza. Abbiamo quindi bisogno di un manuale il più possibile equilibrato e documentato. Prima di tutto, ovviamente, eliminerò gli assassini casuali, quelli di Carnot, Doumer, Alessandro di Jugoslavia e altri capi di Stato. Gli assassini di Sarajevo hanno scatenato una catastrofe fantastica, ma questo fenomeno è una questione di filosofia pascaliana, come il granello di sabbia di Cromwell.

Cousteau - Politicamente non ha alcun interesse.

Rebatet - Non si tratta nemmeno dell'esecuzione di Cristo, è più o meno la stessa cosa. Pilato non avrebbe potuto agire diversamente, non avrebbe potuto prevedere le conseguenze di questa crocifissione.

Cousteau - Se ogni volta che si taglia il collo di un sidi, nasce una religione!

Rebatet - Ci sono tre voci principali: chi deve essere ucciso, quando e come? Una delle risposte all'ultima domanda, "come uccidere", sarebbe naturalmente "soprattutto non fare martiri! Una delle regole principali è quella di disonorare la vittima. La Chiesa e Stalin erano i più grandi esperti in questo campo, come abbiamo già detto... Un'altra domanda, corollario della seconda: quando dovremmo smettere di uccidere? Ma credo che dovremmo prima stabilire una divisione più generale: l'omicidio secondo la civiltà, l'omicidio secondo i barbari.

Cousteau - Cosa intende dire?

Rebatet - Mi spiego: in un certo stato di morale e di idee, l'uomo di governo può dimostrare la necessità di circoscrivere i danni, di distruggere solo il numero strettamente necessario di nemici. Questo è ovviamente il metodo più interessante da studiare, perché è un'arte e comporta tutte le sfumature dell'arte. Il più grande artista, a mio avviso, è stato Richelieu. Era un virtuoso, un maestro della tecnica!

Cousteau - È la bête noire di tutti gli storici veramente democratici.

Rebatet - Come tutte le altre manie di questi comunisti, Richelieu si preoccupava della sicurezza e della prosperità del popolo; era nemico del privilegio e voleva mettere in riga i feudatari. Così, due anni dopo essere salito al potere, colpì la testa e fece cadere Chalais, un grande favorito del re e uno dei pochi privilegiati che pensavano di essere più protetti. Questa sì che è autorità, questa sì che è utilità. L'arte è così perfetta che l'assassino non ha nemmeno bisogno di infangare la sua vittima, perché non la uccide per le sue convinzioni.

Cousteau - Non si potrebbe lavorare in modo più elegante.

Rebatet - Richelieu ha recidivato perché gli aristocratici non sono proletari che la vista di un impiccato fa rinsavire, ma ha sempre recidivato con saggezza: Cinq-Mars, de Thou, altri due protetti di Luigi XIII, due che ridevano sui patiboli del cardinale. Sarebbe necessario stilare un elenco preciso delle esecuzioni di Richelieu.

Cousteau - Ed è qui che un giovane collega laureato in storia sarebbe molto utile!

Rebatet - Si può certamente dedurre che Richelieu versò la minima quantità di sangue per la massima efficienza, e sempre con un'ammirevole lucidità e calma di coscienza. Luigi XIII, il re devoto e gretto, reggerebbe il confronto.

Cousteau - Ha iniziato bene il suo regno facendo uccidere Concini.

Rebatet - Ma poi si circondò solo di stupidi agitatori, e fu costretto a tradirli, a firmare lui stesso la loro morte. Capite cosa intendo per civiltà. La barbarie è l'ignoranza dell'arte, la pulizia attraverso lo svuotamento, il massacro seriale: il metodo della Chiesa, dalle sue origini all'annientamento degli Albigesi, la dekulakizzazione dei bolscevichi.

Cousteau - Certo, ma tutto dipende dal punto di vista. Lei e io, ovviamente, abbiamo un pregiudizio a favore degli artisti.

Rebatet - La confusione [sic] del lavaggio del cervello totalitario è spaventosa.

Cousteau - Resta da vedere se la loro efficacia li giustifichi. Per quanto frammentaria e incompleta, la festa di San Bartolomeo assicurò il dominio definitivo del cattolicesimo in Francia e ritardò di due secoli le aspirazioni repubblicane latenti tra i calvinisti. Tutto sommato, non fu un'operazione negativa per la Francia. Invece di iniziare nel 1789, la decadenza sarebbe potuta iniziare molto prima... Ma il giorno di San Bartolomeo è comunque un esempio molto imperfetto di sterminio barbarico. E anche i cosiddetti campi di sterminio di Dudule sono abbozzi grossolani.

Rebatet - Ho capito dove vuoi arrivare. State per elogiare l'unico metodo di sterminio veramente efficace, veramente rispettabile, anche per la sua mostruosità, quello del piccolo padre Joseph Vissarionovitch...[72]

Cousteau - Certo! Non ci sono scappatoie, non ci sono errori, non ci sono cadute. Si stilano liste, freddamente, senza odio, con l'unica preoccupazione della precisione burocratica, e si massacrano tutti, dal primo all'ultimo, in ordine alfabetico.[73] Questo è stato il metodo dell'operazione Katyn. Dei 15.000 ufficiali polacchi fatti prigionieri, 3 o 4.000 potevano essere fastidiosi evasori. Facendo una selezione equa, eravamo sicuri di commettere errori. Uccidendo indiscriminatamente tutti gli ufficiali polacchi, potevamo essere sicuri di non commettere errori, certi che nessun sospetto sarebbe fuggito.

Rebatet - E prima che si ricostituisca una nuova intellighenzia di nazionalisti polacchi, ci sarà molta acqua sotto il ponte della Vistola...

Cousteau - D'altra parte, se si stermina solo una frazione della comunità, si infonde nei sopravvissuti l'energia della disperazione e l'operazione, invece di essere redditizia, diventa pericolosa. La regola sembra quindi essere che un massacro di massa dovrebbe essere intrapreso solo se si hanno la volontà e i mezzi per portarlo a termine. Altrimenti, è meglio astenersi. Ma per quanto felici possano essere a volte i risultati, questi massacri collettivi non sono meno sciocamente crudi. In breve, è la via d'uscita più facile. Siamo lontani dalle sottigliezze dell'arte. Gli omicidi individuali sono più eccitanti.

Rebatet - Si salta direttamente all'ultimo capitolo! A meno che non sia

---

[72] Joseph Stalin.

[73] "Operazione Katyn", il massacro da parte della polizia politica sovietica di 4.500 ufficiali polacchi fatti prigionieri dai russi nel 1939 nella foresta di Katyn (un villaggio in Russia) il 12 aprile 1943. Fino al 1990, i sovietici hanno negato il fatto e hanno dato la colpa ai nazisti.

il primo. In tal caso, disgustati da Auschwitz, dalla pulizia al fosforo della Germania, dalle purghe staliniane, cerchiamo di salvare la civiltà, cioè l'arte, il metodo Richelieu, l'economia dell'omicidio. In termini pratici, abbiamo una scelta tra due mezzi: la soppressione segreta del sobillatore o la sua esecuzione spettacolare. Il secondo metodo presuppone una grande autorità e una buona coscienza; ha il valore dell'esempio, che in un certo senso lo moralizza.

Cousteau - È proprio questo che le democrazie aborriscono, questo che disprezzano in nome della morale e della dignità umana.

Rebatet - Le democrazie puritane preferiscono l'assassinio clandestino, perpetrato da qualche servizio di intelligence.[74] Allo stesso modo, i cartolai di Bordeaux e i lavoratori della seta di Lione indossano barbe finte per andare al bordello.

Cousteau - Questo non è un motivo per escludere *a priori* un assassinio segreto.

Rebatet - Certo che no. Ha i suoi vantaggi. In certi casi è indispensabile privilegiarlo. Il capolavoro del genere, a mio avviso, è l'avvelenamento di Ario da parte dei cattolici il giorno del suo ritorno trionfale a Costantinopoli: un assassinio che è stato definito un miracolo. Stalin non è ancora arrivato.

Cousteau - Questa è senza dubbio la sua unica inferiorità rispetto alla Chiesa.

Rebatet - Ma limitiamoci agli omicidi riconosciuti dai loro autori. Ancora una volta, sono molto imbarazzato dalla mia scarsa conoscenza dell'antichità classica. Non capisco nulla della storia greca, non ho la

---

[74] I Chartron sono i commercianti di vino di Bordeaux.

chiave, mi chiedo se qualcuno ce l'abbia ancora. Possiamo seguire questa storia molto facilmente per diversi secoli, Olimpiade per Olimpiade, ma mi chiedo se ognuno di noi non vi apporti ciò che più lo colpisce, come nel caso dei Vangeli, perché l'essenza dello spirito greco ci sfugge.

Cousteau - Leggevo un libro che spiegava abbastanza bene le cose: un libro di un certo Cohen nella collezione Grandes Études Historiques.

Rebatet - L'ho letto anch'io. Deve chiamarsi "Atene, una democrazia". Un libro molto intelligente. In ogni caso, è l'unico filo conduttore che ho trovato finora per aiutarmi a orientarmi in questo labirinto. Per me la Grecia è una meravigliosa truppa di artisti, atleti, poeti e pensatori che vivono fianco a fianco con i politici più infernali, contaminati a ogni passo da questa stupida politica. La civiltà greca deve indubbiamente la sua fioritura solo alla bellezza del Paese, alla ricchezza del suo commercio, a una felice mescolanza razziale, ad alcune generazioni di artisti perfetti, agli stretti confini della patria. La politica greca è mostruosa; nessuno ha ucciso più stupidamente dei governanti ateniesi: Focione, Socrate, è davvero intelligente!

Cousteau - Dovresti documentarti su Focione: il Petit Larousse racconta che, interrotto nel bel mezzo di uno dei suoi discorsi dagli applausi del popolo, esclamò: "Ho detto qualcosa di stupido? Ecco qualcuno!

Rebatet - La storia romana non mi sembra meno oscura; non capisco bene il significato dei suoi innumerevoli omicidi. Dovrebbe esistere una nozione mediterranea di omicidio, omicidio per impulso, per capriccio, per il gusto del coltello stesso, omicidio corso, omicidio siciliano? Gli omicidi di Cesare, Spurio, Cassio e Cicerone potrebbero, dopo tutto, essere paragonati a un regolamento di conti locale...

Cousteau - È piuttosto volgare!

Rebatet - Tale morale non ha tuttavia impedito la fondazione dell'Impero romano, che è stata una cosa superba e seria. Come si vede, gli enigmi spuntano a ogni angolo. Tuttavia, c'è una caratteristica che non è affatto enigmatica: la clemenza di Augusto. Perché perdonò Cinna? Perché aveva spazzato via tutti i suoi rivali. Sono passati trent'anni da quando ho letto *Cinna*, e dubito che Corneille l'avrebbe messa così. Eppure è accecante. La clemenza, dopo un buon massacro, può essere un ottimo strumento di governo.

Cousteau - Ecco un modo civile che sfuggirà sempre a Iossip Vissarionovitch. Da ricordare per il capitolo: "Quando si dovrebbe smettere di uccidere?

Rebatet - Ma possiamo essere davvero sicuri solo dei casi della storia moderna: citerò come esempi di assassinii perfettamente proficui quelli di Savonarola (dopo di lui, niente più mistici italiani, la Chiesa non si è mai preoccupata di questi cristiani troppo autentici), di Maria Stuarda, di Biron (ucciso da Enrico IV), di Pietro III, il marito di Caterina: tutti casi magnifici che non offuscano in alcun modo la memoria dei loro autori. Chi incolpa Alessandro Borgia, all'interno o all'esterno della Chiesa, per il rogo di Savonarola, che era certamente un santo, secondo la concezione di queste persone? Noterete che non troviamo Luigi XIV nella nostra lista. Questo despota si accontentò di portare a termine le dragonate, di cui la Chiesa era la principale responsabile. Luigi XIV si imbastiva volentieri, ma era restio a bruciare sul rogo o a salire su un patibolo. In effetti, non ne aveva bisogno. Ma non avere bisogno di uccidere i propri avversari, dopo tutto, non sarebbe un ideale piuttosto lodevole.

Cousteau - Luigi XIV si rifece sul campo di battaglia.

Rebatet - Come Napoleone. Curioso equilibrio: i grandi uomini di guerra, così disastrosi per le povere ossa dei loro contemporanei, non amano l'omicidio isolato... Tipi, invece, di esecuzioni imbecilli, senza la minima tecnica: quella del Duca d'Enghien, quelle di Ney e La Bédoyère... Passiamo a un altro tipo di esercizio: l'assassinio semi-collettivo. La portata dei massacri moderni ci impone di considerare Saint-Barthélémy, ad esempio, nella sua vera prospettiva. Non si tratta più solo di un'operazione di dettaglio, per di più piuttosto approssimativa. Lei ha constatato il suo completo successo.

Cousteau - E nel capitolo sugli omicidi di semi-gruppo, dovremmo anche studiare il terrore dei grandi antenati del '93. Ma devo confessare che non ne capisco molto. È una confusione spaventosa. Non si riesce a capire di cosa si tratti. Nessun quadro generale, nessun piano ragionevole. Solo una rissa tra sposi ubriachi. Per il re, è una lotta leale. Facciamo una repubblica, così facciamo bollire il re. E anche la regina. E anche il piccolo delfino (checché ne dicano i maniaci della leggenda di Neundorf). Perché l'operazione fosse completa, si sarebbero dovuti uccidere anche i due fratelli del re, ma i sans-culottes non li avevano a portata di mano e non possiamo fargliene una colpa. Fin qui, quindi, non c'è nulla da dire.

Rebatet - Sì, ma le cose cominciano ad andare male quando iniziano ad accorciarsi i capelli a vicenda. Che confusione...

Cousteau - Va bene dirci che questa valanga di teste ha dato ai soldati dell'anno $_{II}$ il cuore nello stomaco, ma non me la bevo. La spiegazione è troppo semplicistica. I soldati dell'anno II vinsero per altri motivi e, invece di salvare la Rivoluzione, l'avvelenamento da piombo del Comité de Salut Public la portò sull'orlo della rovina. Vedete, più studio questa crisi epilettica nazionale, più mi convinco che i "giganti" del '93 erano piccoli uomini, piccoli e brutti fallimenti che si cimentavano nella grande politica e uccidevano indiscriminatamente.

Rebatet - Questi ragazzi sapevano ancora come morire correttamente.

Cousteau - Taci, Lucien, ti prego. Da quando siamo passati attraverso il calvario delle catene, non tollero più che mi si parli del coraggio dei condannati a morte. Sai bene quanto me quanto sia facile morire mettendosi in mostra... quando non c'è altro modo. Tra i fucilati a Fresnes, solo uno si è tirato indietro ed è stato portato via con i pantaloni bagnati su una barella: l'ebreo Lopotka. Tra i ghigliottinati durante il Terrore, solo due si tirarono indietro: Camille Desmoulins, che pianse come una bambina, e Du Barry, che mostrò un po' troppo di non gradire. Ma tutti gli altri andarono coraggiosamente, dal Re all'ultima delle Dame della Halle. Se fosse così difficile, i rifiuti sarebbero più consistenti.

Rebatet - Esatto. Quindi diciamo: "I grandi antenati erano coraggiosi davanti alla ghigliottina, come tutti gli altri. Troppi uomini sono stati condannati a morte negli ultimi dieci anni perché questa forma di coraggio susciti grande ammirazione". Tutto quello che avete appena notato sul disordine rivoluzionario è quello che svilupperei io stesso. Nessuna tradizione. Meno, i degni precursori dei repubblicani del 1936, 1946 e 1950. Darei a Robespierre uno spiraglio di luce, aveva un embrione di metodo, ma è arrivato troppo tardi, ha perseverato nell'omicidio proprio quando era il momento di fermarsi.

Cousteau - La Rivoluzione francese è sicuramente un esempio di cosa non fare, di un lavoro completamente sbagliato.

Rebatet - Un'opera di prim'ordine, invece: la repressione della Comune. Aveva la maggior parte delle qualità richieste: velocità, violenza controllata. Forse abbiamo sbagliato a risparmiare qualche leader, ma il valore dell'esempio dato è stato enorme. Thiers può aver commesso molti errori sciocchi nella sua vita, ma glielo dobbiamo. Non è colpa sua se la destra, dopo di lui, è stata stupida e vigliacca. direi lo stesso di Hitler. Il piano di sterminio degli ebrei fu un errore. Non si intraprende un tale massacro senza essere sicuri del proprio futuro, senza essere solidi nelle proprie fondamenta. C'è una sorta di delirio di catastrofe in questo massacro. La politica non è un'opera.

Cousteau - Permettetemi di ricordarvi un'altra impresa di sterminio razziale che è stata portata a termine con pieno successo, ma che la coscienza universale trascura di condannare. Mi riferisco allo sterminio dei pellerossa da parte dei pii democratici del Nord America.

Rebatet - È vero! Non ci pensiamo mai.

Cousteau - **Non credo** che questo sterminio sia stato premeditato e questo toglie molto del suo valore artistico. Nessun uomo di genio ha pianificato questa operazione. È stata determinata dall'istinto. I coloni britannici e olandesi avevano la vaga sensazione, senza osare ammetterlo a se stessi, che se questo continente doveva essere vitale, doveva essere ripulito, e in ogni caso dovevano evitare di commettere l'errore fatale della miscegenazione.

Rebatet - Se mai è stato legittimo parlare di responsabilità collettiva, è in questo caso.

Cousteau - Eppure ci ostiniamo a giudicare duramente i conquistadores spagnoli, perché la loro ferocia fu mediocre e finirono per mescolarsi ai vinti, mentre ci asteniamo dall'affibbiare un'etichetta infamante ai *Padri Pellegrini, timorosi di Dio e rispettosi della legge...* Curiosa questa incoerenza dell'opinione pubblica (o così viene chiamata) di fronte all'omicidio.

Rebatet - Dobbiamo esaminare questo aspetto del problema e cercare di individuare alcune regole generali.

Cousteau - Me ne vengono già in mente alcuni. Sembra, ad esempio, che la disapprovazione sia proporzionale all'eminenza delle persone uccise.

Rebatet - Non c'è dubbio.

Cousteau - Il Popolo, con la P maiuscola, è del tutto indifferente al massacro dei parolieri, ma si indigna quando vengono toccati personaggi di qualità. E questo nonostante l'affettazione di egualitarismo del Popolo. Ecco perché Luigi XI e Richelieu, che uccisero soprattutto grandi signori, erano francamente impopolari, e non hanno mai smesso di esserlo nonostante tutti i tentativi di riabilitazione, mentre Enrico IV, che impiccò molti poveri diavoli e frequentò i potenti, si assicura per l'eternità una reputazione lusinghiera. Un'altra regola generale è che quanto più impreciso, ipotetico e remoto è il pericolo che si vuole scongiurare, tanto più facilmente la coscienza universale accetta la necessità di una carneficina. Nel 1939, ad esempio, il pericolo di Hitler era una realtà imminente solo per i polacchi e i Balcani. Per i francesi e gli inglesi era una minaccia a lungo termine. Per gli americani non era affatto una minaccia. E, supponendo che le conseguenze del successo di Hitler fossero state davvero così disastrose come sostenevano gli antifascisti, ci si chiede se il rimedio (cioè l'ultima guerra) non sia stato peggiore.

Rebatet - Per coloro che sono morti, in ogni caso, o che sono stati torturati con il fosforo, è stato certamente peggio, e non c'è dubbio che il mondo nel suo complesso stia peggio oggi di quanto non stesse nel 1939.

Cousteau - Tuttavia, tutti i buoni cittadini di questo pianeta ammettono che era perfettamente legittimo, perfettamente normale, pagare l'eliminazione di un'ipotesi sgradevole con qualche decina di milioni di cadaveri. Gribouille non la pensa diversamente. Gribouille è la figura di riferimento della Coscienza Universale... Ma non appena non si tratta più di milioni di cadaveri e di pericoli differiti, ma di prevenire una minaccia reale, limitata nel tempo e nello spazio, con la morte di uno o più individui, ecco che appaiono subito i moralisti e gli stitici che brandiscono con grande aria di disgusto il "non uccidere! Eppure, in questi casi, a volte è possibile discutere... Ciò che non può essere discusso - ma allora non lo è affatto! - ciò che viene respinto con sacro orrore, all'unanimità, totalmente, senza appello, è la possibilità dell'unica forma veramente benefica di omicidio: l'eutanasia.

Rebatet - Nessuno vuole questo tipo di omicidio, né i preti, né i medici, né i giudici, né i massoni, né i militari, né gli insegnanti.

Cousteau - L'idea che si possa uccidere un uomo per impedirgli di soffrire, per porre fine a un calvario senza speranza, fa inorridire tutti gli amanti dei *bombardamenti aree* e della disintegrazione atomica... È vero che Jean-Jacques si sbagliava di una sola lettera quando diceva che l'uomo è essenzialmente buono.

Rebatet - Sì, la rivolta contro l'eutanasia è un'emanazione del cristianesimo. Più precisamente, è un innocuo pretesto per mostrare la delicatezza della propria coscienza, il rispetto per la Vita con la V maiuscola, per la persona umana.

Cousteau - È infinitamente meno compromettente che intervenire a favore di qualcuno a cui hanno sparato.

Rebatet - Un mucchio di panini! Al di là di qualsiasi spirito di apostolato o di propaganda, sarebbe abbastanza divertente far capire a persone sufficientemente dotate che questi personaggi seri, ostili, ad esempio, all'eutanasia, sono solo un mucchio di balle. Ma non insultandoli! Non si insulta Polichinelle, si dimostra che è un burattino.

Cousteau - Spero che inserirete una nota su questo argomento nel vostro manuale.

Rebatet - Se esiste un manuale... Naturalmente ci sarà un ampio capitolo sui moralisti e l'omicidio. È certo che l'assenza di motivazioni reali e la portata del massacro gli conferiscono una dignità metafisica. Il caso moderno più eclatante è quello di Stalin. È innegabile, dice in sostanza Sartre, che Stalin uccida e torturi milioni di uomini; non è meno ovvio che non renda felice il suo popolo, soprattutto i proletari. Ma il solo fatto che intenda "liberare" i proletari è sufficiente a giustificare i suoi massacri. E i sartriani non sono i soli a pensarla così. Non riuscirò mai a liberarmi dall'idea che tutti i democratici abbiano un terribile complesso di inferiorità di fronte a Stalin.

Cousteau - Perbacco, hanno la fede che Stalin dice sempre di avere.

Rebatet - Il vecchio portatore di baffi lo sa bene e lo ha usato con notevole astuzia. Ogni suo gesto è la negazione della libertà, ma non ha mai toccato la parola libertà, la Parola. Più vado avanti, più trovo analogie tra il Padre dei Popoli e la Chiesa cattolica, quella vera, quella dell'Inquisizione. Non so se sia possibile tracciare regole generali per l'assassinio artistico, proprio perché è un'arte e dipende soprattutto dalla qualità dell'artista. D'altra parte, sarei obbligato a riconoscere l'eccellenza del metodo di base: "Chi dobbiamo uccidere? Tutti - Quando? Sempre - Come? Con ogni mezzo necessario. Appena siete seduti sulle vostre basi, al sicuro sui vostri confini, sterminate tutti i vostri nemici. Non c'è bisogno di fermarsi una volta acquisita questa sana abitudine. E si instaura il cattolicesimo, oggi bolscevismo, su metà della razza umana.

Cousteau - La Chiesa ha fallito nella sua operazione complessiva sul protestantesimo.

Rebatet - Sì, perché si è indebolita nella sua ferocia. Ed è per questo che sono i suoi omicidi più recenti, quelli isolati, quelli che le vengono più aspramente rimproverati: Giordano Bruno, Etienne Dolet, per esempio. Queste sono forse le conclusioni più sconfortanti per la razza umana. Almeno abbiamo una soddisfazione nel presente: lo spettacolo offerto dai nostri purificatori. Sarebbe stato irritante sapere che eravamo vittime di un'epurazione ben fatta. Ma è una sorta di rimpianto che la Quarta Repubblica ci ha perfettamente risparmiato.

Cousteau sorrise disgustato.

Cousteau - Non c'era pericolo che l'epurazione venisse portata a termine correttamente... Come sempre, questi idioti potevano scegliere tra due metodi: l'assassinio limitato e l'omicidio di massa, uccidendo non solo i leader (mentre cercavano di radunare le truppe) o sterminando l'intera fazione sconfitta.

Rebatet - Non hanno fatto nessuna delle due cose.

Cousteau - Si sono tirati indietro dall'uccidere il vecchio Pétain, che era ancora un loro nemico, e hanno ucciso il repubblicano Laval, che era, checché ne dicano, uno di loro. Il massacro del piccolo popolo fu il risultato della stessa incoerenza.[75] Per alcune settimane, i tiraillons sgozzarono a caso decine di migliaia di presunti nemici. Poteva essere l'inizio di una seria pulizia. C'era la possibilità di porre fine alla reazione una volta per tutte, di portare nella tomba tutto ciò che non aveva il fegato repubblicano. Ma l'operazione fu bruscamente abbandonata e sostituita dall'assurda lotteria delle corti di giustizia.

Rebatet - Anche con uno strumento del genere, anche con una carneficina limitata, era comunque possibile fare un lavoro serio.

Cousteau - Non l'hanno fatto. Questi idioti si sono divertiti a sparare a

---

[75] Cousteau e Rebatet avevano naturalmente la tendenza a esagerare le cifre delle epurazioni. In realtà, secondo le ultime ricerche attualmente disponibili, sembra che le purghe legali ed extragiudiziali (dette "selvagge") abbiano provocato "solo" circa 10.000 morti, con le esecuzioni selvagge che rappresentano tra gli 8.000 e i 9.000 morti. Siamo quindi ben lontani dalle "decine di migliaia". Per una discussione seria su questo delicato tema, si veda Henry Rousso, "L'Épuration en France. Une histoire inachevée", *Vingtième Siècle, revue d'histoire*, gennaio-marzo 1992, pp. 78-105.

decine di poliziotti che erano ben felici di servire i nuovi signori, e hanno nemmeno dato a Marcel Aymé, che è molto più pericoloso per la Repubblica che per l'S.P.A.C., un minimo di vent'anni di prigione.[76]

Rebatet - È abbastanza per farvi piangere! Tutto ciò che questa gente fa è un fallimento. Hanno mancato l'epurazione e mancheranno l'amnistia.

Cousteau - Lei ha sottolineato prima che questo è un aspetto dello stesso problema. Quando si deve uccidere? Quando si deve smettere di uccidere? Questa è la prova di un grande politico. I subumani del quarto potere non sanno né come uccidere né come smettere di uccidere. Ci si chiede cosa sappiano fare. Non lo so. Senza dubbio hanno talenti nascosti perché durano. Ma questa è un'altra storia.

Laboratorio di lingerie nel carcere di Clairvaux, marzo 1950.

---

[76] Lo S.P.A.C. (Service de Police Anti-Communiste - Servizio di Polizia Anticomunista) fu creato nel settembre 1941 presso il Ministero dell'Interno e posto sotto la direzione di Detmar, ex capo dell'intelligence del PPF. Nel giugno 1942 divenne il Service de Répression des Menés Anti-National (Servizio di Repressione delle Minacce Antinazionali) sotto la direzione di René Bousquet.

Lucien Rebatet e Pierre-Antoine Cousteau

DIALOGO n. 6

IL SESTO COMANDAMENTO

> "Gli uomini più inclini al piacere sono i meno malvagi,
> i meno capaci di odio"
> Marcel Jouhandeau, *Elogio della voluttà*

Quel giorno Cousteau, a mascella serrata, cercava un errore da ventidue franchi che si era insinuato a tradimento da qualche parte tra le paste di fichi e i dolci secchi. La sua matita si muoveva da nord a sud e da est a ovest sul foglietto della mensa e le sue labbra abbozzavano un sommesso incantesimo aritmetico. Più che sentirlo, lo si poteva intuire: "Sette e quattro, undici, otto, diciannove e sei, venticinque...". Ma ogni tanto qualche parolaccia rivelava l'inanità dell'impresa; l'errore sfuggiva. Per fortuna non c'era fretta e Cousteau decise di concedersi un po' di svago. Per farlo, dovette strappare Rebatet al terzo volume della sua *Histoire de l'Église Primitive*, che si apriva con il capitolo sulla *Lettre de Barnabé*.

Cousteau - È strano che l'amministrazione carceraria mi abbia fatto diventare un contabile. Avrei potuto segare il legno o, per lo meno, imparare a fare le pantofole. Non dico che fossi portato per questi mestieri. Ma è certo che sarei stato meno incompetente. Mentre le aggiunte...

Rebatet non rispose e non si degnò nemmeno di brontolare. La lettera di Barnabé lo affascinava ancora di più perché, quella stessa mattina, non ne conosceva l'esistenza. Imperterrito, Cousteau continuò:

Cousteau - Ero così negato in matematica che prendere 4 su 20 agli esami di maturità è stato un miracolo... E quando sono arrivato in questo ostello, non avevo idea che si potesse contare su qualcosa di diverso dalle dita. Mi hanno insegnato a fare le addizioni, le mucche. Questa deve essere l'espiazione...

Rebatet non aveva ancora risposto ed era difficile reprimere un'espressione di irritazione. Stava scoprendo i legami tra la lettera di Barnaba e l'eresia marcionita che screditava Yahweh stesso. Questo silenzio non mancò di irritare Cousteau che, deciso a scatenare una polemica, ricorse rapidamente al sarcasmo:

Cousteau - Non è proprio normale essere immersi come lei per quattordici ore al giorno in libri di preti... Si comincia così, e si finisce per mangiare il Buon Dio con una fanfara per l'edificazione degli infedeli!

Rebatet - Tu m'emmerdes, Pac", disse Rebatet con una soavità che era di cattivo auspicio.

Cousteau - Va bene, non insisto.

Cousteau finse di tornare indietro alla ricerca dei 22 franchi mancanti. Ma la vista delle colonne di cifre gli sollevò il cuore. Al di là delle sbarre nere, il primo sole dell'anno giocava sulle pareti della prigione, con quel tipo di euforia che in carcere si trasforma in derisione. Rinunciando all'idea di strappare Rebatet ai Padri della Chiesa, Cousteau cominciò a pensare ad alta voce:

Cousteau - Prima ho sbagliato a parlare di espiazione in relazione a queste maledette aggiunte... Fare quello o pettinare la giraffa... No, non è vero. L'espiazione, quella vera, l'unica, è la castità.

Rebatet si era svegliato. Lesse un'altra mezza pagina. Ma improvvisamente era meno interessato al significato marcionita della *lettera di Barnaba*. Tirò fuori dai suoi pantaloni malandati un accendino dall'aspetto normale, ma si staccò al primo tocco.

Rebatet - Questa maledetta civiltà meccanica. L'età della pietra... Sono un uomo dell'età della pietra, almeno per quanto riguarda gli accendini. Dammi un accendino, amico... Cos'è che hai detto? La castità? Sì, è questo il senso della "punizione". La vera sentenza dovrebbe essere: "Condannato a dieci anni di penitenziario... a vita nel penitenziario".

Cousteau ha corretto:

Cousteau - Il pignolo o il pedale. Le donne immaginarie o le natiche dei nostri piccoli amici. In realtà, non siamo condannati alla castità. Siamo condannati a non "conoscere" più le donne...

Rebatet - Perbacco! Sembri la Bibbia...

Cousteau - Ma se la maggior parte dei ragazzi riesce a sostituire la donna proibita con sostituti più o meno dichiarati, la castità è ciò che il legislatore vuole imporci. Si noti che questa non è una preoccupazione solo carceraria. È la preoccupazione dominante dei moralisti. Un moralista è innanzitutto un individuo che vuole impedire ai suoi simili di fare l'amore.

Rebatet ha sferrato un colpo energico alla *Chiesa primitiva*:

Rebatet - Dobbiamo tutto a quei bastardi! C'erano migliaia di divinità tra cui scegliere, tutte bittologiche. L'umanità ha dovuto accontentarsi del Dio anti-palla. Ancora una prova dell'imbecillità universale. Se si pensa che, prima del loro Gesù, c'erano misteri in cui la prima comunione dei ragazzini era la loro deflorazione a suon di musica da parte di sacerdotesse pin-up che non solo erano belle, ma lo amavano e ne traevano piacere. Ah, la sfortuna! Non ho mai incluso gli agnostici nei loro tributi al genio di Gesù Cristo, perché Cristo, genio o no, è colui che ha insegnato agli uomini a odiare la carne, come dicono nella setta. Mi disgusta a tal punto che persino la parola "carne" mi rende riluttante a usarla, per il modo in cui l'hanno usata. È uno dei motivi per cui sono così scortese...

Cousteau registrò con muto scetticismo questa razionalizzazione poco convincente di un'inclinazione congenita. Rebatet era già partito e non aveva senso cercare di interromperlo.

Rebatet - Cristo era un pisciatore freddo, questa è una delle poche certezze che abbiamo su di lui. Un freddo raccoglitore di piscio probabilmente colorato con un po' di frocio, quel tipo di frocio dolce che attira le ragazze ma non le tocca mai. E dopo Cristo, c'era Paolo, Paolo, il vero capo, peggiore in ogni senso dell'iniziatore, il nemico sistematico delle donne, il primo legalista della coda, senza dubbio perché conosceva bene la Bibbia con tutte le sue storie di scopatori di cammelli, di ripieni, che si erano arrampicati sui padri e sulle madri fin dalla Genesi...

Spero di non scandalizzarti, amore? Santa Bibbia! Mi hai fatto prendere uno di questi!

Cousteau si è stretto le labbra come una signora che si trova improvvisamente di fronte ai sette peccati capitali:

Cousteau - Lei mi scandalizza quando presume che io possa essere scandalizzato... Ma stia tranquillo: altri lo saranno se questi dialoghi diventeranno mai materia di stampa. Li vedremo soffocare gli uomini solenni che sembrano sempre aver ingoiato un ombrello... Ma non io. Anche se è contrario al mio genio fare, come lei fa, un uso massiccio di parole crude - siamo quello che siamo: le chiedo scusa! - Ho un orrore istintivo e molto più forte del pudore. Modestia corporea o modestia verbale. La modestia è il sentimento escrementizio per eccellenza. Ispira in me lo stesso disgusto che l'oscenità suscita in altri...

Rebatet ridacchiò dolcemente. Conosceva a memoria le imprecazioni rituali di Cousteau. Tuttavia, Cousteau non si sarebbe arreso:

Cousteau - Questo sentimento assurdo mi spezza il cuore, perché è la conseguenza di questa monumentale impresa di deviralizzazione, di castigo sistematico che lei ha appena citato... È un po' troppo! Questo cristianesimo, che ha fallito così magnificamente in tutti i suoi tentativi, che ha fallito contro tutte le forme di male, che non ha abolito la guerra, né l'omicidio, né il furto, né lo sfruttamento degli uomini, né la schiavitù delle donne, che non ha cambiato di una virgola il comportamento pratico dei suoi cosiddetti fedeli, è comunque riuscito, il cristianesimo, in venti secoli, a fare questa cosa veramente terribile: È riuscito a far sì che la gente si vergognasse di fare cose che di per sé non sono vergognose. Ha inventato una vergogna artificiale. Come se la vergogna legittima non fosse sufficiente! È disgustoso...

Rebatet fece una faccia ingenua. E con voce soave:

Rebatet - Non sono del tutto d'accordo con te... La modestia ha i suoi vantaggi. È lodevole quando è sexy, preferibilmente nelle belle ragazze sotto i ventuno anni. Confesso di avere un debole per certi occhi azzurri o grigio-verdi che, quando si presentano con il fratellino, hanno sempre l'aria di chiedersi cosa sia cresciuto in quell'uomo.

Cousteau si acciglò. Stava per dare a Rebatet del bastardo e del vecchio passeggiatore, ma poiché aveva appena affermato il suo liberalismo sessuale, pensò che fosse preferibile non contraddirsi, e Rebatet, parlando dei J3, continuò:

Rebatet - A parte questo uso, il pudore va ovviamente combattuto... Ho iniziato a parlare di sesso a quindici anni. È stata la mia prima conquista sull'educazione borghese e clericale. Ovunque sia andato dopo, sia per sistema che per gusto, ho parlato di sesso il più possibile, a volte anche nelle case delle signore di Rue du Bac. Loro lo adorano, tra l'altro.

Cousteau - Non ne dubito...

Rebatet - Ovunque si parli di culo, il Nazareno regredisce... E non celebreremo mai abbastanza i quattro scrittori ai quali dobbiamo la nostra liberazione dalle costrizioni dello stupido XIX secolo, che hanno permesso di riprendere lo studio del più importante dei fenomeni umani: mi riferisco a Proust, Gide, Céline e al nostro Marcel Aymé. Dovremmo anche rendere giustizia ai sessuologi della scuola anglo-americana, Havelock Ellis, ora Kinsey, e anche agli psicoanalisti giudeo-austriaci. È grazie a tutte queste persone che possiamo finalmente dire di qualcuno che ha un'erezione: "ha un'erezione".

Cousteau è rimasto francamente reticente:

Cousteau - Diciamo che non sono così liberato come lei. Lei sembra attribuire un'importanza smodata all'uso illimitato del vocabolario gergale erotico, che, se fosse solo quello della soldataglia e della canaglia, mi renderebbe riluttante ad abituarmici.

Rebatet - E io sostengo, vecchio mio, che in campo letterario i termini più crudi possono alternarsi benissimo con le raffinatezze più delicate, come nelle cattedrali, come in Shakespeare. Sono sempre stato una specie di scrittore gotico, non per niente latino, sempre costretto ai giornali.

Cousteau - Così sia. Diciamo che il vocabolario è una questione di gusti. Ma io disapprovo il suo gusto. Alcune parole mi fanno sentire fisicamente a disagio. La parola "brontolone", per esempio.

L'espressione "scopare", che sarebbe sufficiente a rendermi sessualmente inibito... Ma non ha molta importanza. Non importa quali parole si usano, basta che si dica tutto... Ho appena riletto *Vanity Fair*, un libro che pretende di dare un quadro completo della società inglese del secolo scorso, e mi sto ancora riprendendo dalla mia esasperazione. Tutto è descritto, minuziosamente descritto, ma dalla testa ai piedi. Sotto la cintura non c'è nulla. I personaggi di *Vanity Fair* sono asessuati. Senza dubbio trovano i loro bambini nei cavoli. A meno che le cicogne non li portino giù dal camino...

Rebatet - Dostoevskij, che era molto più profondo di Thackeray, è stato altrettanto silenzioso: deve aver intuito l'importanza della questione - lui stesso era un satiro - ma non ha osato nominarla.

Cousteau - Qui c'è una vera e propria disonestà intellettuale. C'è inganno, imbroglio. Come lettore, ho l'impressione che l'autore mi prenda per pazzo. Dopotutto, non c'è bisogno di molta esperienza per sapere l'enorme importanza delle funzioni sessuali nella vita di uomini e donne...

Rebatet - Materialmente, queste funzioni sono quasi altrettanto importanti di quelle alimentari, e psicologicamente sono molto più importanti...

Cousteau - Beh, per quanto possa districarmi nella questione, non riesco a capire perché queste cose siano più "vergognose" di altre forme di attività umana, né riesco a trovare circostanze attenuanti per coloro che hanno l'irrisoria pretesa di sopprimerle passando sotto silenzio. Si noti che per coloro che ispirano questo ostracismo, cioè per i cristiani, la soppressione per omissione non è altro che un ripiego. Se dipendesse da loro, la cosa stessa verrebbe distrutta. Odiano la gratificazione sessuale, e questo odio è in realtà un odio per la vita. Si può notare come Pascal cerchi incessantemente di far sentire i libertini in colpa con se stessi. È verde di dispetto, il miserabile, alla sola idea che si possa, senza rimorsi, scopare le pastorelle.

Rebatet - Credo di averti già letto la lettera di Pascal sul matrimonio della nipote. È uno dei testi più spaventosi della letteratura francese... E lei ha appena pronunciato la parola giusta, eterna, quella che non si ripeterà mai abbastanza: queste persone sono nemiche della vita.

Cousteau - È ovvio che il loro desiderio supremo sarebbe l'annientamento della specie...

Rebatet - Ma il Buon Dio ha anche detto: "Crescete e moltiplicatevi". Questa non è l'ultima delle contraddizioni della parola divina. Per la prima volta sulla terra, Dio ha continuato a balbettare. È una caratteristica di tutti gli dei...

Cousteau - "Risparmiami una lezione di teologia", disse Cousteau, facendo un insincero gesto di paura: in realtà, la teologia lo divertiva molto.

Rebatet - Beh, questo è per un'altra volta... Cosa stavo dicendo? Ah, sì, parlavo del matrimonio. Anche il matrimonio, per il cristiano assoluto, il pascaliano, è un ripiego, uno stato inferiore, buono per la mandria di bestiame...

Cousteau - Uno strano concetto di aristocrazia.

Rebatet - I testi, i dogmi, i veri credenti sono formali: il cattolicesimo odia e scredita tutto ciò che è di carne. Da Sant'Agostino in poi, la Chiesa non ha canonizzato nessun santo che potesse dirsi scopatore. Senza dubbio canonizzerà Charles de Foucauld, che sarà l'eccezione alla regola. Ma c'è un urgente bisogno di aggiungere una figura di un certo rilievo alla schiera dei santi contemporanei.

Il volto di Rebatet si illuminò improvvisamente. Davanti a lui si erano appena aperte prospettive felici:

Rebatet - Mi viene da ridere quando penso ad alcuni nostri amici che hanno sempre vissuto in famiglie doppie o triple, che sono pronti a vivere di nuovo così non appena vengono rilasciati, e che mangiano il Buon Dio ogni settimana. Che belle coscienze che hanno! Mi fanno sempre venire voglia di fingere una conversione per poterli svergognare per la loro bassezza, minacciare le loro palle con le fiamme e gli artigli dell'inferno. Non vogliono sapere qual è la loro religione. Ve la faccio vedere io!

Cousteau - La verità è che mi chiedo se esistano dei veri cristiani. In ogni caso, non ne conosco nemmeno uno. Per l'amor di Dio, quando ero un fascista militante, non mi divertivo a sgattaiolare per rifornire la macchia. Lo prendevo sul serio. Vivevo secondo la mia fede. Era un caso di sì o no! Vedete, non sono completamente ignorante delle Sacre Scritture...

Rebatet approvò, come un intenditore, con uno schiocco di dita.

Cousteau - ... E comincerò ad avere un po' di considerazione per i cattolici, il giorno in cui diventeranno cattolici come io ero fascista.

Rebatet - Non succederà presto.

Cousteau - Lei parlava dei nostri compagni che ostentano una pietà intransigente, che si confessano, che portano il gris-gris della Vergine Buona sul dorso del loro droguet, e che hanno un crocifisso a capo del loro letto... Vi siete mai resi conto che in mezzo a questi reprobi edificanti, persone come voi e me, che hanno un solo nucleo familiare, che vivono in monogamia, che non scrivono ogni domenica una lettera alla moglie e una alla concubina, e che non ricevono in sala visite ex-segretari compiacenti trasformati in cugini fittizi, siamo semplicemente gli originali...

Rebatet - Questi cristiani poligami risponderanno che la carne è debole.

Cousteau - Non lo ignoro, ma la debolezza della carne spiega i fallimenti accidentali. Non permette la permanenza di una seconda famiglia che sopravviva a tutte le confessioni e all'amministrazione di tutti i sacramenti. Eppure le persone che si comportano in questo modo - non le biasimo: sono affari loro - o che si abbandonano apertamente alla pederastia, come l'Intendente di Polizia Mathurin, si arrabbiano molto non appena il loro cattolicesimo viene messo in discussione. Ora non capisco. O sono cattolici, o sono cattolici, o sono cattolici. O sono cattolici, o sono poligami. Ma non possono essere entrambe le cose.

Rebatet - Non ci sono cristiani. Quando se ne trova uno, per caso, gli si erigono delle statue. Questa obiezione non ha alcun valore metafisico. È previsto: "Molti saranno i chiamati e pochi gli eletti". Ma ciò che mi sembra decisivo, storicamente parlando, è che il cristianesimo non ha cambiato nulla. D'ora in poi, mi opporrò al luogo comune universale sulla civiltà cristiana che abbiamo accettato da tempo...

Cousteau - E abbiamo anche difeso...

Rebatet - Se c'è stata una civiltà occidentale, questa si è sviluppata per lo più accanto al cristianesimo, e talvolta contro di esso. Se parliamo solo dei grandi artisti e scrittori che avevano fede, quanto di questa fede era presente nelle loro opere?

Cousteau - Il più delle volte sembra insignificante.

Rebatet - Questa civiltà sta morendo non per il suo paganesimo, ma per la democrazia egualitaria, che è una forma degenerata di cristianesimo... Per restare alla coda, gli esseri umani sono stati imbastarditi dopo Gesù Cristo come lo erano prima. Il cristianesimo ha solo dato loro un grottesco senso di rimorso. È uno di quei trucchi che spiegano il successo di una religione. Che potere di coercizione ha sul bipede pensante, facendolo peccare, il peccato più grave dopo il peccato contro lo Spirito, di uno dei suoi bisogni più urgenti. È un'ovvietà, ma viene espressa troppo raramente. Bisognerebbe scrivere una raccolta di cento luoghi comuni sulla condizione umana.

Cousteau - Lo scriveremo se la clemenza di Tauriol ce ne concederà il tempo... Sarà un libro scandaloso. Non c'è niente di più scandaloso che dire che 2 più 2 fa 4. In nome del Dio del pianeta, non appena si dicono cose semplici, elementari, ovvie, accettate in pratica da tutta l'umanità, in una parola, non appena si vedono le cose come sono e non come vorrebbero i moralisti stitici, ci si espone automaticamente a persecuzioni di ogni tipo, a raffinati abusi, alla prigione o all'ostracismo... Sembra che la civiltà si riduca all'accettazione verbale di un certo numero di falsità!

Rebatet - Per i problemi sessuali, almeno, è chiaro.

Cousteau - Quando si parla di sessualità, l'intero mondo occidentale è immerso nella menzogna cristiana. E questa menzogna è stata propagata per venti secoli con tale perseveranza che oggi i non credenti non sono meno contaminati dei fedeli. Ci sono atei altrettanto prudenti, altrettanto accessibili al pudore carnale come le vecchie donzelle metodiste imbevute di letture bibliche. È una farsa.

Rebatet - Lincoln, Littré, Jaurès, le petit père Combes: non si vedono questi cittadini che si fanno succhiare il cazzo con la libertà ateniese... Mi ricordate anche tutti i cosiddetti protestanti liberali che sono riusciti a fare a meno di Dio pur mantenendo Gesù Cristo. Estremamente pizzicati, tutti quei tipi. Molti atei, per inciso, sono tanto più abbottonati quanto più odiano il Barbuto.

Cousteau - Ciò che mi disgusta di più di questo orrore cristiano per i piaceri della carne è che sono gratuiti. Tutti gli altri tabù, senza eccezione, hanno, o in qualche momento hanno avuto, una giustificazione sociale. "Non uccidere" non è un problema. In una società organizzata, è scomodo che i cittadini si uccidano a vicenda. È anche preferibile che si astengano dal rubarsi reciprocamente ciò che possiedono e, se è ammessa la monogamia, si può persino decretare che è molto sconcio andare a letto con le mogli degli amici. Tutto si riduce all'idea perfettamente ragionevole di non fare del male agli altri. Ma c'è qualcos'altro nel tabù sessuale cristiano. C'è un tipo di perversione che è veramente diabolica, il desiderio di privare l'individuo di un piacere che non fa male a nessuno.

Rebatet - Conoscete tutti gli argomenti che possono essere usati per le restrizioni: paternità sfortunata, malattia venerea.

Cousteau - In questo caso, l'unica cosa sensata sarebbe educare gli adolescenti, insegnare loro come evitare gli incidenti. Dopotutto, non diciamo "Non mangiare", ma spieghiamo che se si mangia troppo si fa indigestione. Ma i legislatori del cristianesimo non erano ispirati da considerazioni pratiche. Ciò che odiavano non erano gli incidenti, ma il piacere in sé, il piacere in sé.

Rebatet - Cosa vuoi! Bisogna rendere la vita spiacevole per aspirare al regno dei cieli... Ma finora abbiamo avuto a che fare con degli imbroglioni. Torniamo al cristiano autentico, così raro, che non sarà mai autentico per tutta la vita, se non in casi stravaganti. Torniamo alla castità in sé. Ci togliamo il cappello di fronte a lui. Per me è il massimo dell'orrore. Fondamentalmente, non odio i veri devoti meno di quelli falsi. La castità cambia completamente la persona. La persona casta è pustolosa, moralmente, se non fisicamente, lo sperma che non drena si trasforma in un ascesso di fiele. Le attività di sostituzione dei bigotti sono famose: sono l'epitome della cattiveria e dell'egoismo. Conosceva il grasso Mertens?

Cousteau - Pochissimi, ma so a chi ti riferisci: un belga rotondo e cordiale che si è trovato in grossi guai nel suo paese...

Rebatet - Lo conoscevo molto meglio di te, ai tempi di Ino... Era cattolico al cento per cento... Un giorno mi disse: "Qui non ci sono peccati da commettere, non mi faccio le seghe. È tutto qui. Sono convinto, infatti, che questo buon uomo grasso si sarebbe ritenuto dannato se si fosse fatto la ragazza più innocua. Il risultato: era odioso per tutti quelli che lo circondavano, insopportabile, scoppiava di rabbia vile contro i più poveri, peccava cento volte al giorno contro la più elementare carità...

Cousteau - So che Mertens ha finito per rendersi terribilmente impopolare...

Rebatet - È che la vera castità richiede un tale sforzo che inevitabilmente dà all'eroe assurdo che vi si costringe i diritti più insopportabili sugli altri. Che rimpicciolimento dell'universo, anche dal loro punto di vista, che rimpicciolimento di ciò che chiamano vita spirituale. Ci sono tutti i problemi del destino: ma prima ci deve essere il problema della coda. Una volta ho fatto qualche battuta su questo argomento. Mi starà sempre a cuore.

Cousteau - Potete immaginare... Noncurante del sarcasmo, Rebatet continuò, riscaldandosi gradualmente:

Rebatet - Prendiamo il caso ideale: il mistico. Mi riservo il caso di San Giovanni della Croce, che non abbiamo ancora finito di studiare e che forse era puramente intellettuale. In tutti gli altri, percepisco una fermentazione erotica: non basta sapere dai santi stessi che l'estasi porta spesso all'eiaculazione? Con i santi è prodigiosa. [77]È un peccato che non

---

[77] Rebatet fa riferimento alla perquisizione del suo appartamento a Neuilly nel 1944. Alcuni documenti che gli appartenevano erano scomparsi.

abbia qui i miei appunti completi su questo argomento, che qualche Fifi deve aver cancellato. Vi avrei parlato di Angela da Foligno, di Caterina da Genova e delle grandi badesse del XVII secolo. È infinitamente più suggestivo di tutta la letteratura di Rue de la Lune. L'altro giorno il cancelliere del tribunale ha detto che ogni tanto scommetteva su una suora, e il mio cuore ha avuto un sussulto. Ma, riflettendoci, la vita dei grandi mistici mi ha fatto più o meno venire un'erezione. Non ci sono profumi più potenti dell'inguine che in questi racconti di visioni, trasverberazioni e sepolture divine. Vive Dieu! Queste sono donne bagnate! Non c'è bisogno di chiedersi se sono vaginali o clitoridee. Tutto è buono con questa donna! Non riesco a sentire il nome di Teresa d'Avila senza vedere una magnifica lupa spagnola, blu come la notte, con una succulenta mauia al centro![78]

In quel momento entrò Lacassagne, molto animato, quasi drammatico: "Mangiamo! Oh! Subito! La pastade è giusta". Rebatet, seduto davanti al piatto fumante e profumato, intonò a squarciagola:

Rebatet - *Adoro te dévote Latens Deitas*
Quae sub his figuris Vere latitas

Era felice di declamare inni e canti di chiesa quando aveva appena perfezionato una piccola empietà. Questo è uno dei motivi per cui quest'uomo è stato spesso frainteso.

Laboratorio di lingerie nel carcere di Clairvaux, marzo 1950.

---

[78] Un giovane detenuto di Nîmes dall'accento pittoresco, che ha gentilmente messo le sue straordinarie abilità culinarie al servizio dei due autori di questi dialoghi.

DIALOGO n. 7

PRIMA DELLA GERMANIA ETERNA

"L'unione di Germania e Francia sarebbe il freno all'Inghilterra e alla Russia, la salvezza dell'Europa, la pace del mondo"

Victor Hugo, *Il Reno*

Quel giorno il laboratorio era in stato di massima allerta. Un fenomeno ciclico. Tutti i detenuti dei campi di concentramento conoscono questa legge dell'alternanza che sostituisce improvvisamente l'ansia alla tranquillità e poi, gradualmente, la tranquillità all'ansia, essendo il coefficiente di sicurezza del carcere proporzionale all'intensità dell'attenzione di chi ha il potere. Perché le regole sono tali che tutti sono sempre più o meno in difetto. In tempi di calma, questo non ha molta importanza. Ma la calma è ingannevole e il minimo incidente trasforma l'amministrazione di base in una cicogna. Allora si aprono gli occhi che prima erano ciechi, le coscienze della popolazione carceraria si annebbiano e il benessere intellettuale finisce.[79]

In questo caso, due dei più abominevoli teppisti mai visti dietro il triplice recinto delle mura perimetrali (che ne hanno ospitati parecchi) erano finiti in isolamento. Incontinentemente, si sono "sdraiati". All'inizio, pur essendo legati da traffici comuni, si accusavano a vicenda. Più per il gusto della denuncia che per interesse. Alcune persone sono così. Poi, una volta riconciliati, hanno cominciato a "fare la spia" su terzi, rivelando a casaccio piccoli reati e grandi irregolarità. Questo è stato più che sufficiente perché

---

[79] Cachot.

l'intero laboratorio diventasse oggetto di un'intensa attenzione. Fin dal mattino, il capo supervisore, i brigadieri e il direttore stesso erano venuti a effettuare perquisizioni e a interrogare i sospetti. Erano già stati sequestrati due rasoi meccanici. Erano sulle tracce di un paio di scarpe a piedi nudi fabbricate nella calzoleria con il cuoio rubato all'Amministrazione. Tutti tremavano o camminavano a passo tranquillo, con le spalle inarcate.

Rebatet - È troppo stupido", ruggì Rebatet. Né tu né io abbiamo nulla da temere, eppure sembriamo colpevoli! Eppure subiamo il contagio del panico!

Cousteau - C'è solo un rimedio", rispose Cousteau, "parliamo d'altro. Lasciamo che tutto ciò che ci circonda sia come se non esistesse.

Rebatet storse il naso:

Rebatet - La letteratura è insapore in questi tempi di tempesta, come il tabacco quando si ha il raffreddore. Sono terribilmente preoccupato per la musica, ma a lei non interessa. Devo scrivere ventiquattro aforismi sulla religione cristiana, quindi è un argomento di conversazione proibito: quando scrivo di qualcosa, non ne parlo mai...
Le notizie sono scarse. I nostri grandi generali Revers e Mast non hanno avuto nemmeno otto giorni di riposo... All'ultimo discorso di Adenauer a Berlino, i Chleuhs hanno cantato *DEUTSCHLAND ÜBER ALLES*. È l'unica notizia un po' gallica. Cosa ne pensate?

Cousteau fece un gesto evasivo. Si stava allenando ad adottare un atteggiamento ipocritamente neutrale per prepararsi alla vita in libertà.

Rebatet - Mi infastidisce e mi delizia allo stesso tempo. Mi infastidisce perché è una manifestazione patriottica e il patriottismo mi fa orrore in tutte le sue forme e in tutti i climi. Ma mi fa piacere perché irrita o sgomenta molti di loro.

Cousteau - Non mi dispiace parlare dei Chleuhs. È un buon argomento. Per lo meno, non rischiamo di dire sciocchezze come Madame de Staël o Charles Maurras. Ma devo confessare che mi sento un po' in imbarazzo. La Germania è forse l'unico Paese di cui non sono sicuro di poter parlare con totale distacco. È stupido, lo ammetto: quando si cede ai sentimenti, si diventa stupidi. Ma non posso farci niente.

Rebatet - Ah! Ah! Ora veniamo alle confessioni spontanee...

Cousteau - Se i tedeschi avessero vinto la guerra, so esattamente cosa direi. Tante vecchie esasperazioni, ribollenti, represse, trite e ritrite, che tornerebbero a galla... Ma il fatto è questo: hanno perso la guerra e allo stesso tempo le nostre idee sono state sconfitte.

Rebatet era diventato sarcastico:

Rebatet - Non vorrai mica fare il patriottico con me adesso, vero?

Cousteau - State tranquilli: niente più patriottismo in nessuna forma. Ma, come sapete, ho una passione per le cause perse, sono solidale con gli aristocratici di Quiberon, i sudisti americani e i russi bianchi. E solidarietà, a maggior ragione, con i nazisti che tutti calpestano. Se li calpestassi anch'io, per quanto poco, mi sentirei un delinquente come tutti i patrioti dell'ultima ora.

Rebatet annuì con un cenno di assenso:

Rebatet - Ho pensato a qualcosa di simile in questi giorni. Sto ancora rimuginando molto vagamente su un piccolo progetto - un *doppio décombres* al massimo, non di più, lo giuro! - che mi è venuto in mente durante uno dei nostri colloqui. Ho pensato che se avessi messo i tedeschi in questa storia, sarebbero stati tedeschi ideali, artisti perfetti, uomini tanto colti quanto intelligenti, e allo stesso tempo soldati impeccabili, e nazionalsocialisti convinti, naturalmente.

Cousteau - Altrimenti, ovviamente, non sarebbe divertente, sarebbe il cliché del tedesco buono contro il bruto nazista.

Rebatet - Non posso immaginare di parlare della Germania in pubblico con un tono diverso, perché le follie scritte, pensate e dette sulla Germania dal 1940 al 1948 - credo che ora siano più o meno finite - rendono l'opinione pubblica francese nel suo complesso inadatta a giudicare la questione tedesca. Questa, se volete, è la mia opinione ufficiale. Ma fortunatamente non abbiamo più un'esistenza ufficiale e non l'avremo presto. Mi sembra che tra di noi possiamo parlare dei tedeschi con uno stile diverso. Abbiamo persino acquisito il diritto di farlo.

Cousteau - Siamo gli unici ad avere questo diritto... e mi chiedo se sono tentato di usarlo... In ogni caso, se scriverete questo libretto di duemila pagine, vorrei offrirvi, come prefazione, due piccoli aneddoti, forse non molto sensazionali, ma veri e che riassumono abbastanza bene l'eterno dialogo tra l'eterna Germania e l'eterna Francia.

Rebatet - Continua, ti ascolto.

Cousteau - Allora, prima storia. Risale al 1931. La mia squadra di rugby era andata a giocare tre partite di propaganda nella regione di Düsseldorf, contro una squadra di studenti della città che stavano imparando questo nobile sport. Ero impegnato a Parigi e riuscii a raggiungere i miei compagni solo per la terza e ultima partita del tour. Arrivai quindi all'hotel dove alloggiavano i francesi e mi precipitai di stanza in stanza per fare il punto della situazione. Erano tutti molto felici. Contenti del viaggio. Contenti dell'accoglienza delle autorità locali. C'era solo una cosa che non andava, e qui tutti i miei compagni erano d'accordo: i crucchi della squadra avversaria stavano giocando come dei bruti. Non c'era *fair play*. Il manganello, le botte, tutti i colpi difesi. Era nauseante... La sera stessa incontrai i nostri avversari: le due squadre stavano cenando insieme nella sala da pranzo dell'albergo. Potete immaginare la curiosità con cui esaminai questi ingoiatori di bambini piccoli. Erano biondi, erano rosa, avevano il collo rasato, sorridevano, salutavano rigidamente, si piegavano due volte con una flessione del tronco. Ma a parte queste caratteristiche, che non sarebbero bastate per un rapporto di polizia, erano tutti più o meno storpi, più o meno ingessati. Riportai l'attenzione sui miei compagni: nessuno di loro, avete capito bene, non aveva un graffio! E il giorno dopo ottenemmo una clamorosa vittoria sui rottami della squadra tedesca. Davanti a noi avevamo solo un gruppo di storpi zoppicanti. I nostri, però, come gli chassepot, fecero miracoli: due teutonici furono portati fuori dal campo in barella e quelli dei nostri avversari che continuarono a reggersi sulle gambe fino alla fine del secondo tempo non andarono affatto meglio... Freschi, con l'orgoglio nazionale soddisfatto e perfettamente sinceri nella loro indignazione, i quindici francesi tornarono negli spogliatoi giurando che non avrebbero mai più giocato a rugby con tanta energia.

Rebatet - Bell'aneddoto! Sa talmente di autenticità che dovrebbe essere preso per vero anche se facesse parte degli Atti degli Apostoli... Quello che trovo più comico e allo stesso tempo più esatto è quello che dici sulla perfetta sincerità dei tuoi amici. Questa deve essere la spiegazione di un fenomeno così strano. È come la fede, è il potere dell'idea ricevuta. L'idea trionfa sull'evidenza della realtà. Se si pensa che tre quarti dei giudizi espressi su questo mondo sono di questo tipo! Racconta il tuo secondo aneddoto.

Cousteau - È più recente... Lei sa che sono stato rilasciato dal mio stalag solo nel settembre 1941... molto dopo il R.P. Riquet, Bidault, Sartre e il nostro giudice istruttore Zousmann... perché i crucchi, meno perspicaci di Kérillis e di Emile Buré, hanno impiegato quattordici mesi per capire che ero un membro della Quinta Colonna... Ma non importa... Così, nel settembre 1941, un depistaggio dell'O.K.W. mi portò da Bad-Sulza a Berlino, mentre avrei dovuto essere portato direttamente a Chalons.[80] E a Berlino, il dottor Bran dell'Ufficio Ribbentrop, saputo del mio trasferimento, si presentò un giorno senza preavviso nell'edificio dove ero ancora prigioniero. Vi ricordate di quel grande imbroglione di Bran?

Rebatet - Ci puoi scommettere! È stato l'ultimo nazista che ho visto, a Bregenz nell'aprile del 1945. È stato anche il primo. Ma c'era anche lei. In quale anno esattamente?

Cousteau - Doveva essere il 1937.

Rebatet - Aux Deux Magots. Georges Blond e Thierry Maulnier ce lo presentarono. Era un amico intimo dei Blond, l'eccellente Bran, i campeggi insieme, le riunioni delle Jeunesses franco-allemandes... Se dico che è stato il primo nazista che ho incontrato, mi sbaglio. Ne avevo già incontrato uno, nel 1934 o 1935, uno studente di Bonn, affascinante e fanatico. Ma era stato Georges Blond a presentarmelo! Che rompiscatole era questo onesto Bran! Tanto fastidioso quanto onesto, questo puritano del nazismo. Passai tre giorni con lui a Berlino nel gennaio del 1943. Era la virtù che camminava accanto a me in un cappotto nero, in quei grandi viali deserti e ghiacciati, nella penombra del loro inverno. Che immagini... Quante cose fastidiose ci siamo imposti, mio povero vecchio!

Cousteau - Il mio incontro con Bran nel 1941 non fu particolarmente noioso. Era piuttosto pittoresco. Eravamo in uno studio dentistico in disuso che fungeva da sala visite - per così dire - per il nostro kommando in visita e, con un'immaginazione antifascista, si sarebbe potuto pensare di essere in una sala di tortura della Gestapo. Ma Bran non aveva alcun

---

[80] Prima della guerra, Fritz Bran era caporedattore dei *Cahiers Franco-Allemands*.

desiderio di torturarmi. Al contrario, cercava di mettermi a mio agio, di colmare il divario che la guerra aveva creato tra noi. In breve, cercava di dominare la sua vittoria! Ero piuttosto imbarazzato. Perché - mi torna in mente ora - quella famosa sera in cui Blond e Maulnier ci avevano presentato, io, in uno spirito di spavalderia, avevo parlato un po' bruscamente... Questo è il prezzo del nazionalismo imbecille con cui i vecchietti schiamazzanti ci avevano gonfiato. Dovetti dire a quel Bran che se voleva le colonie, non doveva far altro che cercare di portarmele via! Avevamo conquistato il Camerun con la forza delle armi. Lo avremmo ceduto solo con la forza delle armi...

Rebatet - Che idiota!

Cousteau - Il solo raccontarlo mi fa arrossire...[81] In ogni caso, ho fatto una bella figura nello studio dentistico, trovandomi sconfitto, disarmato e umiliato di fronte a questo signore prussiano che un tempo avevo così allegramente annientato con un verbo che non si srotolava. Bran, tuttavia, sembrava aver dimenticato la mia iattanza. Era pieno di buona volontà. Le sue intenzioni erano pure.

Rebatet - Penso che fosse un francofilo sincero.

Cousteau - penso addirittura che, nonostante i trionfi della Wehrmacht, soffrisse di un complesso di inferiorità di fronte a ciò che la Francia ancora rappresentava.
"Vorrei sapere come vede la riconciliazione tra i nostri due Paesi", disse. Cominciai col perorare la causa dei miei compagni negli oflag e negli stalag. Prima liberate i prigionieri. Sapevo che stavo parlando a vuoto. Era al di là di noi. Bran, un po' tristemente, me lo fece capire. Se

---

[81] Alla fine del XIX secolo, Paul Déroulède, volontario nella guerra del 1870, fu un araldo del nazionalismo francese che diede una mano al generale Boulanger. Divenne il poeta della dea "vendetta" con i suoi *Chants du soldat*. I giovani fascisti francesi neo-maurrassiani hanno sempre mostrato grande disprezzo per questo rappresentante del nazionalismo più germanofobico.

dipendesse da lui... Ma senza salire al livello dei problemi di Stato, rimanendo sul piano culturale, non era possibile, proprio ora, senza aspettare la fine della guerra, lavorare per questa riconciliazione franco-tedesca da cui dipendeva il destino dell'Occidente? Potete immaginare che ho avuto molto tempo per riflettere su questa domanda, pala alla mano, durante quei quattordici mesi sulla terrazza... Risposi senza esitazione che *Le Canard enchaîné* doveva essere ripubblicato a Parigi. Bran rimase stupido. *Le Canard* enchaîné!!! Spiegai allora a questo ariano alto e biondo che la Francia era il Paese di Voltaire prima che di Joseph Prudhomme e che se ai francesi fosse stato permesso di scherzare sui Fridolini e di stampare la parola boche, sarebbe stato molto più facile far loro accettare le nostre verità fondamentali. Bran era sbigottito. Non capiva più nulla. Che peccato", disse infine, "che non sappiate cantare in coro. I francesi dovrebbero imparare a cantare in coro...". E il volto di Bran si trasfigurò, con una visione scout della collaborazione: ostelli della gioventù, buone azioni quotidiane, veglie al fuoco, il saluto ai colori, l'inno al mio bell'abete... Replicai che un *Canard enchaîné*, liberato ovviamente dalla sua precedente leadership bolscevica ma altrettanto libero nei toni, era la prima condizione del *Zuzamenarbeit* culturale. Bran è rimasto convinto che la comunione delle anime nasca dal canto corale. Ho accennato all'inscatolamento che porta sollievo. Mi rispose che *O Tanenbaum* era irresistibile. Si trasformò in un dialogo folle. Per un'ora abbiamo parlato, ognuno davanti a un muro. Ci lasciammo molto insoddisfatti. Io ero il francese incorreggibilmente frivolo. Lui era il tedesco inguaribilmente tonto.

Rebatet - E poi, appena arrivato a Parigi, ti sei buttato a capofitto, fino alle ginocchia, fino all'ombelico, fino alle orecchie!

Cousteau - Certo. Se si fosse trattato di un matrimonio d'amore, sarei stato imperdonabile, avrei dovuto coprirmi il capo di cenere e battermi il petto fino alla fine dei tempi. Ma la collaborazione non si limitava alla pelle.

Rebatet - Spiegati, mio buon amico. Lei è tutto agitato, io l'ascolto.

Cousteau - La collaborazione aveva due elementi, che si completavano a vicenda, ma che, presi separatamente, erano sufficienti a giustificare la nostra scelta. In primo luogo, c'era il vecchio dissidio franco-tedesco, molto meno antico del vecchio dissidio franco-inglese e non più insolubile.

Rebatet - E quali che siano gli inconvenienti dell'entente cordiale, essi sono meno cruenti di Azincourt, Trafalgar o Fachoda.

Cousteau - Questo, in ogni caso, era il primo elemento e, per chiunque abbia un minimo di buon senso, avrebbe dovuto essere decisivo. Ma c'era dell'altro. La Germania, con tutti i suoi difetti, con tutto ciò che ci scandalizzava o ci esasperava, era, che ci piacesse o meno, il braccio temporale dell'idea fascista. Sarebbe stato ridicolo lasciarsi scoraggiare dai difetti germanici come lo sarebbe stato per un comunista perdere la fiducia perché i russi erano dei pazzi impossibili.

Rebatet - È esattamente quello che ho pensato non appena ho iniziato a emergere dalla confusione della rotta. Qualche tempo fa, lei mi ha detto che la qualità maggiore e indimenticabile dei tedeschi è stata quella di rifiutare il mito dell'egualitarismo, di rifiutare la via d'uscita facile, la tiritera della democrazia. Un gesto magnifico, davvero, qualcosa di così raro, così straordinario: un gesto sociale che è logico, che è nell'interesse generale, uno di quei gesti che assicurano la grandezza di una nazione.

Rebatet fece una smorfia.

Rebatet - Santo cielo, è difficile pronunciare la parola "grandezza" dopo de Gaulle. Questi uccelli hanno persino demonetizzato la nostra lingua...[82] È un grande merito di Déat aver detto queste cose a Vichy già nel luglio 1940. Déat contrapponeva il classico occupante tedesco, con i piedi, l'elmetto e la meccanica, al nazionalsocialista, al soldato della rivoluzione. Devo dire che questa idea attraente rimase per me principalmente teorica fino al 22 giugno 1941.[83] Infatti, se il tedesco che porta la fiaccola rivoluzionaria non era molto presente nella vostra Turingia, non lo era ancora di più a Parigi. C'erano soldati teutonici, armati di *Verboten*, sia sui marciapiedi che nei più grandi uffici: non c'era altro, va detto. Il 22 giugno cambiò tutto.

Cousteau - Fu proprio quel giorno - il giorno in cui iniziò la guerra contro il bolscevismo - che mi sentii un totale collaborazionista, quel giorno in cui iniziai a desiderare senza la minima riserva una vittoria tedesca. E lo dissi subito ai compagni del mio Kommando.

Rebatet - Il 22 giugno mi convinsi che la Germania aveva davvero assunto una missione europea e mondiale. Cominciai a cercare i rivoluzionari. Non dico che non esistessero! Con la possibile eccezione di uno, non ne ho mai incontrato uno!

Cousteau - Non erano a Parigi, Parigi era una capitale di imboscati.

Rebatet - Certo: ma dal punto di vista rivoluzionario, è stato già un errore monumentale aver mandato a Parigi gli uomini che meno rappresentavano quella rivoluzione. Un altro errore, ancora più grave, fu il nostro comportamento nei territori russi occupati. Nel giugno 1941

---

[82] Marcel Déat, laureato all'Ecole Normale Supérieure ed ex neosocialista, era il leader del Rassemblement National Populaire, un partito collaborazionista che rivaleggiava con il Parti Populaire Français di Jacques Doriot. Fondamentalmente antinazista, fu lui a proporre, all'interno del clan collaborazionista, le idee sul futuro dell'Europa sotto la bandiera nazista. Nell'estate del '40 riuscì a convincere Rebatet a rinunciare a Maurras, a lasciare Vichy e la Rivoluzione Nazionale e a recarsi a Parigi per preparare la rivoluzione nazionalsocialista con i colori della Francia.

[83] Questo è lo stalag in Turingia dove Cousteau fu prigioniero di guerra.

aspettavo, aspettavamo tutti, la proclamazione delle repubbliche indipendenti dell'Ucraina e della Russia Bianca, l'offensiva di liberazione. Invece, colonizzazione senza la minima forma.

Cousteau - È qui che si ripropone il vecchio tema di una Germania tentacolare. Ma non sono forse tutti i Paesi tentacolari non appena ne hanno la possibilità? E confesso di essere più sensibile ad altre lamentele.

Rebatet - Anch'io, in un certo senso. Per esempio, il suo aneddoto del *Canard enchaîné* riguarda una delle critiche serie che si dovrebbero muovere alla Germania. Dico *seria*, perché va ben oltre la sua incapacità di essere divertente, le canzoni della Pulce e del Ratto, quando Goethe, uno dei tedeschi più illustri e aperti, vuole ridere: la commedia del maiale castratore che è di Wagner, lo spaventoso complesso di inferiorità del tedesco rispetto a tutte le altre razze della terra capaci, tranne forse i negri, di una certa ironia. L'unico tedesco che ha accesso a un certo umorismo, un umorismo nero, è Nietzsche.

Cousteau - Ma Nietzsche è così al di sopra della Germania, delle nazioni.

Rebatet - Un altro immenso rimprovero che rivolgo alla Germania, Hitler compreso, è quello di non aver capito, o di aver capito solo a metà il ruolo che le era riservato, che il suo nazionalsocialismo si confondeva con il suo pangermanesimo. Era indubbiamente una conclusione scontata, ci sarebbe voluto un prodigio perché un popolo andasse contro i suoi istinti in questo modo. Ma noi credevamo, o volevamo credere, che la Germania fosse capace di questo prodigio. Quindi qualcuno si sbagliava: o i nazionalsocialisti tedeschi o i fascisti francesi.

Cousteau - Non c'è dubbio. È stato il nazionalsocialista tedesco a sbagliare. Il fascista francese non aveva scelta. Non c'era alternativa. Siamo stati costretti alla collaborazione dalla nostra stessa logica. Eravamo condannati a collaborare con i tedeschi così com'erano, pangermanisti tentacolari, irritanti, maldestri, ciechi di fronte alle ovvietà elementari, tenuti per una sorta di fatalità al di fuori del loro stesso sistema, e complessivamente molto meno rivoluzionari di noi stessi.

Rebatet - Quindi?

Cousteau - Ci restava quindi l'ulteriore scopo di contribuire a correggere gli errori che lo stato di guerra consentiva di attribuire alle circostanze molto più che a intenzioni deliberate. Questa speranza mi è stata incoraggiata dalla mia esperienza di prigioniero di guerra. Per quattordici mesi avevo potuto constatare la facilità con cui un francese poteva avere la meglio su un tedesco non appena si trovavano faccia a faccia, non appena era solo una questione di astuzia e di stronzate. Mi ero reso conto che è lo scontro con il tedesco, non la conversazione, il vero assassino...

Rebatet - Hai ragione, ma questo è esattamente il contrario della verità ufficiale francese tra le due guerre. I nostri grandi uomini volevano combattere, pensavano solo a quello, passavano il tempo a immaginare alleanze folli e a corazzarsi di cemento, ma erano terrorizzati dall'idea di un negoziato diretto.

Cousteau - E ci volle la frantumazione del 1940 perché alcuni politici francesi scoprissero improvvisamente che non era del tutto idiota *finassieren*. Vichy non ha fatto altro per quattro anni. E che successo![84] Il vecchio stellato e l'Auvergnat contribuirono mille volte più efficacemente di *Cime Tempestose* a rosicchiare la vittoria nazista.[85] Non un solo tedesco fu in grado di resistere a questi acrobati.

Rebatet - Se la Resistenza avesse un senso di equità, ci sarebbe una rue

---

[84] Il maresciallo Pétain.

[85] Pierre Laval.

Philippe-Pétain e una place Pierre-Laval in ogni città della Francia.

Cousteau - Lei è d'accordo con me. Non crede dunque che fosse assurdo sperare che anche noi potessimo avere la meglio sui nostri vincitori? Tanto più che le nostre intenzioni erano pure, perché non facevamo il doppio gioco, perché non nutrivamo, come tanti vichysti, l'ambizione di restaurare una bella repubblica parlamentare sulle rovine del Terzo Reich. La nostra ambizione non era quella di minare la vittoria tedesca, ma di preservarla dall'impurità e di conservare il suo significato morale, la sua etica fascista.

Rebatet - Una tale vittoria tedesca sarebbe stata l'unica possibilità che l'Europa, e con essa la Francia, aveva ancora di non sprofondare definitivamente nel caos...

Cousteau - Ma anche supponendo che questo esperimento fosse stato irragionevole, supponendo che fosse stato dimostrato che non c'era nulla da aspettarsi dai tedeschi se non l'arcigna brutalità e l'incomprensione, eravamo comunque condannati a collaborare con la Germania, perché il peggio della Germania è meglio del meglio della Russia, e se l'Europa non poteva essere tedesca, sarebbe stata inevitabilmente cosacca.

Rebatet - Tuttavia, sapendo ciò che sapevamo, avremmo potuto evitare di essere coinvolti nella lotta.

Cousteau - Sì. Forse sarebbe stato più saggio non farlo... Ma non è nel mio carattere andare a pescare quando gli altri prendono la Bastiglia...

Rebatet aveva l'espressione fiorita di un amante della musica che sente un pianista eseguire uno degli *Études transcendentes* di Liszt nel suo vero movimento.

Rebatet - Ben fatto, vecchio mio. Davvero, ci deve un "Saggio sulla storia della Francia". Se accetta di scriverlo freddamente, senza aggettivi, potrebbe essere prodigioso ed estremamente istruttivo. La sua visione della reale superiorità della Francia sulla Germania apre prospettive sorprendenti sul carattere dei francesi in particolare: disprezzano le proprie qualità, vogliono competere a tutti i costi in una categoria che non è la loro. È come il corridore dei cento metri che vuole competere con i campioni del lancio del peso. Rivedere tutto da Clovis in poi, da questa prospettiva e con qualche altra idea guida, sarebbe sensazionale.

Cousteau non disse nulla perché non era nella sua natura sollevare obiezioni quando gli si faceva un complimento, ma in cuor suo sapeva di essere del tutto incapace di scrivere qualcosa con serenità e senza epiteti vendicativi. Rebatet continuò:

Rebatet - Ah, lei mi riporta al sogno della collaborazione, quella vera, dove la flessibilità francese avrebbe trovato il suo onesto e legittimo impiego. Non potrebbe esserci destino più invidiabile per il nostro Paese. Poiché siamo condannati alla collaborazione dall'inizio di questo secolo, poiché tutte le nazioni, ad eccezione dell'URSS, sono condannate alla collaborazione, la collaborazione più naturale e redditizia era quella franco-tedesca.

Cousteau - Tutti i truismi che abbiamo sbandierato erano corretti: i due popoli complementari, gli interessi comuni, il tradizionale scambio di culture, gli enormi vantaggi che gli industriali francesi avrebbero avuto nel lavorare insieme ai tedeschi.

Rebatet - Su quest'ultimo punto, per inciso, la collaborazione è stata fruttuosa. Lei mi parlava del "finassiren". Anch'io ho un esempio. La prima cena franco-tedesca a cui ho partecipato, alla fine del 1940, era di tipo cinematografico.[86] In altre parole, eravamo una trentina di registi,

---

[86] Si trattava di Robert Buron, futuro deputato del M.R.P., che Rebatet cita in *Les Mémoires d'un*

giornalisti e funzionari, tra cui l'ottimo Buron, davanti a tre Chleuh muti, tra cui un terribile gufo vestito di verde che al momento del dessert ci fece un discorso nel suo gergo, un discorso che era molto facile da tradurre: il cinema francese faceva schifo - il che, tra l'altro, era in gran parte esatto - e il Reich gli dava il benservito.[87] Allo stesso tempo, si diffuse la notizia della creazione di un'enorme società tedesca, la "Continental", destinata ad assorbire tutte le aziende francesi. A capo di essa c'era Greven, un prussiano di un metro e ottanta, tessera numero 7 o 8 del Partito, con una spaventosa reputazione di ferocia. Diciotto mesi dopo, la "Continental", dopo essere stata rimproverata dalla stampa parigina come mai prima, era praticamente nelle mani di tre o quattro registi francesi che produssero una quindicina dei migliori film del nostro cinema. Nel 1944, la situazione del cinema francese era sana e fiorente e stava emergendo una ricchezza di nuovi talenti. Questo grazie soprattutto al "Continental"...[88]

Cousteau - Certo, ma la collaborazione non è mai andata oltre, non è mai stata politica.

Rebatet - È probabilmente un'ingiustizia accusare i francesi o i tedeschi, o i francesi e i tedeschi insieme. La collaborazione consensuale tra due Paesi è probabilmente un'impossibilità umana. L'ultimo modo per conoscere un altro popolo è ovviamente quello di arrivare con carri armati, cannoni e una mezza dozzina di forze di polizia. Una collaborazione leale con un occupante armato è una chimera. D'altra

---

fasciste, op. cit. t. II, pp. 16-18. All'epoca, Rebatet (o meglio François Vinneuil) era un critico cinematografico stimato e rispettato.

[87] La "Société Continental" era una società di produzione francese di proprietà tedesca gestita da un prussiano, Alfred Greven. Ha realizzato 33 dei 220 film prodotti durante l'occupazione.

[88] In realtà, il "Continental" non impose film di propaganda. Al contrario, scoprì registi come Clouzot e permise al talento francese di esprimersi. Dopo la Liberazione, solo tre film furono "ripuliti": *Les Inconnus dans la maison*. *Le Corbeau* e *La Vie de plaisir*... Cfr. Jacques Siclier, *La France de Pétain et son cinéma*, Paris, Ramsay (ed. 1981), pagg. 41-67.

parte, era impossibile non aggrapparsi a questa chimera. In ogni caso, non eravamo ancora abbastanza grandi per allontanarla.

Cousteau - La cosa divertente è che gli "altri" stanno perseguendo la stessa chimera. Dopo aver mangiato Boche per cinque anni e aver ucciso, rasato o torturato chiunque fosse sospettato di un accenno di accordo con la Germania, si stanno rendendo conto che la collaborazione con i nostri vicini è una necessità vitale per la Francia.

Rebatet - È un po' tardi...

Cousteau - Ai nostri tempi era vantaggioso essere associati a un colosso, era rassicurante avere una Wehrmacht del tuono di Dio che occupava gli avamposti della civiltà in Ucraina e in Carelia. Oggi, se ho capito bene, l'idea è di ricostruire da zero una Wehrmacht in una metà della Germania per difendere una metà dell'Europa. Psicologicamente, questo tipo di collaborazione è probabilmente altrettanto difficile della nostra, perché gli sconfitti sono stati trattati incomparabilmente peggio di noi. Come poteva il popolo tedesco, che il mondo intero aveva trattato come criminale di guerra, essere così stupido da accettare di combattere per conto dei suoi distruttori?

Rebatet aprì la bocca. Cousteau non lo lasciò parlare

Cousteau - So cosa mi direte: che i tedeschi sono incorreggibili e che non appena permetteremo loro di rimettere le uniformi, marciare al passo e farsi ammazzare, fremeranno di gioia. Questo è giusto. Ma morire per il gusto di morire potrebbe essere il più assurdo possibile. Se fossi un tedesco, so benissimo in quale direzione andrebbe il mio odio numero 1. So che sarei più disposto a morire per il gusto di morire. So che sarei più disposto a perdonare i russi per i loro stupri di massa (dopotutto è umano stuprare) che i pii americani per i loro mostruosi bombardamenti a tappeto. Inoltre, se fossi tedesco, mi sarei un po' stufato di essere sempre battuto.[89] Eppure la prossima guerra (almeno nella sua fase iniziale) si prospetta piuttosto negativa per i satelliti di Marshall. Secondo l'opinione anche di alcuni degli auspici del Pentagono, il presunto esercito tedesco deve scegliere tra due tipi di operazioni: o coprire la ritirata dei G.I. che si affretteranno a sbarcare a Dunkerque, o formare l'avanguardia di un'Armata Rossa che sarà a Brest e Bordeaux in otto giorni. Per gli ex uomini delle SS, questa operazione sembra molto più attraente.

Rebatet fece il broncio:

Rebatet - Sai, ho smesso di fare piani militari. Mi sono occupato di strategia bellica una volta nella mia vita e non me lo chiederanno più. Quello che dici è brillantemente logico; in termini di logica formale, sono completamente d'accordo. Ma in ogni guerra ci sono troppi fattori che ci sfuggono. Sfuggono anche ai migliori guerrieri, che sono sempre civili. Naturalmente non sto parlando dello Stato Maggiore! Il regno della logica è la musica e la matematica. Lì, almeno, si può essere sicuri delle proprie deduzioni!

Cousteau arrossì da un orecchio all'altro:

Cousteau - Una botta di . Mi hai colto nell'*atto del Kriegspiel:* "Cameriere! fiammiferi, un sifone e la mappa dei Balcani! Di tutti i giochi mentali, questo è il più spregevole, il più deludente e il più ridicolo. Non rimproveratemi: non lo farò più... Inoltre, non me ne frega niente dell'esito della prossima guerra. Per una volta, sono rigorosamente imparziale. So che in questa guerra tutti i colpi saranno inferti, da entrambe le parti, alle cose, ai sistemi, alle persone che mi sollevano il cuore. Quindi che vinca il migliore! *Avanti, signori...* Ma i tedeschi, collettivamente, non possono essere così distaccati. La questione li

---

[89] Si trattava del generale Marshall, il cui nome rimane associato al piano americano per la ricostruzione dell'Europa, adottato nel 1947.

riguarda direttamente. Saranno al centro di questa guerra e il loro atteggiamento potrebbe determinare le sorti delle armi.

Rebatet - È possibile, è probabile. Non mi interessa più. Abbiamo fornito a questo secolo alcuni modi onorevoli per uscire dalla sua situazione. Non ha voluto. Lasciamo che il secolo si arrangi da solo. Per quanto riguarda i Frizous, qualunque sia la loro posizione, so che rimarranno ciò che sono: profondi, ma privi di apertura, disciplinati, ma sparuti, più disordinati dei sidis appena non hanno più un super-caporale che li schiera, grandi viaggiatori, ma provinciali; eroici, generosi, ma sprovveduti, avendo sempre sprecato i loro gesti più belli, le loro vittorie più belle; incapaci di irreligione, con un gusto morboso per il disastro; in breve, con tutti i problemi del mondo per recuperare i centocinquant'anni di civiltà che il prussianesimo ha fatto loro perdere. Il tedesco è la prova vivente che due più due non sempre fa quattro.

Cousteau aveva un sorriso sgradevole sul volto. La presunta fluidità del prodotto di due più due era un tema incessante di polemica tra i due amici. Cousteau era profondamente convinto che due più due, in ogni circostanza, facesse sempre quattro, e non perdeva occasione per cercare di attaccare briga in questo campo in cui presumeva di considerarsi imbattibile. Rebatet, tuttavia, non si accorse del ghigno provocatorio e continuò:

Rebatet - Un singolo tedesco, a prescindere dalla sua cultura - sono il popolo più colto del pianeta - non vale mezzo francese. Ma dieci tedeschi valgono cinquanta francesi. Il tedesco è per eccellenza l'uomo che possiede le virtù sociali, la pazienza, l'obbedienza, la fertilità, la pulizia, l'attitudine alla fede, la regolarità nello sforzo.

Cousteau - È indubbiamente una prova di inferiorità individuale o, se volete, di minore evoluzione.

Rebatet - Ma formano un composto sociale incomparabile. In fondo, amo molto queste persone, anche se sono certo che non potrei vivere con loro, che griderei sempre contro di loro, che non ci capiremmo mai fino in fondo. Ma dopo averli rimproverati di tutto, perdoniamo loro tutto per un gesto grandioso, per un'idea, per un uomo magnifico che regalano al mondo, così come perdoniamo a Wagner due ore di noia infernale per trenta minuti di genio. La Germania è al tempo stesso il Paese più noioso e il più eccitante. Ma posso capire l'orrore che un madrileno, un andaluso, un fiorentino o un napoletano potrebbero provare per la Germania. Mi sembra che voi, che siete più latini di me, abbiate avuto molto più merito a collaborare. Ma entrambi sapevamo che per dieci anni la Germania ha cercato di salvare l'Occidente e l'uomo bianco. Lo ha fatto certamente male? Ma ha ancora onore. Io e voi non lo dimenticheremo mai.

Laboratorio di lingerie nel carcere di Clairvaux, marzo 1950.

DIALOGO n. 8

CREDERE E CAPIRE

> "Non ci sono esseri più pericolosi di coloro che hanno sofferto per una fede: i grandi persecutori sono reclutati tra i martiri a cui non è stata tagliata la testa."
> Emil Cioran, *Précis of decomposition (Prassi della decomposizione)*

Cousteau continuò a leggere avidamente Aldous Huxley, con la frenesia di un neofita. Pochi mesi prima, il nome dello scrittore aveva significato ben poco per lui. Avrebbe volentieri confuso Aldous con Julian. Ma *Contrappunto* lo aveva folgorato e aveva subito deciso di leggere *tutto* Huxley, così come un tempo aveva letto *tutto* Anatole France e più recentemente *tutto* Bernard Shaw, *tutto* Oscar Wilde e *tutto* Proust. In quale altro luogo, se non in prigione, si potevano portare a compimento sforzi così totalitari?

Quel giorno, Cousteau alzò lo sguardo dal suo libro e, poiché Rebatet aveva per caso abbandonato i Padri della Chiesa per sommare un tabacco da fumo, pensò che non sarebbe stato scortese interromperlo in questo inutile compito.

Cousteau - Qui", disse indicando *il giallo cromo*, "trovo un'idea che non è certamente originale, ma che mi incanta... È una classificazione della specie umana stilata da un vecchio sentimentale e disilluso. So bene quanto sia ridicolo cercare di incasellare gli individui in categorie rigide, e quanto sia arbitrario... Ma la classificazione del personaggio di Huxley è soddisfacente per la mente. Egli distingue tre tipi di uomini: innanzitutto quelli che costituiscono *il branco*, cioè meno di niente. Poi ci sono quelli che hanno fede. Poi ci sono quelli che hanno intelligenza. Due categorie completamente distinte, incompatibili, impenetrabili. Questo è ciò che mi delizia. O sei intelligente O sei credente. Se sei intelligente, non puoi essere credente, e se sei credente, non puoi essere intelligente. O uno o l'altro... Naturalmente, il personaggio di Huxley non limita la sua incapacità di essere intelligente alla fede religiosa. Egli include nella sua categoria di credenti tutti coloro che credono profondamente in qualcosa, nel progresso, nella scienza, nella democrazia, nel fascismo, nell'amore, in qualsiasi cosa... Questo è troppo vicino a uno dei miei vecchi papà perché io non ne sia piacevolmente solleticato. Avevo intuito da tempo che lo scetticismo è la prima condizione dell'intelligenza, e le mie lunghe meditazioni nei campi di concentramento me ne hanno convinto.

Rebatet - Lo scetticismo è ogni giorno più importante per me. Che cos'è uno scettico? È un uomo che ha il gusto della conoscenza - quella condannata nelle prime pagine della Bibbia - ma che conosce i limiti di ciò che può essere conosciuto. Venti dei! [Sembro un intero congresso di sorbettieri. Per lo scettico, "è sempre una gloria vedere ciò che è", come dice Montherlant. Almeno, preferisco questa definizione a quella di dubbio sistematico, che non capisco bene.

Cousteau - Non si tratta di dubitare di tutto per principio. Anche questo è oscurantismo e bluff... Inoltre, la capacità di fede - o se preferite di credulità - sfugge al controllo della volontà, non si può ragionare, non si può far dipendere da un sistema.

Rebatet - È quello che dicevamo l'altro giorno a proposito dell'oscurantismo.

Cousteau - Ogni individuo è più o meno dotato per la fede, a seconda del suo temperamento. Nessuno è completamente immune da questo strano bisogno che sentiamo, in modo permanente o in crisi, di mettere a tacere ogni logica e prudenza per "impegnarci", di buttarci con tutto il cuore in una convinzione di cui diventiamo immediatamente schiavi...

Rebatet - È un fenomeno banale.

Cousteau - L'abbiamo provato tutti. L'amore con la A maiuscola non è altro che un attacco di fede. Improvvisamente si crede che la donna che si desidera sia l'unica che si desidera (il che è assurdo) e che perderla sarebbe la più terribile delle calamità (il che non è meno stupido). E si agisce di conseguenza... Gli entusiasmi politici o religiosi hanno lo stesso meccanismo.

Rebatet - Affinché nessuno possa vantarsi di aver mai ceduto a tali tentazioni.

Cousteau - Noi siamo la prova. Tu e io, che siamo corazzati di scetticismo, abbiamo avuto i nostri momenti di fede militante... E abbiamo fatto un po' di rumore... E non l'abbiamo fatto a metà... Mi guardo bene dal condannare a priori queste crisi. L'uomo travolto da una passione d'amore ha accesso a una ricchezza di sensazioni che l'individuo arido ignorerà sempre. E l'attivista politico, il mistico o, più semplicemente, il cristiano convinto trovano un'innegabile soddisfazione nella loro fede. Inoltre, la maggior parte delle cose sconvolgenti che hanno cambiato il volto del pianeta sono state realizzate da fanatici.

Rebatet - La fede solleva le montagne!

Cousteau - Ma non la ragione. È solo che ho notato che un uomo dominato da qualsiasi tipo di fede perde immediatamente l'uso dell'intelligenza, o meglio che la usa solo per ammantare di sofismi ciò che gli dicono i suoi istinti, e che finisce - almeno negli ambiti che riguardano le sue convinzioni - per comportarsi, per quanto dotato, come un vero imbecille. Questa imbecillità può avere il suo fascino e la sua grandezza. La questione è se sia preferibile alla lucidità. Per indole, io opto per la lucidità.

Rebatet fischiò ammirato:

Rebatet - Maledizione! Come ti esprimi bene. Non l'avresti detto dieci anni fa, e nemmeno cinque. E nemmeno io l'avrei detto. Stiamo facendo progressi. Lontano dal vano sfarzo del mondo, stiamo raggiungendo verità eterne. Penso che abbiate coperto tutto. La fede è una specie di organo presente in tutti gli uomini, come il cuore e lo stomaco. Questo organo deve funzionare, in un modo o nell'altro...

Rebatet fece una pausa per riaccendere una sigaretta che si era guastata, ma proseguì con la sua idea:

Rebatet - Non abbiamo mai avuto una fede religiosa. Ho ragione di credere che siamo definitivamente guariti dalla nostra fede politica. Molta acqua è passata da quando abbiamo smesso di fare stupidaggini per le donne. Siamo finalmente spogliati fino all'osso? O l'organo della fede ha ancora delle sorprese in serbo per noi? Mi chiedo a cosa possa lavorare! Non mi viene in mente nient'altro che bambine molto tenere... Tutto sommato, la domanda si riduce a che tipo di stupidaggini faremo a cinquant'anni.

Cousteau - Una cosa è certa: da quando ci è stato concesso di vivere, ne commetteremo molti altri. Quali? Non lo so... La storia dell'umanità dimostra chiaramente che gli idoli superati scompaiono solo per essere immediatamente sostituiti da altri idoli, che la gente abbandona un mito solo per aggrapparsi a un altro. È un peccato: le uniche religioni tollerabili sono quelle che sono state erose dall'uso e sono cadute in un formalismo riposante, mentre le giovani religioni sono gelose, preoccupate, feroci e devastanti...

Rebatet - E gli individui sono come i popoli: abbandonano le loro vecchie credenze solo per adottarne di nuove.

Cousteau - Quindi è impossibile anticipare le battute che faremo in futuro. C'è però qualcosa che mi rassicura un po' nel mio caso. È che, al culmine delle battaglie politiche, mi sembra di non aver mai perso completamente la lucidità, di non aver mai avuto una fede indiscussa nella nostra causa. Forse perché il mio senso dell'umorismo mi ha sempre impedito di ignorare completamente gli aspetti ridicoli di ciò che diciamo e facciamo.

Rebatet - Questo non ti ha impedito di andare fino in fondo, mucca mia

Cousteau - È un'altra cosa. È perché sono orgoglioso. Che, tra l'altro, è un'altra forma di fede: la fede in se stessi. Non avrei voluto macchiare la mia immagine di sé con la vigliaccheria.

Rebatet - Insomma, la fede che avevi in te stesso aveva in qualche modo sostituito la fede che serviva da pretesto per i tuoi atteggiamenti?

Cousteau - Le concedo che questo tipo di fede non è meno irragionevole degli altri (e la prova è che mi ha portato qui), ma mi lascia la soddisfazione di non essere stato completamente ingannato dai nostri principi immortali. Il che non significa - mi affretto ad aggiungere - che io sia stato insincero o bugiardo.

Rebatet - Sarebbe bastato questo!

Cousteau - Ero profondamente convinto che la nostra causa fosse il male minore per la Francia e per il mondo, che fosse meno abietta di quella del nemico. Ma ero meno convinto dell'eccellenza assoluta dei nostri principi, del genio e della virtù dei nostri leader... mentre i veri credenti (quelli della nostra parte, almeno) non avevano alcun dubbio al riguardo.

Confesso che questa piccola sfumatura mi consola. Senza questa piccola sfumatura, non oserei guardarmi allo specchio, sarei l'ultimo degli idioti.

Rebatet - Quello che mi ha appena raccontato mi dà la chiave di lettura di un breve dialogo che abbiamo avuto insieme, presso la tipografia di *Je Suis Partout*, in rue Montmartre, e che deve essere avvenuto alla fine del '42. Stavo portando un articolo al giornale, non ricordo che tipo di sbobba estremista fosse. Era certamente 'appropriato', cioè nel tono giusto.

Cousteau - Le rendo giustizia dicendo che ha sempre sacrificato le sfumature durante la lotta.

Rebatet - Ma il sacrificio delle sfumature cominciava a costarmi, sentivo che stavamo andando a rotoli, ero disilluso. Ti guardavo mentre oscuravi felicemente il tuo giornale. Le chiesi: Non si sta stancando di questo lavoro?" Lei rispose: "Per niente, mi piace. È come uno sport". Questa parola mi sembrava un po' debole... Ma ora capisco: eravamo certamente sinceri, ma nessuno dei due si è fatto ingannare. Ciò che spaventa un po' in queste avventure è che stiamo parlando con bravi cittadini quasi del tutto ingenui.

Cousteau - È davvero spaventoso... Guardate cosa ha fatto la propaganda con il detenuto Colin. Il vocabolario di questo perfetto uomo onesto è un'antologia di tutti i luoghi comuni della stampa di estrema destra degli ultimi vent'anni. E per lui questa antologia è una sorta di vangelo, la verità rivelata, insospettabile e indiscutibile. Per il detenuto Colin, Blum è Karfunkelstein. Gli è bastato leggerlo un giorno, sotto la firma di Béraud, e quel patronimico è diventato autentico e famigerato. Quando qualcuno dice "Blum", Colin sogghigna immediatamente: "Ah, sì, Karfunkelstein". Questo chiude ogni discussione e condanna definitivamente il defunto Blum.

Rebatet - Questo è proprio il tipo di argomentazione idiota, ma è anche il tipo di argomentazione che probabilmente conquista le persone predisposte alla fede.

Cousteau - Ci sono molte cose sprezzanti da dire sul defunto signor Blum. Le più sprezzanti sono state dette, se non sbaglio, dallo stesso André Gide nel suo Diario, e molte persone illustri hanno brillantemente dimostrato la malvagità di questo personaggio. Senza molto successo, poiché la ragione e la logica non hanno effetto sulle masse. Karfunkelstein, invece, è un personaggio potente!

Rebatet - È deplorevole che abbiamo usato armi simili.

Cousteau - Ma cos'altro si potrebbe fare? Non appena si inizia a fare proselitismo, non appena si è spinti dal desiderio di convincere, si è costretti a tirare estremamente in basso... La fede, che è paralisi dell'intelligenza, può essere stimolata solo da stimoli estremamente rozzi. Va detto a nostro merito che a *Je Suis Partout* non ci siamo mai avventurati nella demagogia se non con una certa goffaggine e una costante riluttanza, mentre i nostri nemici sono perfettamente a loro agio con essa.

Rebatet - Da qui il loro successo...

Cousteau - Ma per tornare a quello che mi dicevi prima, devo ammettere che rimango un po' sbigottito quando confesso - e questo accade spesso - uno dei nostri attivisti di base, uno dei credenti nella nostra causa. Nove volte su dieci, costui non ricorda nulla delle valide ragioni della nostra azione, ma solo assurdi slogan di un infantilismo così sommario... Tutti i veri credenti provocano in me lo stesso disagio. Si tratta di persone che sono decisamente al di sopra delle mie forze per associarsi a loro.

Rebatet sospirò:

Rebatet - Sono parole che dovrebbero essere dette ai "giovani", come dicono i sacerdoti. Ma per quello che sentirebbero! Non dissuaderebbe nessuno dei ragazzi che ne hanno voglia dalla militanza, se mi permetto di dirlo.

Cousteau - Niente sarebbe più deludente che affermarsi come professore di scetticismo...

Rebatet - D'altra parte, c'è l'idea di Huxley: un vero e proprio *trust di cervelli* per il pianeta, un consiglio di persone veramente informate, che producono consapevolmente Colin in serie, Colin di un tipo determinato in anticipo. Tutti i membri di questo Consiglio dovrebbero ritirati almeno un anno prima, dividendosi equamente tra lo studio degli *Esercizi Spirituali* di Sant'Ignazio e la meditazione della biografia del nostro Maestro Iossip Vissarionovitch. Questo sì che sarebbe un lavoro. Sarebbe un grande progresso.

Cousteau - Ma è fantasioso come l'Abbazia di Thélème.

Rebatet - L'hai spiegato molto bene prima, hai bisogno di fede per intraprendere qualcosa con qualche possibilità di successo, e non appena hai fede, l'impresa è un po' difettosa, contaminata da qualche stronzata.

Cousteau - Se ci fosse solo la stupidità, il male sarebbe limitato... Ma c'è l'automaticità della catastrofe. Non siamo abbastanza prudenti, e se dovessimo diventare professori di scetticismo, è su questo che dovremmo insistere. Senza alcun successo, in realtà, poiché per definizione il nostro scetticismo non sarebbe abbastanza fervido da ottenere convinzione.

Rebatet - Sì, ma detto tra noi, sono cose che è bene sapere.

Cousteau - Un credente non è solo un imbecille inavvicinabile, è anche una potenziale minaccia per la nostra pace e tranquillità. Sto parlando, ovviamente, dei veri credenti, non di quei falsi credenti che cedono alla tolleranza e dimostrano così che la loro fede è superficiale. Un credente assolutamente convinto non può tollerare nulla che si discosti o contraddica il suo dogma. E la sincerità delle sue convinzioni si riconosce solo dal massacro degli oppositori. Quando parliamo di "secoli di fede", intendiamo i secoli in cui era normale bruciare gli eretici.

Rebatet - Ma siamo ancora in un secolo di fede.

Cousteau - Solo che questo non è più un secolo di fede religiosa. Finché l'arcivescovo Feltin e il pastore Boegner non hanno intenzione di affrontarsi come avrebbero i loro grandi antenati del XVI secolo, è impossibile per me prendere sul serio i loro discorsi.

Rebatet - L'oggetto della fede devastante è cambiato. È politico.[90] Coloro che, a posteriori, si indignano per l'esecuzione dello Chevalier de la Barre trovano perfettamente legittimo che l'eresia di Brassillach e Bassompierre sia stata punita con la morte.

Cousteau - Quanto ai comunisti, che si sono costruiti una vera e propria chiesaprocedono ad annientare i loro nemici (veri o presunti) con ammirevole fermezza. Sono persone serie, la cui sincerità non è sospetta! Ma alla fine è sempre la stessa cosa, è sempre lo stesso processo, che si parli di Medioevo, di Rinascimento o di tempi moderni: non appena una comunità umana viene eccitata da una grande credenza, la sua prima preoccupazione è quella di tormentare o massacrare tutto ciò che sfugge al contagio. I despoti più crudeli non hanno prodotto altro che assurdi piccoli rivoli di sangue e lacrime, rispetto ai torrenti di sangue e lacrime che dobbiamo a Gesù Cristo, Maometto, Lutero, Jean-Jacques Rousseau, Hitler e Lenin... È tutto troppo stupido. Mi viene voglia di rileggere Les

---

[90] Sottufficiale reazionario, una volta allontanato dall'esercito per aver sostituito un "R'posez armes!" con un "Présentez armes!" al passaggio di M. Léon Blum. Arruolato nella L.V.F., viene condannato a dieci anni di lavori forzati. Ancora detenuto nel 1950, due anni dopo il rilascio del colonnello.

Liaisons Dangereuses, per fuggire da tutti questi secoli insensati e tornare all'unico secolo mezzo decente della nostra storia, l'unico di cui sarebbe difficile dire che è stato anche un secolo di fede...

Rebatet rise con insolenza:

Rebatet - Si può parlare del 18° secolo! Ha finito bene! Da Watteau a Robespierre. È un bel risultato. Certo, quel secolo aveva un po' meno fede degli altri. Ma quella fede era sufficiente a rovinare tutto. Lo scetticismo di Voltaire non fece molto male ai "neri". D'altra parte, la sua fede ha contribuito molto all'affermazione della democrazia. C.Q.F.D. Resta il fatto che Voltaire è stato un delizioso artista della lingua francese e che *Candide* sarà ancora letto fra trecento anni. La letteratura ha l'ultima parola. Coltiviamo il nostro giardino.

Laboratorio di lingerie nel carcere di Clairvaux, aprile 1950.

DIALOGO N. 9

IL TERZO SESSO

"Per l'invertito, il vizio inizia non quando entra in relazione (per troppi motivi può comandare), ma quando prova piacere con le donne".
Marcel Proust, *À la Recherche...* IX

Cousteau e Rebatet avevano appena preso un grosso spavento. Il loro cuoco di Nîmes, specialista in succulente bouillabaisses e trionfanti aïolis, era quasi "caduto nella mancia". In altre parole, un informatore lo aveva accusato di essere un pederasta e il ragazzo era finito in isolamento. All'ultimo momento, però, in tribunale, l'informatore ha ritrattato la sua accusa. Questo dimostra che il cuoco di Nîmes non piaceva più del cuoco cinese. Questo fu un grande sollievo per l'ufficio Lingerie. Non che Rebatet e Cousteau giudicassero la questione in modo moralistico. A loro non importava se l'accusa fosse fondata o meno. Ma sarebbero rimasti inorriditi se il loro amico fosse rimasto nella prigione della prigione.

Rebatet - Bene, conclude Rebatet, dopo gli sfoghi che hanno salutato il ritorno del cuoco prodigo, tutto è bene quel che finisce bene, ma lasciatemi in pace, d'ora in poi, con queste storie di froci. Sono stufo e stanco. Non voglio più sentirne parlare.

Cousteau - Al contrario, parliamone", rispose Cousteau con fermezza.

Rebatet era talmente ostile a qualsiasi discussione su questo argomento che si lanciò in un'arringa il cui tono saliva di frase in frase:

Rebatet - Cominciate a rompermi le scatole, tutti voi! Vivo in mezzo al pedale da quando avevo quattordici anni. Nella mia prima prigione, con i preti di Saint-Chamond, era marcio. Da studente, ho fatto il tutor in un collegio cattolico dove tutti i preti erano...

Cousteau - Oh, Lucien, tutti?

Rebatet - Tutti! Ripeto: tutti! In quella scuola, avevo come alunni dei ragazzini belli come cuori che i sacerdoti bazzicavano sempre, facendoli ballare balletti greci con ninfe e fauni. Nel reggimento, in Germania, dove tutte le gnocche scopabili erano state spolpate, i froci stavano rifiorendo: c'era un anarchico che voleva assolutamente che gli facessi una sega durante le dieci notti in cui dormii accanto a lui nella 150ª prigione. Avevo trenta amici pederasti, uno dei miei migliori amici era un pederasta, ho ospitato pederasti in casa mia. Anche nel settore assicurativo c'era un pederasta inglese che mi fronteggiava in ufficio e che di notte adescava sui viali. Ho visto puttane a pedali, ho visto un grande regista teatrale fare le puttane a pedali di Montmartre. A Fresnes sono stato al piano dei pedali, l'harem della legatoria. Non ne parlerò qui... Ho letto Proust a diciannove anni, conosco i disegni pederastici di Cocteau, le edizioni illustrate di Les *Hombres* di Verlaine e ho letto *Les Journées de* Sodome di Sade. Non sono mai caduto. Non mi interessa...

Cousteau - Come dici tu![91]

Rebatet ha colto al volo questa provocazione:

Rebatet - Non ho mai toccato il cazzo del mio vicino con la punta delle dita. A dieci anni sono scesa dal letto per guardare le cameriere della famiglia che si spogliavano. A quindici anni sono stato quasi cacciato da

---

[91] Sull'attrazione (provata) dell'adolescente Rebatet per gli uomini, si veda Robert Belot, *Les Chemins d'un fasciste. Essai de biographie politique, op. cit.*

Saint-Chamond per aver intrattenuto una corrispondenza clandestina con una pensionante. Ho dedicato sei anni della mia vita *esclusivamente* alle donne, non alle donne in generale, ma a due o tre, il che è molto più grave. Mi pento di non averne dedicati trenta. Le donne mi piacciono mille volte di più degli uomini, ed è a loro che devo i ricordi più belli della mia vita. Mi annoi con le tue banalità sulle coppie di palline, sul tondo e sulla terra gialla [sic]. Ho conosciuto alcune delle più belle ragazze di Parigi, e tu vuoi che io mi occupi dei poveri bastardi dei detenuti froci! Non ti vergogni di te stesso, grande bastardo?

Cousteau fece un gesto che cercava di trasmettere la purezza della sua coscienza.

Rebatet - Ricordo che alle catene, *Les Amitiés Particulières* di Peyrefitte era uno dei libri che ci portavano dalla biblioteca.[92] Ho cercato di dirle che valeva la pena di leggerlo, che avevo scritto il primo articolo su *J.S.P.* Che disprezzo, signore! Che fulmine! E ora mi uccide tutto il giorno con storie di pompieri e di stronzi. Dai, non cadrai! Non mi farai questo!

Cousteau sopportò questa raffica senza battere ciglio:

Cousteau - Curiosa, mio povero Lucien, questa mancanza di serenità... Ci sono argomenti come questo che fanno perdere automaticamente la calma. La Chiesa e la pederastia, per esempio. Soprattutto la Chiesa e la pederastia... È difficile non vederci una certa repressione...[93] A proposito, Sariac ha letto nella tua scrittura che saresti finito con dei ragazzini. Prima della conversione o dopo?

Dall'ufficio di Rebatet giunse una raffica di insulti infuocati. Cousteau non ci

---

[92] L. Rebatet, "L'académie de la dissidence ou la trahison du prosaïque", *Je Suis Partout*, 10 marzo 1944.

[93] Avvocato e amico di Lucien Rebatet.

fece caso:

Cousteau - In questi ambiti - la Chiesa e la pederastia - lei ha un'esperienza che a me manca completamente. Inoltre, se devo giudicare da *Les Amitiés Particulières,* le due cose sono in qualche modo concomitanti. Almeno inizialmente... Ma lei sa che io sono il frutto secco di una scuola senza Dio, e non è a scuola che mi si sono aperti gli occhi sulla realtà degli affetti socratici...

Rebatet - Dai, Pac, non ti ricordi di aver pedalato per tutta l'infanzia?

Cousteau - Sì, ma una volta, nella metropolitana di New York, un vecchio che non era affatto bello si lasciò spingere e mi accarezzò senza discrezione. Avevo quattordici anni ed ero totalmente innocente: sempre i risultati della scuola senza Dio! Fu molto più tardi che capii cosa voleva da me quel brutto vecchio... E mi ci volle ancora molto tempo per ammettere che la pederastia era un fenomeno estremamente banale e del tutto estraneo alla mia etica, cioè un fenomeno che non avevo il diritto di etichettare con un segno positivo o negativo, che non rientrava, almeno secondo la mia morale, né nel bene né nel male... Ma ripeto, sono rimasto molto ingenuo fino all'età avanzata. Fino alla nostra esperienza nel campo di concentramento. Lei mi dice di aver conosciuto molti omosessuali. Beh, non ne conoscevo. O, se li conoscevo, non sapevo cosa fossero. Sapevo, naturalmente, che "esisteva", ma mi sembrava così mostruoso che non poteva che essere eccezionale. Potete immaginare che da quando la Repubblica mi ha fatto espiare i miei crimini, ho cambiato un po' idea...

Rebatet - Merda! gridò Rebatet. Cosa sono tutte queste stronzate? Non solo vieni a farmi la barba con le tue storie di maschi che si arrampicano l'uno sull'altro, ma devo ancora spiegarti il trucco! Stai diventando cattivo. Devo forse scriverti un trattato sull'onanismo per due in un collegio cattolico? Prima di tutto, sono sicuramente passato per più froci di te, ma ne hai passati parecchi lo stesso. Solo nelle nostre ex relazioni comuni, me ne vengono in mente almeno quattro: A, B, C e D. Cosa ne pensi, ad esempio, di questi personaggi?

Cousteau - Non ho pensato a nulla. È mostruoso, ma è così... Parlando solo di A., ho dovuto aspettare il suo tradimento per sapere che era a letto con una ballerina del Lussemburgo. Detto tra noi, ricordate: per quanto liberi fossimo con le parole, saremmo svenuti dalla vergogna piuttosto che rischiare la minima allusione alla morale del nostro grande uomo. L'ano di A. non era più sospettabile della moglie di Cesare... Tuttavia, avrei dovuto essere illuminato. Uno dei miei cugini di provincia, un'oca mezza bianca di passaggio a Parigi, pranzò con A. e le ballerine a casa di un amico comune. Lì A. ha svelato il mistero. Ci ha mostrato ciò che nascondeva. Mio cugino colse l'occasione per fare qualche battuta spiritosa su chi stessi frequentando. Naturalmente, soffocai l'indignazione. Negai l'ovvio. È sempre così quando si ha fede. Io avevo fede in A. e questo è bastato a impedirmi di vederlo per quello che era...

Rebatet - E gli altri? E B.? E C.? E D.?

Cousteau - Per quelli è un po' diverso. Il principe B. è russo, e poiché tutti i russi, siano essi pederasti, vecchi credenti, nichilisti o romanzieri, sono matti, le loro anomalie non possono sorprendermi... C. ? Ho pranzato con lui una volta. Non è abbastanza per avere un'opinione. Il mio amico D.? È padre di quattro figli. Questo non impedisce nulla, ovviamente, ma è comunque uno strano alibi. Più che sufficiente, in ogni caso, per nascondermi una realtà di cui ho preso coscienza solo di recente.

Rebatet - Non rendetevi ridicoli.

Cousteau - Sia chiaro. Non ho mai ignorato il fatto che esistono individui il cui condizionamento psicosomatico li condanna a comportarsi come se di un altro sesso. Si tratta, se vogliamo, di veri omosessuali. Ho sbagliato a pensare che fossero estremamente rari. Sbagliavo anche a ignorare che accanto a questi autentici invertiti, a questi invertiti che non possono essere altro, che provano un'insormontabile ripugnanza nei confronti delle donne, c'è un'enorme percentuale di uomini normalmente costituiti che sono pronti, date le giuste circostanze, a diventare in modo del tutto naturale - se mi permettete di dirlo - invertiti di seconda mano. Ora so che per i giovani si tratta di un'inevitabilità biologica e che, sempre nelle giuste circostanze, l'eterosessualità, il rifiuto definitivo di mescolarsi con il proprio sesso, diventa un'eccezione.

Rebatet si è un po' calmato. Ha scherzato:

Rebatet - Vedo che la conversazione sta prendendo una piega scientifica. Mi piace di più. Ripeto che sarei ben disposto a parlare a lungo di froci, all'aperto, sulla terrazza di un piacevole caffè, guardando passare ragazze e froci, sentendo un vestito di materiale decente sulla schiena, in un ambiente di cui accetterei di studiare le abitudini...

Cousteau - Qui, comunque...

Rebatet - No! Chiaravalle non mi interessa. Non perché è Clairvaux, ma perché è un villaggio. I bifolchi del mio paese mi guardavano sempre di traverso perché non potevo ascoltare le loro storie di muri comuni, peri congelati e cornuti. E io pensavo di divertirli raccontando quello che avevo visto all'Aia, a Budapest o a Roma. Errore fatale! Mi interesso alle cose e alle persone solo dopo aver raggiunto un certo livello di civiltà.

Cousteau - Allora, ecco a voi...

Rebatet - Precisamente. I sodomisti in prigione sono il più lontano possibile da questo livello di civiltà... Forse mi sbaglio: penso a quale tesoro sarebbe stata la vita qui per un narratore come Maupassant.

Pensare che Maupassant ha scritto cinquecento righe su un cavaliere normanno che raccoglie un pezzo di corda!

Cousteau - Ci stiamo allontanando dai pederasti...

Rebatet si acciglio:

Rebatet - Ti ha sicuramente preso... Beh, come vuoi tu... Ma ripeto che l'omosessualità in carcere mi insegna ben poco. Sono stato educato a Saint Chamond. Eppure non posso dire di aver capito tutto quello che succedeva lì. Per me i fenomeni omosessuali erano macchiati - ve l'avrò già spiegato - da uno stigma sociale, perché mio padre, che era un demagogo, mi fece passare due anni nella scuola laica locale. Avevo visto i ragazzi che si bucavano, erano i peggiori teppisti del villaggio, furfanti poco invitanti: un tabù prezioso, come tutti i tabù dell'infanzia! Non dico che la mia esperienza debba essere generalizzata, ma in ogni caso, per quanto mi riguarda, è certa: l'educazione laica era morale, quella dei Padri era immorale... Dov'ero rimasto?

Cousteau - Lei mi ha detto di non aver capito tutto quello che stava succedendo a Saint Chamond.

Rebatet - Sì, ma l'avevo registrato e non ho avuto problemi a interpretarlo un po' più tardi. Perché non c'è altro nome che omosessualità per l'attrazione che unisce due ragazzi, che li porta alla gelosia, che li getta presto in un tumulto erotico, che fa perdere loro l'appetito per il cibo e per le bevande, sfidando l'isolamento e l'ira dei preti che sono ancora più consumati dalla cosa. Ma tutto questo è finito e dimenticato, tranne che per quelli veramente strani, non appena lasciano la scuola. Andate a studiare l'umanità in quelle condizioni!

Cousteau - È un bene che ogni tanto ci sia un osservatore che non si preoccupa della correttezza.

Rebatet - Io ero uno di loro. Non mi ha sorpreso, quando sono arrivato qui, vedere, per esempio, il nostro amico Niebelung follemente innamorato di un ragazzo, un amore senza speranza né consumazione, per giunta, un amore che ha dominato la sua vita, nonostante la vergogna che ne ha provato fino a quando non ha lasciato questa prigione. Non mi ha sorpreso, ma mi ha riportato indietro di trent'anni, e questa è una sensazione sconfortante.

Cousteau - Bah! Un bel problema...

Rebatet - In ogni caso, il fatto che la copula anale sia rara nei collegi non cambia nulla. È rara perché la maggior parte dei ragazzi sono vergini, non sanno nulla di meccanica e molti di loro ignorano il fatto essenziale, cioè che il buco del culo è una zona erogena.

Cousteau - Non sempre.

Rebatet - Quasi sempre. E se mai dovessi spiegarmi pubblicamente sul pedale, lo farò in una riga: "Poiché il Creatore ha voluto che l'orifizio anale dell'uomo fosse sede di sensazioni, è assurdo considerare anormali le pratiche sodomitiche". Non c'è altro da aggiungere.

Cousteau - Ora sei ragionevole. Quello che dice è ovvio, assolutamente ovvio. E come ogni cosa ovvia, è contestata da tutti i signori seri e dalla stragrande maggioranza degli idioti medi. È d'accordo che non ci possono essere pratiche normali o anormali, moralità o immoralità in campo sessuale?

Rebatet scrollò le spalle. Era ridicolo che qualcuno potesse fare una domanda del genere. Cousteau continuò:

Cousteau - L'unica cosa che esiste è il bisogno sessuale, la cui soddisfazione è uno dei pochissimi elementi decenti di questo schifoso universo, una delle uniche attività umane ragionevoli e rispettabili. E non importa come questo bisogno venga soddisfatto, se con una capra, una donna giapponese o un colonnello di polizia... Sta a ciascuno decidere da solo cosa gli conviene di più. Ed è abbastanza ovvio che le persone il cui desiderio sessuale si estende, o può estendersi, a un'ampia varietà di individui, hanno una maggiore attitudine alla felicità rispetto a coloro la cui concupiscenza è limitata. È questo che mi preoccupa, perché sono fin troppo consapevole dei limiti che la natura mi ha imposto...

Rebatet - Non si rimpiange di non...

Cousteau - Esattamente. Mi dispiace. Anche quando ero prigioniero di guerra, ero solito richiamare l'attenzione dei miei compagni sulla grande sfortuna che avevamo di non essere pederasti...

Rebatet - Li hai convinti?

Cousteau - Tutto sarebbe stato molto più facile, molto più piacevole, se, invece di essere ripugnante, tutta la carne umana sparsa sui letti a castello della caserma fosse stata desiderabile! Ma ahimè, non era così... Su 110 uomini del mio Kommando, c'era solo un pederasta, un notaio della regione di Avignonnais che chiamavamo "notaio libidinoso", per distinguerlo da un altro notaio virtuoso e padre di famiglia. Questo sfortunato notaio libertino era tormentato. Cercò disperatamente di sposarsi e tutto ciò che ottenne furono paio di schiaffi in faccia... Ma quello era solo l'inizio della prigionia. Le leggi biologiche non avevano avuto il tempo di entrare in vigore. Il libidinoso notaio doveva prima o poi trovare un'anima gemella... E, alla fine, fu lui ad avere ragione, lui che, tra tutti noi, aveva le migliori attitudini per la vita in un campo di concentramento. Qui, questo ragazzo si sarebbe trovato molto bene.

Rebatet ruttò qualche sarcasmo:

Rebatet - Pac, sei messo male. Per come ti comporti, non mi stupirei se un giorno venissi a sapere che anche tu sei caduto per la soffiata!

Cousteau sorrise tristemente:

Cousteau - Ahimè, è del tutto inimmaginabile. Alla mia età non si possono rifare le cose... Ho quindici anni di troppo. La mia libido ha preso una direzione che non può più essere cambiata, sono irto di una ripugnanza insormontabile... Eppure era l'unica soluzione ragionevole, visto che - come abbiamo visto centinaia di volte! - o, se preferite, di essere autosufficienti, di vivere, manu militari, in un'economia chiusa. Non ci viene impedito di mangiare, e nemmeno di mangiare bene. Non ci viene impedito di leggere e scrivere. Non ci impediscono di lavarci. Non ci impediscono di giocare a carte o di fare le parole crociate. Non ci impediscono di fare sport...[94]

Rebatet - Ma ci viene impedito di fare l'amore!

Cousteau - In linea di principio, quindi, un prigioniero che ha la fortuna di poter amare uno dei suoi compagni - con tutte le conseguenze che ciò comporta - sfugge alla maggior parte della punizione. Ma bisogna essere in grado di farlo. Io non posso. Non è una virtù. È un'impossibilità fisiologica, una specie di carenza congenita. La vista di un uomo nudo è sufficiente a distruggere la mia virilità... Quindi devo rassegnarmi a subire davvero la mia condanna. Non sono più orgoglioso per questo.

Rebatet - La formazione all'omosessualità dovrebbe essere raccomandata in tutti i catechismi politici, poiché un politico è destinato a finire in prigione. I mafiosi sono più intelligenti. Il mio contabile di divisione a Fresnes era un barbau, un magnifico tipo pieno di autorità,

---

[94] Ripetiamo, per evitare ogni ambiguità e per calmare l'indignazione degli epuratori di professione, che si trattava di vantaggi che alla fine furono *tollerati*. Ma per i primi anni la vita nelle prigioni politiche francesi fu infernale.

con cinque o sei condanne. Il meno possibile di Corydon. Beh, appena arrivato ha messo su casa con una biondina molto carina. Ah, che nostalgia di Fresnes! Là la frociaggine era da studiare, avevamo tutte le varietà di veri invertiti: i pederasti autentici, le zie, le regine, le fighette clericali, gli ufficiali di marina, gli scopatori coloniali. Qui abbiamo solo due o tre omosessuali veri e propri, un paio di femminucce e alcuni dei più miserabili piccoli imbroglioni. Tutti gli altri sono occasionali. Appena usciti, si dedicano alle ragazze... Come manca la varietà a Clairvaux! Lo abbiamo già detto e lo ripetiamo: tutti questi froci in trappola sono i più scusabili...

Cousteau - Scusabile? disse Cousteau con rimprovero.

Rebatet - Hai ragione, quell'epiteto è stupido. Scusabile per cosa? Dal ridicolo, insomma. Agli occhi di un ortodosso incrollabile come noi, questi matrimoni di cari sono ridicoli.[95] Ma mi viene in mente il suo aneddoto sugli americani e il "mangiatore di muffe". Agli occhi di quei ragazzi, tu, un mangiatore di manicotti - come me, per carità! - eri sporco e ridicolo...

Cousteau - Nemmeno quello. A loro sembrava così terribile che non riuscivano a credermi, che pensavano che mi stessi vantando per scherzo...

Rebatet - Prima vi ho dato un primo assioma sui froci. Secondo assioma: l'intera ignominia sociale del frocio è che è una rottura di scatole, o almeno che si corre il rischio di farlo. Ma che dire dei ciclisti ortodossi? Infine, ricordiamo i due assiomi oltre a Proust, visto che ha taciuto su

---

[95] *Muff-diver*, letteralmente: uno che si immerge in un manicotto. In gergo scientifico (*cfr.* Kinsey): *contatti bucco-genitali*. Molti americani, anche quelli liberi da un certo numero di tabù puritani, trovano inconcepibile che qualcuno che non sia completamente squilibrato possa ricorrere a questa pratica, che va sotto il titolo di "amore francese" (in spagnolo: *joder a la francesa*, in tedesco: *Franzosische Liebe machen*).

questi due punti molto particolari. Non ha nemmeno detto che tra gli invertiti c'è una specifica instabilità, che è pericoloso intraprendere cose serie con loro: lo abbiamo sperimentato con A. Il problema sarebbe sapere se Cesare e Michelangelo, quelle illustri checche, erano così.

Cousteau non si pronuncia e fa un gesto evasivo. Proprio in quel momento, un uomo basso e biondo con i capelli ondulati entrò nell'ufficio per dare a Rebatet un ordine per la libreria.[96] Voleva *Corydon*. Vorrei averlo al più presto", aggiunse, "è per un compleanno". Appena uscito dalla porta, Cousteau annuì:

Cousteau - Vedi come sei ingiusto, Lucien, con i froci di Clairvaux. Non è una bella ragazza? E affettuosa. E premurosa. Pensa al compleanno del suo ometto (o della sua donnina) e mette i suoi amori impuri sotto l'egida della massima autorità della letteratura francese... Ma questo ragazzo rischia permanentemente 60 o 90 giorni di isolamento. Mentre l'autore del libro che ha appena ordinato ha rischiato solo il Premio Nobel. È chiaro che il mondo è un posto malvagio.

Laboratorio di lingerie nel carcere di Clairvaux, aprile 1950.

---

[96] All'età di 21 anni, Rebatet aveva letto Corydon, un libro in cui André Gide giustifica le pratiche omosessuali.

DIALOGO N. 10

OSCURANTISMO

> "Il signor Homais ha ragione. Se non fosse per il signor Homais, tutti bruciati vivi."
> Ernest Renan, *Ricordi d'infanzia e di gioventù*

La Settimana Santa si era conclusa con una nota positiva. I devoti erano esultanti. Per la Messa di Pasqua, i detenuti si riversarono nei portici, e anche i più autentici pederasti furono visti accostarsi devotamente in coppia alla sacra mensa. Quale tempo fu mai più fertile per i miracoli? L'artefice di questa rinascita fu un gesuita di grido, appositamente incaricato da un'autorità superiore, che aveva impiegato non meno di cinque anni per scoprire che nelle carceri di Francia poteva esserci una clientela degna di un possibile interesse. Come dice il vecchio detto: meglio tardi che mai... Comunque sia, il gesuita d'urto aveva fatto miracoli. Qualche parola di simpatia, qualche promessa cauta e gratuita gli bastarono per riprendere il controllo di un gregge che, peraltro, non chiedeva altro. Cousteau e Rebatet, ciascuno a suo modo, avevano seguito i progressi di questo apostolato. Cousteau rimase beffardo. Rebatet mostrava con la sua calma non abituale che la sua irritazione era seria.

Rebatet - Non dimenticate mai", disse sentenziosamente, "che la Compagnia di Gesù è la Guardia Nera. La Guardia Libera permanente del Papa, come dice il mio amico Lacassagne, che ha un buon istinto per queste cose. Non si sa mai di cosa sono capaci queste persone.

Cousteau - Oh, lo stesso!

Rebatet - Mi stanno guardando! [97] Immaginate un membro della Resistenza nel 1943 che viene a sapere che un capitano delle S.D. si è insediato al suo stesso piano: ecco come mi sento quando questo gesuita è qui. Vienna qualsiasi prete o monaco, non mi interessa, sono pronto a pranzare con loro, e so che non parleremo dell'Eucaristia. Ma un gesuita è serio. È un attivista volontario e un tecnico. Va in questa prigione, non usa un decimo delle sue risorse. È, se vogliamo, il fisico che spiega l'energia atomica ai lettori di *Paris Match*. Rispetto agli *Esercizi* di Ignazio, il tipo di ritiro che fa fare ai nostri ragazzi è quello che una serie di flessioni per allungare le ginocchia potrebbe essere per il Tebertismo. Eppure il nostro gesuita trionfa.[98] Un gesuita a Chiaravalle per un anno e abbiamo 800 talenti su 1.000 uomini con la comunione settimanale. Centomila gesuiti in tutto il mondo e il cattolicesimo quadruplica i suoi numeri in venticinque anni.

Cousteau annuì e sorrise:

Cousteau - Poiché non sono stato educato dai buoni padri e sono lontano dalle vostre conoscenze, non ho le vostre stesse ragioni per essere infastidito dalla presenza di questo uomo nero. Il suo successo mi diverte più che irritarmi. E posso dire lo stesso di tutte le manifestazioni religiose. Esse confermano, in modo del tutto soddisfacente per la mente, la scarsa considerazione che ho della razza umana in generale. L'uomo è soprattutto un animale ridicolo. E la metafisica è ancora uno dei modi migliori che abbiamo inventato per renderci ridicoli. Ma, come sapete, ho deciso di non indignarmi più, di non cercare più di cambiare qualcosa nel comportamento dei miei simili.

---

[97] S.D.: Sicherheitsdienst der SS: il servizio di sicurezza delle SS.

[98] Thalas: espressione usata negli anni '20 per indicare in modo peggiorativo gli studenti cattolici praticanti, quelli che "vanno a messa".

Rebatet - Quello che dici...

Cousteau ignorò l'interruzione.

Cousteau - Voglio solo godermi lo spettacolo. Tutti questi uomini che si tuffano a capofitto nei miti più rudimentali, è prima di tutto una commedia grandiosa.

Rebatet - Personalmente, non lo trovo così comico. Penso a tutta questa gente prostrata davanti al nulla, al rispetto quasi totale degli uomini bianchi per questo nulla, a questa fantastica cattedrale di dogmi, discipline, intelligenze, sacrifici, emozioni, costruita sul nulla, sul vuoto del loro tabernacolo.

Cousteau - E allora?

Rebatet - Quando si ha la visione d'insieme del cattolicesimo che comincio ad avere, questa antitesi diventa allucinante. Quando mi trovo di fronte a un uomo in ginocchio, di fronte a certi sacerdoti, vedo improvvisamente riaffiorare tutto ciò che so di questa religione, le sue falsificazioni, le sue invenzioni, i suoi miraggi, le sue teologie, i suoi mistici. Mi viene voglia di urlare, di buttare giù gli altari e di incendiare le chiese.

Cousteau - È un bene che i vostri accessi stiano diventando un po' più rari.

Rebatet - Con l'età si diventa più tranquilli. Cerco sempre più di vedere l'umanità come un entomologo. Da questo punto di vista, il più curioso di tutti gli insetti umani, nel suo dimenarsi, nei suoi usi e costumi, è l'insetto religioso, e più precisamente l'insetto cattolico.

Cousteau - Quell'insetto, mio buon amico, mi ha lasciato in uno stato di torpore permanente. Confesso di non capire... So bene che il bisogno di credere è uno degli istinti fondamentali della natura umana. Ma ci sono dei limiti alla stupidità.

Rebatet - Si potrebbe dire che dovrebbe esserci, ma non c'è.

Cousteau - Va bene per chi è stato imbevuto di cristianesimo fin dall'infanzia e trova superfluo mettere in discussione ciò che gli è stato insegnato. Ma che dire degli altri? Io sostengo che una cosa come la religione cattolica non regge a cinque minuti di esame e che è del tutto inutile svenarsi sui testi sacri come avete fatto negli ultimi quindici anni per scoprirne l'impostura.

Il temperamento di Rebatet si accese. Odiava quando le persone mettevano in dubbio l'utilità del suo lavoro, ma era interessato a ciò che l'amico aveva da dire e lo lasciò continuare.

Cousteau - Questo inganno è enorme, accecante. Eppure le persone di estrema distinzione non se ne preoccupano, e ogni giorno vediamo agnostici consapevoli abbandonare improvvisamente le loro negazioni e diventare creduloni come i peccatori napoletani. Non dico che questo sconvolga il mio scetticismo, ma mi sconvolge. Così come mi sconvolgerebbe se un adulto apparentemente equilibrato mi dicesse all'improvviso che ci ha pensato a lungo e che, riflettendoci, è stato proprio Babbo Natale e non suo padre ad allinearsi al camino la sera del ventiquattro dicembre. Una volta scoperto che Babbo Natale non esiste - una scoperta che i piccoli dell'umanità fanno senza sforzo intorno ai sette anni - sembrerebbe che sia impossibile mettere in discussione questa certezza. Anche se ci siamo convinti della necessità di un creatore e dell'utilità pratica della religione. La questione non è se i miti siano soddisfacenti per la mente, ma se siano veri (o solo plausibili). Sarebbe anche molto soddisfacente per la mente, molto poetico, molto confortante se Babbo Natale esistesse. E mi meraviglio di quanto poco le persone si preoccupino di questo fatto ovvio. C'è un fenomeno psicologico che mi lascia perplesso, che mi sfugge completamente. Su questo punto lei deve avere idee molto meno confuse delle mie.

Rebatet sprofondò a terra, con il naso sul tavolo, come se fosse stato colpito alla testa da un pezzo del soffitto crepato che minacciava di crollare da diversi mesi. Lasciò andare le braccia per la disperazione.

Rebatet - Per l'amor di Dio, Pac!" pronunciò infine, "che cosa ti prende? Domande del genere! Con cosa mi metti in difficoltà? E come se non bastasse, stai giocando a fare l'idiota socratico... Dì un po'", guardò il suo compagno con improvvisa preoccupazione, "non stai almeno prendendo un diversivo? Cominci a preoccuparti della metafisica?

Cousteau sorrise con indulgenza:

Cousteau - Mi scuso per la sua costernazione. È legittimo. Sto solo facendo notare la necessità di sfumature. Ed è questo che mi fa ridere. Perché è vero che quando si parla di metafisica sono allo stesso livello dell'idiota socratico. O anche un po' più in basso: al livello del defunto signor Homais, di professione farmacista. Tutti i fenomeni religiosi mi sembrano, nonostante l'estrema sottigliezza degli argomenti con cui sono avvolti, estremamente rozzi. Spogliato dei bla, bla, bla, è sempre l'uomo di Neanderthal che ha paura del tuono.

Rebatet annuì tristemente:

Rebatet - Sei assolutamente spaventoso. Meriti di finire nel Terzo Ordine di San Francesco. Non saresti il primo della tua specie a farlo. Merita di essere punito. Chiuda tutto quello che c'è sulla sua scrivania e mi ascolti per un quarto d'ora. Ecco: se tutto fosse governato da quella piccola bussola interiore che chiamiamo logica, se la logica fosse davvero il tutto dell'uomo, se desse conto di tutte le nostre azioni, la questione dei buoni dei sarebbe già stata risolta da tempo. È vero che, alla fine, la religione riporta l'uomo ad atteggiamenti primitivi e che l'eminente Louis de Broglie, inginocchiato davanti all'altare della Beata Vergine, è molto simile al Negrito delle foreste prostrato davanti a una pietra tabù. Ma Louis de Broglie non ci è arrivato senza passare attraverso una serie di tappe. Maledetto Papa! Che pasticcio da scatenare. Mi piacerebbe che mi chiedeste di buttare giù la Torre Eiffel con un cacciavite. Prendiamo alcuni casi concreti, prima il più comune. È il caso dei borghesi civilizzati, cresciuti nella salamoia cattolica (parlo del cattolicesimo, visto che è quello che stiamo esaminando). Se sono intelligenti, quando raggiungono l'età adulta saranno costretti a riconsiderare la fede della loro infanzia, nella maggior parte dei casi rifiutandola totalmente o non rifiutandola affatto. L'entità del rifiuto dipenderà da molte cose: dall'attitudine alle idee generali, dalla cultura, dal temperamento e dal tipo di vita che si conduce. È facile immaginare un grande artista queer che a diciotto anni dimentica completamente il Padre Eterno di fronte agli imperativi del sesso e che, quarant'anni dopo, quando avrà sputato a sazietà il suo veleno, quando sarà entrato nell'acquietamento della vecchiaia, si inginocchierà di nuovo davanti alle nozioni del suo catechismo, ancora abbozzate come all'età della prima comunione.

Cousteau - È un fatto frequente e comune.

Rebatet - Proprio per questo non sono molto interessato a lui. Il rifiuto più grave deve essere, mi sembra, quello del ragazzo con una forma di intelligenza analitica, abituato all'esame interno. Gli do una possibilità ancora maggiore di quella che do alla mente completamente positiva. Come può questo ragazzo, l'analista o il razionalista, avere una ricaduta? Ci sono innumerevoli modi di ricaduta. Prendiamo, ad esempio, un uomo che ha bisogno di *credere:* in un leader, in un'idea, in un'opera, in una donna. Se l'oggetto della sua fede scompare o lo delude, ecco un ragazzo pronto per le reti di Dio.

Cousteau - Dal 1945 abbiamo assistito a un centinaio di casi di questo tipo nel nostro Paese.

Rebatet - La fragilità di queste conversioni è evidente: a quale Dio si è rivolto questo doriotista, improvvisamente amputato, fondamentalmente, dalla morte del suo capo? Lui stesso non ne sa molto; chiama questo dio Gesù Cristo, perché è quello a cui è stato abituato da bambino; respinge gli argomenti contro questo Gesù, perché non può confutarli. Vivrà nell'ignoranza intenzionale.

Cousteau - Non è molto brillante.

Rebatet - Sì, ma a quel prezzo si tiene la sua stampella... Il positivista, invece, che ha vissuto a lungo in un universo stabile e misurabile, può essere improvvisamente colpito dalla rivelazione di certi abissi psichici che non aveva mai sospettato. Tutto il suo sistema viene messo a soqquadro. È il caso del medico che ha creduto solo nella medicina, il caso dello scienziato considerevole ma *specializzato* che ha vissuto all'interno di una tecnica, tra pareti di equazioni, e che è disorientato, che può diventare di nuovo molto ingenuo, quando si rende conto che il mondo non rientra completamente in queste pareti, che c'è persino un enorme margine al di fuori. All'altra estremità della scala c'è Homais. Posso ben immaginare che Homais si converta, il più facilmente possibile. Se Homais non si converte è, temo, perché il suo cervello è troppo ristretto.

Cousteau - Non parlare male di Homais.

Rebatet - Come lei, penso che sia una buona idea rendere omaggio a Homais. C'è qualcosa di Homais in Nietzsche, c'è qualcosa di Homais in ogni non credente. Ma credo che, perché questo elogio di Homais sia veramente valido, si debba prima aver penetrato *Le Château Intérieur* di Thérèse d'Avila. Se Homais si trova una volta nella vita di fronte a un fenomeno, a un personaggio o semplicemente a una catena di deduzioni per le quali non ha una spiegazione, Homais si precipita alla sacra tavola... Prendiamo un altro caso, quello di un ragazzo estremamente intelligente, particolarmente dotato nella speculazione filosofica. Perché questo ragazzo crede? Può essere dovuto essenzialmente al suo ambiente, alla sua specie - non faccio nomi! - È nato nella specie cattolica, i suoi atavismi scorrono nelle sue vene.

Cousteau - Prima o poi farà delle domande.

Rebatet - Sì, ma, e questo è il punto essenziale, il cattolicesimo gli fornisce una serie di argomenti, di metodi di ginnastica intellettuale che gli permettono di rispondere a tutte queste domande. Direi che quanto maggiore è la sua agilità mentale, tanto maggiori sono le sue possibilità di credere, a condizione che non subisca, per un motivo o per l'altro, uno sconvolgimento interiore e un completo cambiamento di prospettiva. Credo che la logica giochi un piccolo ruolo in questi sconvolgimenti. Prima si *sperimenta* la propria conversione o deconversione, poi si spiegano questi fenomeni a se stessi, e i chiodi e le corde della logica servono solo a rassicurare l'atteggiamento adottato.

Cousteau - È una costante del meccanismo psicologico della specie umana. Noi stessi razionalizziamo costantemente i nostri impulsi viscerali.

Rebatet - Guardiamo la questione da un altro punto di vista. L'apologetica moderna trascura quasi completamente il vecchio arsenale sillogistico di prove dell'esistenza di Dio, che io, per esempio, non sono mai riuscito a conservare per più di otto giorni, il che dimostra quanto siano davvero superficiali. I cattolici di questa pagina concordano sul fatto che la fede è un atto *di* volontà. Questo è il passo decisivo. Una volta che il cittadino l'ha compiuto, viene coinvolto nelle tecniche, nei meccanismi, negli ordini che si dà e che derivano dalla sua scelta.

Cousteau - Se ho capito bene, può richiedere a se stesso ogni forma di cecità.

Rebatet - Esattamente, alla fine raggiungerà il Dio inconoscibile, il Dio astruso, poiché questo è il culmine di tutta l'analisi; ma sarà molto difficile per lui tornare indietro, perché lungo il cammino avrà imparato che non è sorprendente che il Dio Rivelato sia incomprensibile per noi, che questa è addirittura una prova della sua autenticità; che, al contrario, un Dio totalmente conoscibile sarebbe arcisospettabile, e che se Dio ci ha fatto intravedere alcuni misteri del suo essere, questo è già, da parte sua, un favore prodigioso...

Cousteau - Difficile da digerire, però.

Rebatet - Ciò che mi fa davvero sobbalzare è quando il credente intelligente si piega a una spiegazione della libertà, per esempio, così funambolica come quella del dogma cattolico: avvitando insieme nozioni fantasticamente contraddittorie come la libertà umana e la prescienza divina, la grazia divina, la bontà divina. La maggior parte delle loro operazioni teologiche sono possibili solo aggiungendo "Deve essere...". Quindi Dio deve. Dio non può...". È un desiderio di difendere una certa nozione di Dio con ogni mezzo necessario. Basta dire che difendono questo Dio soprattutto perché *è nel loro interesse*.

Cousteau - Se questo Dio viene loro tolto, il mondo non ha senso per loro.

Rebatet - E questo non è molto sorprendente: quando si vive da venti, trenta, quarant'anni con una certa concezione del mondo, è difficile, è tragico cambiarla. E, ancora una volta, alla base di tutto c'è il sentimento.

L'arsenale dell'apologetica, della metafisica, dell'esegesi, della filosofia e della mistica è lì, soprattutto, per giustificare una preferenza originale. L'oggettività non esiste nelle questioni religiose.

Cousteau - Temo che non esista nemmeno altrove.

Rebatet - Sfido chiunque a studiare il Vangelo in modo obiettivo: il metodo stesso utilizzato per intraprendere questo studio è già di parte. Ciò che è favoloso è che il massimo dell'intelligenza, dell'ingegno, della scienza e della sottigliezza è stato speso per giustificare e addirittura costruire uno dei sistemi religiosi più insostenibili, il dogma cattolico. È proprio perché questo dogma era insostenibile che i suoi architetti hanno dovuto moltiplicare i calcoli, i contrafforti, le colonne affinché alla fine si reggesse in piedi... Ma questo è un altro aspetto del problema.

Cousteau - Ciò che mi sembra stravagante è che Dio sia nell'interesse della maggior parte degli uomini.

Rebatet - Perché sorprendersi? Quale essere leggermente evoluto non sente, a un certo punto della sua vita, il bisogno di giustificare i valori etici a cui tutti più o meno aderiscono? Mi direte che la giustificazione cattolica è ancora più oscura di qualsiasi altra, che alla fine anch'essa conduce al mistero. Ma quando i cattolici arrivano a questo punto, ancora una volta, è molto probabile che il loro spirito sia decisamente in ginocchio e che adorino il mistero stesso. Quando un cattolico risponde che l'etica è il più grande dono di Dio, il dono della nostra dignità, e che vale la pena di rischiare l'inferno, deve solo fare le valigie, e l'argomentazione sarebbe forte se non fosse per la loro grottesca "teometria", per dirla con Huxley, del Cristo rivelato, uomo e figlio di Dio, pezzo di Dio eppure Dio totale, redentore dell'umanità e di tutto ciò che ne consegue. Che stravagante invenzione! Ma è in questa forma particolarmente imbecille che l'idea di Dio è stata presentata agli uomini bianchi negli ultimi venti secoli.

Cousteau - Concludiamo con l'eterna verità: l'uomo è un animale essenzialmente religioso.

Rebatet - È un animale fatto in modo tale che c'è una specie di vuoto permanente in esso: "un Dio è l'ultimo fine dell'uomo, perché Dio solo può riempire la capacità del suo cuore". Il che tenderebbe a dimostrare che io e te siamo dei mostri e che non ci sarebbe bisogno di una grande isola per permettere agli uomini veramente liberati di trovarsi, di costituire una piccola patria che si fonderebbe su una comunità infinitamente più solida di quella del caso geografico o sociale.

Cousteau ascoltò con grande interesse:

Cousteau - Tutto sommato, ho fatto bene a infastidirvi, perché mi sono guadagnato una conferenza che, sebbene strettamente privata e limitata a un solo ascoltatore, ha comunque accresciuto il prestigio culturale di questa casa centrale che, detto tra noi, ne ha un gran bisogno. E dovete ammettere che è piuttosto piacevole occupare in questo modo il tempo libero che una repubblica ateniese ci impone. Io ci sono abituato. Ogni volta che mi mettono in prigione, faccio un po' di metafisica. Ma mai nel mezzo. In Turingia, quando ero prigioniero di guerra e rompevo le pietre tra un padre bianco e il pittore Louis Le Breton, non potevo immaginare un diversivo migliore dalla noia della terrazza.

Rebatet fece il broncio.

Rebatet - Un padre bianco...

Cousteau - Era un uomo coraggioso, ma dal punto di vista teologico non era alla mia altezza. Lo sfidai a convertirmi, sostenendo che sarebbe stato più meritorio ricondurre al Signore un malfattore del mio calibro che evangelizzare piccoli Bambara indifesi con oggetti di vetro. Si arrese subito. E i cappellani che vennero a trovarmi nella mia cella nel braccio della morte capirono subito che ero un soggetto particolarmente ingrato, che offrivo poche speranze...

Rebatet - Come ho detto prima, siamo dei mostri.

Cousteau - **Beh,** io lo sono. Mi sento meravigliosamente privo di questo famoso senso religioso che è uno degli attributi più indiscutibili dell'uomo normale. L'uomo normale privo di fede sente un vuoto, una mancanza. Io non lo sento.

Rebatet - Tutto si riduce a questo: avere o non avere questo bisogno...

Cousteau - Si noti che non uso questa assenza di significato religioso per dare una risposta negativa ai problemi metafisici. Non rifiuto nessuna ipotesi a priori. Ma poiché nessuna delle ipotesi che gli uomini hanno immaginato è verificabile, sono perfettamente contento di considerare queste cose come inconoscibili, e non mi interessa se le domande rimangono senza risposta. Un Dio nascosto non mi interessa. Ciò che mi preoccupa - almeno per il mio divertimento, perché non riuscirò mai a entusiasmarmi per queste sciocchezze - sono le costruzioni che sono state fatte intorno all'ipotesi di Dio.

Mentre Rebatet fa un gesto di approvazione, Cousteau gli chiede bruscamente:

Cousteau - Scommetto che non hai mai fatto una corsa di cani

Rebatet ha convenuto di essere entrato nel giornalismo da una porta diversa.

Cousteau - Beh", dice Cousteau, "quando ho iniziato ho fatto tutti i lavori sporchi del mestiere. Non è divertente, ma è istruttivo. Una volta che hai svolto un certo numero di indagini a fianco dei poliziotti, conosci il valore della testimonianza umana... Arrivate in un villaggio di periferia dove un cittadino è stato appena assassinato. Il corpo è ancora caldo, ma già nessuno è d'accordo sulle circostanze dell'omicidio. Allo stesso tempo, vi dicono che l'assassino è un uomo alto con i capelli rossi e il berretto, un uomo basso con i capelli scuri e la bombetta, un gobbo con uno sguardo contorto, e che il colpo è stato sparato alle dieci di sera, a mezzanotte e alle tre del mattino... Si possono immaginare gli abbellimenti che queste persone aggiungerebbero alle loro storie se dovessero raccontare non quello che è successo il giorno stesso, ma una tragedia vecchia di almeno quarant'anni. E cosa sono i Vangeli? Storie scritte circa quarant'anni dopo i fatti da personaggi oscuri con un evidente intento propagandistico. E l'intero edificio del cristianesimo si basa su questi racconti. È stravagante.

Rebatet ha abboccato all'amo:

Rebatet - Di tutte le questioni religiose, vecchio mio, è quella dei testi che probabilmente conosco meno. È ancora più stravagante di quanto lei immagini. Supponiamo che la storia di un rabbino miracoloso della Russia subcarpatica, morto tra il 1900 e il 1910, sia stata scritta dai pasticceri polacchi di Rue des Rosiers, in franco-yiddish, sulla base delle storie che venivano cantate nella loro città natale la sera del sabato. Supponiamo che questo scritto venga tradotto in un'altra lingua, ad esempio l'inglese, da altri ebrei che conoscono approssimativamente l'inglese. Supponiamo che questi ebrei abbiano le loro idee sul rabbino, che li portano a dare un pollice verso alle parole del santo, correggendole e cancellandole. Supponiamo, infine, che questi testi siano stati copiati da scribi particolarmente distratti: ecco il Nuovo Testamento!

Cousteau rimase folgorato da questa trasposizione della mitogenesi nazarena nel clima contemporaneo.

Rebatet - I sacerdoti più seri sono costretti a riconoscere che ognuno dei quattro vangeli ci racconta una diversa biografia di Cristo, se possiamo usare la parola biografia per questi romanzi. C'è un fatto quasi certo su cui i quattro racconti concordano, ed è che un uomo chiamato Gesù fu giustiziato a Gerusalemme sotto Ponzio Pilato. I resoconti della Passione sembrano autentici, ci sono tutte le storie di pestaggi, di scosse, di abitudini permanenti della giustizia e dell'opinione pubblica che perdonano la legge comune e massacrano l'idealista. Il contrasto tra questi resoconti abbastanza accurati e le successive sciocchezze sulla resurrezione, l'ascensione - sciocchezze infantili - è comico. Ma se Cristo non fosse risorto, la nuova religione sarebbe una sciocchezza: lo ha detto San Paolo. Quindi Cristo deve essere risorto. Si noti che i Romani del II e III secolo avevano esattamente la stessa opinione che abbiamo noi su queste sciocchezze. Ma nel V secolo, la Chiesa trionfò, ottenne la spada e il grimaldello. E solo alla fine del XVIII secolo si cominciò a insinuare pubblicamente che questi testi sacri erano comunque notevoli per la loro incoerenza. Gli specialisti tedeschi cominciarono a pasticciare, cercando di trovare spiegazioni razionali per queste sfaccettature che erano quasi altrettanto ridicole di quelle dei sacerdoti. Nietzsche risolse la questione una volta per tutte: con il Vangelo abbiamo a che fare con un fenomeno che esiste da tempo immemorabile, l'agiografia, che esce dalla stessa botte delle favole.

Cousteau - Tanto vale cercare una spiegazione logica al *Gatto con gli stivali* e a *Cenerentola*.

Rebatet - Il fatto che scienziati prodigiosi debbano dedicare tutta la loro vita a questi problemi è un'altra delle comicità di questo pianeta. Odio a morte le religioni. A volte le vedo - gli egiziani, i babilonesi, i tibetani, gli aztechi, l'Islam, il cattolicesimo medievale, il puritanesimo yankee - come spettri grotteschi grondanti di sangue. Sono i più atroci flagelli dell'umanità. È un peccato che io non creda nel diavolo - spesso me ne pento! Si potrebbe dire con molta plausibilità che tutte le religioni sono opera del Diavolo, che fa di tutto per nascondere agli uomini il vero Dio.

Cousteau - Ma è quello che hanno detto tutti i creatori di religioni sui negozi rivali.

Rebatet - Sappiamo che gli esseri umani sono gli unici responsabili di queste piaghe e che se fossimo riusciti a scongiurare la piaga cristiana, non si sarebbero fermati prima di averne provocata un'altra. Confesso che sto cominciando a stancarmi di questo studio. Ma ho ancora alcune cose da chiarire e, visto che mi sono spinto così avanti, tanto vale arrivare fino in fondo. Ora vi lascio, ho qualche pagliaccio da cercare in San Tommaso d'Aquino. Nonostante tutto, sono di un ordine superiore a quelli del Dio vivente. Tu, porta il tuo *Hugo's-Digest* un po' più avanti. Lavoriamo molto con i clown. Ma questo non ci fa dimenticare il nostro essere clown.

Laboratorio di lingerie nel carcere di Clairvaux, aprile 1950.

Lucien Rebatet e Pierre-Antoine Cousteau

DIALOGO n. 11

COMFORT IN PRIGIONE

> "La cosa peggiore del carcere è non poter chiudere la porta a chiave"
>
> Stendhal, *Il rosso e il nero*

Ci eravamo appena accorti che Lucien Rebatet era un contabile del reparto lingerie da oltre un anno. Già un anno... Chi, nel mondo degli uomini liberi, immaginerebbe che il tempo vola così velocemente nel mondo degli uomini schiavi, che le ore sono così lunghe e gli anni così brevi, e che nel vedere il calendario della loro espiazione sgretolarsi a un ritmo che suggerisce, al cinema, un salto nel tempo, i reprobi provano più malinconia che conforto? Perché la giovinezza è passata, e la vita... I giorni della nostra morte... Sì, era già passato più di un anno da quando Lucien Rebatet aveva lasciato il purgatorio dell'Ino. per unirsi al personale della lingerie. Era già passato più di un anno da quando aveva sistemato la sua scrivania accanto a quella di Cousteau e, senza alcuna premeditazione, gli unici due europei sopravvissuti a *Je Suis Partout* si erano ritrovati spalla a spalla, nel bene e nel male, a condividere la cucina, i libri, le battute e le amarezze.

Cousteau - Avremmo dovuto festeggiare l'anniversario del suo arrivo qui. Ma abbiamo lasciato passare la data senza pensarci. Ma è una data che conta. Almeno per te e per me, e questo è l'importante. Stare in prigione con te è molto sopportabile.

Rebatet aprì la bocca, ma Cousteau non lo lasciò parlare.

Cousteau - Sì, essere in prigione con voi è uno sconto di pena che i nostri giurati non avevano previsto e che manderebbe su tutte le furie i nostri nemici se potessero sospettare tutto ciò che comporta... Non credo che possiate lamentarvi di questa collaborazione dopo la collaborazione... Ma ciò che mi fa più piacere è che ho l'impressione di averti portato, nel corso dell'ultimo anno, ad accettare, senza troppi ruggiti, che in carcere ci può essere un conforto intellettuale di qualità. Ricorda quanto energicamente mi urlavi contro quando timidamente insinuavo che, dopo tutto, non era tutto così male nella più brutta delle prigioni. Ora ruggisci molto meno. È un buon segno.

Sul volto di Rebatet si era formata la smorfia che mostrava il massimo della soddisfazione, il tipo di cordialità che era solito offrire agli ammiratori, siano essi fanciulle o dame.

Rebatet - Mi riempite, mio buon uomo. Sono felice che la mia presenza ti sia di conforto. Mi dispiacerebbe se così non fosse, perché nell'ultimo anno le devo molto. Mi ci è voluto molto tempo per lasciare il segno a Clairvaux. Lei sa che i miei inizi in questa colonia penale sono stati piuttosto difficili, e la sua filosofia dei comfort carcerari mi ha fatto arrabbiare all'inizio. Non è la parola giusta: ho visto in questa filosofia un riflesso difensivo del vostro orgoglio - sapete che non attribuisco alcun significato peggiorativo a questo termine, al contrario - un desiderio di negare la punizione che i nostri nemici cercavano di infliggerci. Ammetto che, dopo due inverni di Ino, era difficile per me dire che la punizione non esisteva. Ma, da allora, mi avete mostrato la realtà delle comodità della prigione. Mi hai dato una lezione di buone maniere, cioè di scienza della vita, senza stronzate e senza sermoni.

Cousteau ricambiò il sorriso:

Cousteau - Caro Lucien, è molto gentile da parte tua inondarmi di fiori. Non perché aggiunga qualcosa all'altissima opinione che ho di me stesso, ma perché ricrea fedelmente l'atmosfera di *Je Suis Partout*... Ricordate i bei tempi andati? Appena uno di noi produceva la più piccola cosa, tutti gli altri, in coro, gridavano al genio. E non era meglio così?

Rebatet - In ogni caso, non erano gli altri ad adularci.

Cousteau - Gli altri tendevano a gridare contro di noi... Ma torniamo alle comodità della prigione; naturalmente, quando eravate a Ino. e vi parlavo dei piaceri del carcere, non ignoravo di essere provocatorio.

Rebatet - Proprio come quei medici che consigliano ai vagabondi di passare una stagione a Megève...

Cousteau - Ti stavo provocando lo stesso perché è divertente sentirti tossire, ma avevo la coscienza sporca. Per godere degli agi della prigione, è necessario un minimo di requisiti che non esistevano quando facevi parte del tetro gregge di non occupati... Non saprei dire quali dovrebbero essere questi prerequisiti, come regola generale.

Rebatet - Dipende dall'individuo.

Cousteau - Ci sono persone per le quali la solitudine dà le vertigini, per le quali il silenzio deprime, per le quali il lavoro manuale le tiene piacevolmente occupate, per le quali una barba di tre giorni non è un'umiliazione. Io e voi siamo lontani dall'avere gli stessi gusti e le stesse esigenze in tutto.

Rebatet - Ah, diavolo no!

Cousteau - Ma il nostro comfort è dettato da un certo numero di necessità comuni. La prima è non dover fare lavori manuali. Ho lavorato in terrazza per quattordici mesi in Turingia: è un inferno. Se, in quella prigione, fossi costretto a fabbricare appendiabiti o pantofole, raggiungerei molto rapidamente il fondo dell'angoscia o della stupefazione, e tutto quello che vi ho detto sui piaceri del ghetto non avrebbe più senso.

Rebatet - La seconda condizione è quella di potersi isolare un po' dagli animali. Mi sembra altrettanto importante della prima.

Cousteau - Raccontami! Il ricordo più brutto che ho del servizio militare è quello della caserma.

Rebatet - Se fossi condannato a vivere ventiquattr'ore al giorno in mezzo a una mandria, mi basterebbe spaccare legna o pelare patate tutto il tempo. Il peggior tormento di Ino. era la promiscuità. Ci riunivamo in piccoli gruppi, ma era una cosa artificiale. C'era la benedetta gabbia dei polli di notte. Ma, troppo spesso, ci si arrivava sfiniti dopo una giornata in cui non si era fatto altro che subire gli altri, il che non è meno faticoso che spalare carbone. Durante questo periodo amaro, ho anche notato che alcune persone valgono un'intera folla di persone, non perché siano maligne, al contrario. Ma la loro benevolenza è spaventosamente pesante, perché queste persone ignorano la prima regola della socievolezza, che è: accetta il tuo prossimo così com'è o fuggi da lui. Ma tutto questo appartiene al passato. Quando un anno fa sono entrato nel vostro ufficio, ho capito subito che stavo tornando alla civiltà e che stavo andando a lavorare. E, grazie a Dio, abbiamo entrambi un concetto di socievolezza molto simile.

Cousteau - Uno dei miei zii, a cui voglio molto bene, una volta mi sconvolse spiegandomi che la vita in società è tollerabile solo con gli egoisti. A quel tempo ero un bambino saggio, cioè un bambino senza immaginazione che accettava passivamente tutte le sciocchezze degli adulti. Gli adulti dicevano che essere egoisti era brutto. Ma mio zio diceva il contrario. E per di più lo dimostrò. L'egoista, spiegava, ha il vantaggio che non ci si sente obbligati a disturbarlo, perché lui non si preoccupa di te. L'altruista, invece, non ti perde mai di vista e pretende di assicurarti il benessere materiale o la salvezza dell'anima: ti coccola, ti riforma, ti guida. Si finisce per desiderare che sia morto.

Rebatet - Tuo zio non è uno stupido.

Cousteau - Questa dimostrazione, ripeto, mi ha profondamente colpito. È successo più di trent'anni fa, ma sento ancora le parole di mio zio come se fossero di ieri. E quante volte, da quando sono stato condannato a vivere con gli uomini in mucchio, ho verificato la loro profonda saggezza... Se ci sopportiamo è perché non mi costringi a prendere l'aspirina quando ho mal di testa, e quando fai qualche lavoro inutile all'ora di pranzo, non ne faccio un dramma. Abbiamo un forte senso di egoismo, mitigato dalla giusta dose di educazione. È questo che rende la nostra vita insieme così piacevole. Senza di questo, sarebbe un inferno.

Rebatet - Una condizione indispensabile di benessere, per me, è il lavoro. Ma nell'ultimo anno ho lavorato sodo: lavori inutili, come dici tu, testa di lardo, lavori inutili? Lo vedremo a tempo debito. L'importante è che ho potuto lavorare, e ho anche fatto un bel po' di lavoro. Mi aspettano progetti grandi e solidi.

Cousteau scrollò le spalle. Il gigantismo dei progetti letterari di Rebatet aveva smesso di spaventarlo.

Rebatet - È vero che non sono mai stato inattivo all'Ino: vi ho dettato una storia della musica e ho scritto mille pagine. Ma a parte rileggere Dostoevskij, era tutto artificiale, mi tenevo occupato. Ora mi piace immaginare altre vite, anche se disastrose. Questo implica una pace mentale abbastanza grande.

Cousteau - L'avete trovato qui.

Rebatet - Sì, è avvenuto durante quel quinto anno di galera che, matematicamente, avrebbe dovuto essere più pesante dei primi quattro messi insieme. Hai trovato questi dialoghi per riempire le ore dispari di questo strano *lavoro duro* in cui tutto sembra essere stato pianificato per impedire a me, almeno, di lavorare. Troverete sicuramente un altro gioco quando avremo esaurito questo, ne sono certo. Possono tenermi nella loro prigione per altri tre anni, sono sicuro che non mi annoierò un minuto se le condizioni esterne della mia vita non cambieranno.

Cousteau - Per me, come sa, è un po' diverso. Come lei, non ho una religione di lavori di lusso. Sono perfettamente contento di perdere il mio tempo giocando a bridge o a scacchi. Sapendo benissimo che si tratta di occupazioni sterili e assurde, e che potrei utilizzare il mio tempo libero per occupazioni più redditizie. Ma che senso ha? Siamo destinati a morire un giorno, forse domani. Non ci servirà a nulla aver scritto capolavori immortali o aver accumulato un patrimonio di conoscenze nelle pieghe delle nostre membrane cervicali.

Rebatet si acciglò leggermente. Non gli piaceva che si parlasse con tanta disinvoltura di capolavori immortali.

Cousteau - L'importante, durante il nostro breve soggiorno su questo pianeta, è eliminare il più possibile la sofferenza e accumulare il maggior numero possibile di sensazioni piacevoli. Sono un edonista al 100% e non ne faccio mistero. Tuttavia, negli ultimi anni ho scoperto che il carcere offre a un individuo come me opportunità di felicità del tutto inaspettate, di una qualità che fuori da queste mura troverei solo in circostanze eccezionali.

Rebatet - Quindi vuole ricandidarsi?

Cousteau - Cerchiamo di capirci. Soffro per la separazione dalla mia famiglia, soffro per le restrizioni sessuali che ci vengono imposte e naturalmente non esiterei un secondo a correre il rischio della libertà.

Rebatet - È tutto ciò di cui abbiamo bisogno.

Cousteau - Ma ho acquisito abbastanza saggezza da sapere che la libertà non è felicità in sé, che è un rischio. Ci sono milioni e milioni di uomini là fuori che sono nominalmente liberi ma la cui schiavitù è incomparabilmente più pesante della nostra e con i quali non scambierei il mio destino con nessun pretesto. Mi piace stare qui tanto quanto essere un libero impiegato di una compagnia di assicurazioni, o un libero operaio nelle fabbriche Citroën, o un libero bracciante a Chantecoucou-sur-Lignon, o vivere liberamente in una caserma proletaria, o essere sottoposto alle attività di svago liberamente dirette dalla democrazia.

Rebatet - Eravamo entrambi proletari, più o meno nelle stesse condizioni. Ricorda il suo ufficio a New York?[99] A volte penso al periodo in cui ero alla "Nationale", all'"Union": senza dubbio, ero più infelice lì che qui; non sarei mai stato in grado, a quel tempo, di rileggere a fondo Proust e Dostoevskij in sei mesi, per citare solo questo. Non c'è mai stato un periodo più sterile nella mia vita. E sapevo che ogni nuovo giorno trascorso in quelle prigioni riduceva la mia speranza di uscirne.

Cousteau - Una volta acquisite certe abitudini di schiavitù, è finita, si è schiavi a vita.

Rebatet - Ero anche molto più infelice nella prigione clericale di Saint-Chamond. Innanzitutto, la vita fisica era infinitamente più dura: alzarsi alle cinque del mattino, sia d'inverno che d'estate, un corpo perennemente sporco, essere osservato ogni minuto, una disciplina spietata. E la costrizione morale ancor più di quella fisica. Sarebbe stato bello se avessi scritto solo due righe su ciò che pensavo e sentivo. Per quanto riguarda la scrittura, sono naturalmente d'accordo con lei sulla

---

[99] La Nationale" e "L'Union" sono state le compagnie di assicurazione in cui Rebatet ha lavorato per due anni dopo aver lasciato l'università.

vanità ultima dello sforzo umano.

Cousteau - Sapere che sopravviverai grazie a ciò che hai fatto deve darti poca soddisfazione.

Rebatet - Il più grande uomo non può sapere se non sarà totalmente dimenticato cento anni dopo. Ho conosciuto il successo letterario nel 1942: tutto sommato, non è molto eccitante. Un libro finito non esiste più, almeno per me. Se ho la mania dei grandi lavori, se mi sacrifico molto, non è, buon Dio, no! per immortalarmi. È ancora la ricerca della comodità, della felicità, che per me è ciò a cui si riduce sempre più l'intera storia umana. Sono infelice a prescindere da certi compiti: questo è tutto. Non importa se questi compiti comportano un rompicapo cinese o una notte di stanchezza: potete constatare voi stessi che sono molto più di buon umore di quando mi siete venuti a prendere l'anno scorso.

Cousteau - Ne sono felice.

Rebatet - Siamo entrambi, ciascuno a suo modo, uomini di penna. Per entrambi non è una cosa falsa. Guardate quello che voi stessi avete scritto in tre anni: è il segno di una vocazione, di un'attività naturale. Siamo estremamente fortunati che il carcere non ostacoli la nostra attività naturale, anzi, in un certo senso la incoraggi, perché è ovvio, contro tutte le tesi di Sartre, che scriviamo prima di tutto per noi stessi: il fatto che lei, che era un giornalista, continui a scrivere ne è una prova evidente.

Cousteau - Le confesso che quando scrivo - quando mi capita - provo un tipo di soddisfazione che in passato non sarei stato in grado di immaginare: la soddisfazione di scrivere solo per me stesso, senza alcuno spirito di lucro, senza alcun secondo fine di pubblicazione, senza alcun tipo di servitù nei confronti dell'editore e dei presunti lettori, e senza la minima preoccupazione per la propaganda.

Rebatet - Per come ti conosco, tutto questo è completamente nuovo per te...

Cousteau - Penso che nei miei scritti pubblici mi sono sempre avvicinato molto, non alla verità, ma a ciò che pensavo, a ciò che sentivo veramente. Senza vantarmi troppo, credo di essere stato uno dei giornalisti più liberi del mio tempo. Ma senza mai essere completamente libero.

Rebatet - Nessuno nel giornalismo lo è.

Cousteau - Non è possibile. Ci sono sempre persone da risparmiare, tabù da aggirare, parole proibite, osservazioni inopportune... Da quando gli scavatori della Corte di Giustizia mi hanno tagliato fuori dalla società, mi sento libero da queste catene. Non ho più niente e nessuno da risparmiare. Per quanto possa sembrare paradossale, è stata la prigione a rivelarmi la vera libertà della mente, la libertà totale. Questo non è l'ultimo dei piaceri del carcere.

Rebatet - Sì, potremmo parlare in un certo senso di libertà carceraria. Ha più di un aspetto. Lei sa che le arti, come si dice, hanno sempre avuto un ruolo importante nella mia vita. Non c'è bisogno di averla vissuta per capire che il carcere, in questi casi, crea un buco terribile. Il desiderio di dipingere, di ascoltare musica, di guardare film, è paragonabile per brutalità, amarezza e malinconia al desiderio sessuale.

Cousteau non poteva immaginare che questi due livelli di frustrazione fossero paragonabili. Ma Rebatet, così preso dal suo parallelo, non si accorse della disapprovazione dell'amico.

Rebatet - È tutto così vicino! Ho sofferto molto di questo tipo di nostalgia. È triste... La musica è la più infida: arriva e ti stuzzica all'improvviso, non sai perché. Ma sono guarito dalla pittura e dal cinema. L'altra sera, nel mio pollaio, facevo il punto su tutto. Ho notato la perfetta antitesi tra l'odiosità della mia situazione - rinchiusa in questa specie di armadio di fili - e la mia serenità, la mia leggerezza d'animo. Non dimenticavo quella che per noi è un'afflizione permanente, la vedovanza delle nostre povere mogli, la loro vita difficile, il dolore che abbiamo fatto passare anche a loro. Ma per quanto mi riguardava, mi sentivo distaccato da tutto, molto sinceramente.

Cousteau - Anch'io, naturalmente.

Rebatet - Questi momenti stanno diventando sempre più frequenti. Sono molto piacevoli. È il massimo della liberazione. Il carcere non esiste più, la sua stupida struttura è abolita dall'abitudine. Si vive interamente dall'interno, il che può diventare di nuovo molto vario... Il gap di comfort è, ahimè, il problema di queste povere burette. Il pignolo non migliora affatto con l'uso. È una necessità fastidiosa! Non si sa come comportarsi e cosa dire per rendere la cosa un po' più interessante.

Cousteau alzò le spalle, con la bocca piena di scetticismo.

Cousteau - Una stancante necessità?... O addirittura... noiosa se si ha la sfortuna di mancare di immaginazione... C'è molto da dire sull'onanismo e forse un giorno affronterò il tema delle "amicizie solitarie". È qualcosa di cui nessuno parla mai, anche se tutte le varietà di inversioni hanno avuto i loro cantori e poeti. Per di più, è l'unica cosa di cui nessuno parla mai, ed è anche l'unica cosa di cui ogni persona, senza eccezioni, ha esperienza personale... E ci si può chiedere se, tutto sommato, la masturbazione portata abilmente fino all'orgasmo non sia meglio del coito impantanato in una triste routine...

Rebatet protestò energicamente. La sua ortodossia sessuale rasentava il puritanesimo.

Cousteau - E' che vi manca la destrezza, nel senso etimologico della parola: la destrezza, la destra...

Rebatet aveva un'avversione fisica per questi scherzi da vasino, che gli ricordavano Saint-Chamond. Chiamò il suo amico un disgustoso uomo grasso e Cousteau, senza farci caso, continuò:

Cousteau - Resta il fatto che l'obbligo di ricorrere a soluzioni surrogate è il punto debole del comfort carcerario. Si tratta di una crudeltà relativamente recente nella storia della prigionia politica. Nei secoli passati, nulla di simile è stato inflitto ai nostri grandi antenati. Fouquet a Pignerol, Mirabeau a Vincennes, Badinguet a Fort de Ham e i disgraziati del '48 a Sainte-Pélagie si sono divertiti a legare tante signorine compiacenti... Ma non mi fermo qui. Ne abbiamo parlato centinaia di volte. Finisce per diventare un'ossessione.

Rebatet - Ma no, vecchio mio. Nei nostri commenti diamo semplicemente e onestamente a queste cose la parte che hanno in tutta l'esistenza. Lo stato della morale e della letteratura finalmente lo permette, e non un momento di troppo. Se dobbiamo essere accusati di ossessione perché entriamo nei dettagli essenziali, non è un gioco! Mi parli dei liberisti ossessionati.

Cousteau - È la morte del comfort in prigione.

Rebatet - Abbiamo potuto studiare tutte le forme di questa ossessione che ci circondano, acute, croniche, stagionali. Esse variano a seconda della cultura e dell'intelligenza del soggetto. Ma la diatesi del soggetto include necessariamente un'attitudine alla fede e all'esperienza. Per questo, per nostra fortuna, siamo un terreno poco fertile. È evidente che alcuni dei nostri compagni, e non i più stupidi, hanno vissuto per cinque anni aspettando ogni sera la lezione del giorno dopo. Ogni volta che c'è una novità, percepiscono l'inizio di un gesto di clemenza, il grande sconvolgimento che abbatterà i muri.

Cousteau - Conosco lo spartito: "Il Vaticano non lascia passare l'Anno Santo... Radio Lussemburgo dice che gli americani...".

Rebatet - I più implacabili sono quelli che hanno dedicato più tempo alla politica. Ci si chiede cosa abbiano imparato... Nessuna esperienza è utile per loro. Non hanno ancora capito che la Francia democratica è incapace di generare un evento, che il regime non si rovescerà da solo e che nessuno lo rovescerà se non gli stranieri. Rabbrividiscono a ogni rottura della giostra ministeriale, a ogni sciopero, a ogni discorso.

Cousteau - Sono persone povere. Aspettare un miracolo, giorno dopo giorno, è terribile.

Rebatet - È certamente deprimente. Queste persone stanno sprecando il loro tempo. Non hanno modo di godersi la pensione. E diventano presto asociali... Per tollerare la prigione, bisogna prima lasciare la speranza nel guardaroba. Negli ultimi cinque anni ho fatto alcune osservazioni curiose sulla natura malsana della speranza. Ma questo ci porterebbe troppo lontano.

Cousteau - Ne parliamo dopo.

Rebatet - Posso almeno dirle che anch'io ho avuto le mie debolezze, che ho vissuto i miei primi sei mesi in quella prigione in modo piuttosto febbrile, nonostante l'accompagnamento dello scetticismo che non mi fa mai tacere del tutto. A mia discolpa devo dire che gli eventi della seconda metà del 1947 furono piuttosto insoliti. Ma dall'inizio del 1948 sono diventato di marmo: la mia liberazione non dipende da me, quindi non mi riguarda, come la nostra morte. È certamente uno dei pensieri che mi occupa di meno.

Cousteau - Koestler spiega in *Zero e infinito* che la vita in prigione è intollerabile per chi è convinto della propria innocenza. È uno stato d'animo sfortunato, ma fin troppo comune. Credersi innocenti è solo un altro modo di credere nella giustizia, e di conseguenza di soffrire per ciò che si considera un'ingiustizia.

Rebatet - Non penserai di essere colpevole, vero?

Cousteau - No. Ma non siamo nemmeno innocenti. Non siamo né colpevoli né innocenti, siamo gli sconfitti e siamo soggetti alla legge del più forte, che è vecchia come le colline. Ne usciremo quando il nemico si stancherà di essere feroce.

Rebatet - O quando circostanze imprevedibili lo costringono a farlo.

Cousteau - È semplice. Ma è comunque necessario farsi penetrare da questi fatti evidenti per sfuggire alla tortura della speranza che travolge tanti nostri compagni. Noto che il nostro immoralismo ci predispone entrambi a questo distacco altezzoso che è uno dei presupposti del comfort della prigione. Perché non abbiamo aspettato di essere qui per sapere cosa pensare della giustizia, del bene e del male... E poi, c'è davvero tanta differenza tra il mondo degli uomini liberi e il nostro?

Rebatet - Beh, ce ne sono alcuni...

Cousteau - Sì, ma vedo solo differenze specifiche. Non c'è libertà da una parte e schiavitù dall'altra. Ci sono varie forme di libertà da una parte e varie forme di schiavitù dall'altra. Qui e là, le grandi leggi fondamentali sono le stesse. È solo che, da questa parte del muro, le cose hanno un aspetto più caricaturale, il dispotismo è meno sfumato, gli istinti vitali si affermano più crudamente. Questa è una società in divenire, una società primitiva, come un gruppo di naufraghi su un'isola deserta... Ma non passò molto tempo prima che le divisioni venissero fatte, che i capi si rivelassero e che gli schiavi nati si dedicassero al lavoro sporco. In questa società, io e te abbiamo trovato naturalmente il posto che occupavamo, tutto sommato, nella società degli uomini liberi. Tra il contabile Rebatet e i ravaudeurs a cui vende *Le Pèlerin* c'è la stessa distanza che c'era tra l'autore di Les *Décombres* e i refusi di *Paris-Soir*.

Rebatet - Tra noi gracili contabili d'officina e Dananas, supertecnico dell'industria del legno, c'è la stessa distanza che 'era quando questo trafficante era servito da domestici maschi e noi prendevamo la metropolitana...

Cousteau - Resta il fatto che nessuno di noi è libero. O, più esattamente, che siamo tutti molto meno liberi di un tempo: almeno materialmente.

Rebatet - Intellettualmente, come abbiamo concordato prima, la nostra libertà è aumentata...

Cousteau - Ma anche in questo caso, mi rifiuto di considerare che abbiamo cambiato stato, che il nostro stato attuale è l'opposto di quello precedente. L'unica differenza è nell'intensità e nella frequenza delle costrizioni. I nostri angeli custodi ci fanno fare - nel complesso senza malizia - molte cose che non ci piacciono. Ma fuori, i cittadini liberi sono perseguitati dai poliziotti, tenuti in ostaggio dal fisco, sottoposti alla coscrizione, mobilitati al minimo allarme, gettati in guerre per le quali non sono stati consultati e condannati, a seconda dei casi, alla morte, all'invalidità temporanea o all'ergastolo, a cinque anni in trincea o a cinque anni in uno stalag. Non sono indignato. Questa è la società. Qui come altrove, la società è qualcosa che fa incazzare gli individui e sta all'individuo riuscire ad arrivare a un livello tale da ricevere meno spintoni possibili.

Rebatet - Siamo un piccolo mondo chiuso, questo è ovvio. Ma bisogna ammettere che, a fronte di tante virtù, questo mondo chiuso presenta alcuni svantaggi. Li ho già riassunti in una parola che per me dice tutto: è la provincia. Alla nostra età e dopo venti o trent'anni di Parigi, non ha la stessa importanza che ha per alcuni dei nostri amici più giovani e meno "ariosi". Ma devo ammettere che l'idea di essere "in ritardo" - e inevitabilmente lo siamo - a volte mi irrita un po'.

Cousteau - È davvero così importante?

Rebatet - Mi sarebbe piaciuto rimanere aggiornato, se non altro per avere ulteriori e ancora più precisi motivi per disprezzare gli uomini liberi. Più vado avanti, più mi viene voglia di informazioni serie. Ovviamente mancano molti dettagli per avere un quadro fisico, intellettuale e morale completo di questo mezzo secolo. Ma d'altra parte, che meravigliosa capacità di sintesi abbiamo oggi! Che cura salutare per gli uomini divorati dal tran tran quotidiano, da Parigi, come siamo stati noi per tanto tempo! Cosa sto dicendo: una cura? È una panoramica planetaria. Diciamo, come abbiamo detto l'altro giorno a proposito del favoloso successo di Gheorghiu, che ci siamo tappati la bocca nel 1940, abbiamo recuperato la nostra verginità nel 1944, abbiamo recuperato la nostra posizione prebellica nell'antibolscevismo e nelle attività connesse...

Cousteau - Certo, oggi condurremmo una brillante vita internazionale, saremmo fotografati per *Life* e *Time* quando andammo a New York per il nostro piccolo viaggio...

Rebatet - Avresti la gioia di vedermi guidare una grande auto americana. Forse ognuno di noi avrebbe il proprio autista. Sapremmo esattamente quante persone ascoltano Sartre, e se Hollywood è un disastro o meno. Ma avremmo la debolezza di credere più o meno nel nostro lavoro. I nostri ammiratori si farebbero carico di farci credere. Saremmo coinvolti.

Cousteau - Non ci siamo più.

Rebatet - Il mito di Sirio è diventato realtà per noi. Immaginate se avessimo lasciato l'Europa dopo Monaco - sarebbe stata la cosa più saggia da fare - da Buenos Aires o da Santiago del Cile, avremmo certamente avuto un'idea piuttosto falsa dell'occupazione. Ma non ci saremmo nascosti, dalla fine del 1941, che i tedeschi non avrebbero vinto questa guerra e dalla fine del 1942 che l'avrebbero persa, così come ci siamo nascosti, perché *volevamo farlo*.

Cousteau - Perché ci siamo schierati...

Rebatet - C'è così tanto spazio per gli errori quando si è emotivamente e materialmente impegnati in un sistema, in un credo, in un gruppo di persone! Eravamo patrioti, ariani, europei, perché difendevamo i nostri interessi di francesi, di bianchi, di occidentali: con questo intendo la nostra bistecca e i nostri concetti più elevati. Ora siamo stati gentilmente spogliati di tutte le nostre preoccupazioni, dei nostri conti in banca, dei nostri vestiti, dei nostri giornali, dei nostri lettori e dei nostri sentimenti...

Cousteau - E anche i nostri concetti!

Rebatet - E i nostri concetti. No, ma! Si vede a riprendere le armi per difendere un certo cristianesimo, un certo umanesimo? I valori che mi erano più cari, gli unici per i quali avrei davvero acconsentito a perdere la vita senza rimpianti, il patrimonio artistico dell'Europa, che oggi è un dominio in cui mi è stato proibito di entrare. Preoccuparmi della sorte di cattedrali e dipinti che ora per me sono come se non fossero mai esistiti va oltre le mie risorse di generosità. Siamo nella posizione dell'entomologo che osserva: "La formica rossa sta guadagnando terreno sulla formica nera, la formica nera si muove a destra e a sinistra". Non ci aspettiamo più nemmeno la soddisfazione della vendetta, perché sarebbe comunque un legame. La negrificazione del pianeta potrebbe solo divertirci. Non abbiamo più una casa, non abbiamo più una città, non abbiamo più una patria, non abbiamo più una razza. Meglio ancora: non abbiamo più contemporanei.

Cousteau è stato esaudito:

Cousteau - Ricordo la frase: "Non abbiamo più una contemporaneità". Confesso che non ci avevo pensato. Negli ultimi anni, la maggior parte delle mie meditazioni erano giunte alla conclusione che non avevo più nessun compatriota, e ho accarezzato questa idea. Ma sono ben consapevole di quanto sia ristretto questo concetto esclusivo. Non si dovrebbe parlare di "compatrioti", ma di "contemporanei". Non ci hanno semplicemente tagliato fuori da questo esagono. Ci hanno buttato fuori dal secolo. Ed è per questo che ci sentiamo così liberi.

Detto questo, Cousteau si fermò bruscamente e il suo volto si oscurò:

Cousteau - Ho un'obiezione che mina l'universalità di ciò che abbiamo appena concordato. Per essere del tutto sincero - e lo siamo; è il principale merito dei nostri dialoghi - devo confessarle che aderisco ancora un po' a questo pianeta, che ho ancora qualche contemporaneo su di esso... e anche qualche compatriota.

Rebatet si è spaventato e ha emesso un fischio di rimprovero.

Cousteau - Non si allarmi. Vi dico subito che non è disonorevole... Sì, esiste ancora su questa terra una comunità di uomini con cui continuo a provare un senso di solidarietà... Avrete capito che mi riferivo ai detenuti di Chiaravalle... Oh, so bene quanto siano deludenti questi sfortunati. So tutto quello che si può dire di questa variegata collezione di bravi ragazzi e di mascalzoni, di idealisti e di sciocchi, di furfanti e di eroi. Ma, così com'è composto, questo gruppo è ancora, tutto sommato, l'unico al quale non è assolutamente insopportabile per me essere aggregato...

Rebatet - Abbiamo ancora amici fedeli all'esterno.

Cousteau - Amici leali, certo, ma amici isolati, persi nella folla, non accreditati, sospettati, appena tollerati. Fuori, mi sembra che siano vere le parole di Dostoevskij: "Io sono solo e loro sono tutti". Qui non è vero. Qui posso essere me stesso senza scontrarmi con la comunità. E questa è una fortuna... Quindi forse il dottor Pangloss non aveva poi così torto.

Laboratorio di lingerie nel carcere di Clairvaux, maggio 1950.

Lucien Rebatet e Pierre-Antoine Cousteau

DIALOGO N. 12

ROOSEVELT, STIAMO ARRIVANDO

"L'ipocrisia è un vizio privilegiato che, con la sua mano, chiude la bocca a tutti e gode di una sovrana impunità nel riposo"

Molière, *Don Giovanni*

Quella settimana, le valorose truppe popolari della Corea del Nord si misero in marcia per strappare i loro fratelli meridionali alle delizie della democrazia yankee. Poteva essere solo una notizia. [100]Non era forse la ventesima - o la trentesima - volta dal V Day che patti e trattati venivano rovesciati? Ma subito, senza sapere bene perché, le cose si sono inasprite. Intervennero i bombardieri americani, poi - cosa ben più grave - i fanti. Il tutto con irresistibili scodinzolamenti di mento e grandi arie di non voler essere sputati. In breve, Kriegsgehfarzustand. E non solo. Il tutto condito a Parigi dalla tradizionale, inevitabile crisi ministeriale. Il mondo era in fiamme e i francesi si spiegavano sulla scuola laica e sul sesso dei deboli economicamente.

Cousteau - Questa volta", disse Cousteau, che aveva appena finito di leggere clandestinamente un quotidiano vecchio di appena due o tre giorni, "le cose sembrano andare abbastanza bene.

Rebatet - Non ci credevo più, almeno non a breve termine, lo vedevo rimandato di diversi anni. E poi è successo, nel posto più inaspettato.

---

[100] *Il Giorno della Vittoria.*

Cousteau - Si noti che non è ancora del tutto certo che questo sia davvero il più grande... Ultimamente sono diventato cauto, molto cauto... Diffido dei miei impulsi.

Rebatet - Anch'io sono cauto. Ma non dobbiamo lasciare che le nostre delusioni ci portino a un'eccessiva incredulità. Guardate questi dispacci: esistono, non sono più una sciocchezza. In questo preciso istante ci sono aviatori americani che si bombardano con aviatori russi, ci sono soldati americani che giacciono insanguinati nei solchi di una Corea mal difesa.

Cousteau - E tra questi primi testardi yankee, è un diavolo se non ce ne sono alcuni che hanno iniziato irrorando le città europee con il fosforo.

Rebatet - Forse non è la terza guerra, come si dice. Ma quel che è certo è che, nel giro di tre giorni, gli americani hanno appena combinato un bel pasticcio. Sentite questo Truman: "Di conseguenza, ho ordinato al 7° Stormo...". È una bella camicia. Leggimi questa mappa: "A sud di Seul, il fronte è attualmente fluido". Questo è lo stile! I militari hanno la parola. Quindi è anche il cannone. Le divisioni sono a bordo, gli arsenali sono stati allertati, le flotte hanno fatto il pieno di carburante, i treni di munizioni rotoleranno "*da costa a costa*". Non preoccupatevi, quando si arriverà al dunque, ci vorrà un po' di tempo.

Cousteau ha riso:

Cousteau - In fondo, quello che sta accadendo ora è proprio quello che volevamo evitare. E siamo stati condannati a morte proprio perché volevamo evitarlo. Questo ci dà il diritto di divertirci un po' con la coscienza pulita.

Rebatet - Oh, non c'è la minima ombra sulla mia coscienza. Gli americani non sapevano come fare la pace, né avevano i mezzi per farlo. Distruggendo l'esercito tedesco, hanno dovuto trovarsi faccia a faccia con i russi. L'abbiamo detto abbastanza.[101] Ecco che arrivano, come dice il Grande Con, gli eventi che sono la nostra formidabile giustificazione. Ciò che mi rattrista in questo caso è che non sono affatto sicuro che le persone all'esterno sappiano perché le cose sono tragiche. Si lamentano, tremano, ma si lamentano e tremano nello stesso modo in cui noi ci lamentiamo e tremiamo davanti a un cataclisma naturale. Fatalità. Sfortuna. Mi irrita che tutte queste persone non sappiano esattamente perché hanno ragione a lamentarsi e a tremare.

Rebatet - Non è un caso.

Cousteau - È perché abbiamo commesso un peccato contro lo spirito, l'unico peccato inespiabile... Ho copiato su questo quaderno una frase di Koestler che ben si adatta all'attualità: "Sappiamo che la virtù non conta agli occhi della storia e che i crimini restano impuniti; ma che ogni errore ha le sue conseguenze e viene vendicato fino alla settima generazione". Sogno una stazione radiofonica dove, da un'isola sconosciuta, ripeterei al mondo dalla mattina alla sera: "Ecco cos'è una crociata delle democrazie!

Rebatet - Ah sì, una grande idea![102] Ti infileremmo un paio di migliaia di G.Men su per il culo e saresti il Ferdonnet del mondo, il demoralizzatore universale. Varrebbe la pena di evitare l'incarico per essere messi sulla poltrona. Se ha idee del genere per la nostra prossima guerra, ci aspetta una bella sorpresa! Lei è un tipo davvero pericoloso da frequentare.

Cousteau scrollò le spalle:

---

[101] "Le Grand Con" si riferisce al generale de Gaulle.

[102] Prima della guerra, Paul Ferdonnet era un annunciatore radiofonico francese a Radio Stoccarda. Nel 1938 pubblicò un libro di propaganda antisemita intitolato *La Guerre juive* (*La guerra ebraica*). Condannato a morte dopo la Liberazione, fu giustiziato il 4 agosto 1945.

Cousteau - Può darsi, ma è esattamente l'unico ruolo che potrei svolgere nella guerra che è appena iniziata o che sta per iniziare. Se non riusciamo a spiegare alla gente che tutte le disgrazie che affliggono attualmente questo pianeta sono la conseguenza delle politiche del defunto Roosevelt, allora tanto vale tenere la bocca chiusa.

Rebatet strinse un po' i denti. Non riusciva mai a pensare a Roosevelt con perfetta compostezza. L'illustre Papa protestante della democrazia condivideva con i suoi colleghi cattolici Ratti questo potere dall'oltretomba sull'ex politico che li aveva insultati così copiosamente quando erano ancora in vita. Ma Rebatet sosteneva sempre più il distacco, l'inutilità della rabbia e degli epiteti vendicativi. Poiché aveva già trasgredito queste regole una dozzina di volte dal mattino, parlando di poeti, domenicani, folklore bavarese e buon senso contadino, pensò che fosse saggio trattenersi.

Rebatet - A volte penso", dice, "agli anni maledetti del 1933 e del 1939, quegli anni in cui Hitler gettava la sua ombra spaventosa sull'Europa, quando i più puri tra i democratici rosicchiavano i denti di fronte alle devastazioni della peste bruna, stringevano i pugni e strillavano: "Finalmente, andiamo a combattere? In quei giorni di vergogna e di pace criminale, si prendeva il treno espresso alla Gare de l'Est, con tre timbri sul passaporto. Il controllore ti diceva: "Vai fino a Budapest? Ehi, ehi, è un lungo tratto di binario fino a Budapest. Bon voyage, Monsieur". E la sera dopo abbiamo cenato sulle rive del Danubio, a Budapest, una bella città. Il giorno seguente, abbiamo preso un aperitivo a Bucarest, sul Boulevard Bratiano, un bellissimo viale nuovo pieno di negozi e caffè "come a Parigi". Potevamo tornare a casa molto tranquillamente passando per altre belle città, non meno civilizzate, Cracovia, Dresda, come feci nel 1938, alla vigilia dell'infamia di Monaco.[103] Nel 1943, al culmine dell'orrore hitleriano, Véronique poteva ancora recarsi a

---

[103] Moglie di Lucien Rebatet.

Bucarest, quasi con la stessa facilità dei giorni di vergognosa pace. C'erano 2.500 chilometri di pista libera verso est. Oggi, dopo 1.000, 1.200 chilometri, ci si imbatte nella cortina di ferro. Questa è la vittoria roosveltiana: 100 milioni di bianchi, europei, consegnati alla Moscovia!

Il tono di Rebatet si alzò, le sue orecchie si arrossarono.

Rebatet - È un peccato non poterlo gridare dai tetti

Cousteau - Penso alle persone che ho conosciuto nei Paesi Baltici. Erano belli, quei Paesi baltici. Erano puliti, piacevoli, accoglienti. Réval è una città affascinante, con antiche case anseatiche e le donne più eleganti dell'Europa orientale. Che fine hanno fatto queste belle donne? Devono ingrassare le locomotive o spianare le strade... Nel 1943, venti persone mi dissero a Riga e a Reval: "I tedeschi sono finiti, ma gli americani non permetteranno mai ai russi di stabilirsi qui". Ci puoi scommettere. Per il defunto Roosevelt, l'intera Europa orientale non valeva le ossa di un ussaro dell'Infanterie de Marine.

Rebatet - Ora i Marines vengono abbattuti perché Roosevelt ha consegnato l'Asia ai bolscevichi per distruggere i giapponesi, che sono il popolo più avanzato e civilizzato di tutto il mondo giallo. Abbiamo il naso in Europa. Ma i crimini asiatici di Roosevelt sono ancora più gravi, ancora più stupidi. Se penso che, quando lo vedevo al telegiornale nei primi giorni della sua presidenza, trovavo questo mostro un volto simpatico, persino attraente.

Cousteau - Non sei l'unico. Anch'io mi sono sbagliato. E a bruciapelo, per così dire. Nel 1935 fui ricevuto nel famoso ufficio della rotonda dove il Presidente teneva le sue conferenze stampa, affiancato da due G.Men con teste di gangster, davanti a mazzi di rose rosse e modelli di fregate. Se cercate bene nella collezione *Je Suis Partout*, troverete un articolo entusiasta che è la vergogna della mia carriera.

Rebatet - Da allora vi siete rifatti con i "Crétins solennels de la Démocratie".

Cousteau - Sì, ma in termini elettorali, la prima impressione era buona, perché era superficiale. L'elettore medio non va mai oltre l'impressione superficiale, il che spiega la straordinaria popolarità di questo malfattore. Roosevelt aveva davvero un sorriso incantevole, un sorriso Colgate. Sembrava coraggioso, come si dice a Cucugnan.

Rebatet - Anche lei ha pensato che fosse "coraggioso".

Cousteau - Quando in realtà questa maschera da debosciato nascondeva un fanatismo del tipo più stitico, un fanatismo alla Savonarole, alla Calvino, alla Robespierre. Roosevelt credeva alle sue stesse stronzate. Duro come un chiodo. E qui sta la tragedia. Credeva nelle quattro libertà, nel *governo del popolo da parte del popolo per il popolo*, nei diritti del cittadino, nel rispetto della persona umana, nella coscienza universale. Un vero cazzone. E pericoloso. Dopo aver fatto tutto il possibile per iniziare la crociata in Europa, non vedeva l'ora che l'America si unisse a lui. Era pronto a far uccidere tre quarti della razza umana perché i sopravvissuti potessero vivere in una democrazia.[104]

Rebatet - Sicuramente non era così stupido da credere per un minuto che Stalin fosse un democratico.

Cousteau - In linea di principio, no. In pratica, sì. O più esattamente, è arrivato a crederci. I credenti sono così. Finiscono sempre per credere a ciò che vogliono credere. Non c'è dubbio che Roosevelt credesse onestamente, sinceramente e profondamente nei principi immortali. Perciò respinse tutto ciò che lo ostacolava con la stessa facilità con cui

---

[104] Il lettore è invitato a notare che questa parola, completamente smussata in bocca a Rebatet, assume il massimo vigore in bocca a Cousteau.

un cattolico si confronta con obiezioni di semplice buon senso, a cui viene presentata la prova di questa o quella sacra impostura.

Rebatet - È risaputo: per un credente, tutto ciò che è fastidioso è esattamente come se non esistesse.

Cousteau - Per quanto riguarda il dispotismo sovietico, era più facile per Roosevelt sorvolare su di esso perché Stalin usava più o meno lo stesso vocabolario dei potentati democratici dell'Occidente. Bastava credergli sulla parola. *Te baptiso carpam!* Ti battezzo *"democrazia amante della pace"*. Questo fu il crimine imperdonabile di Roosevelt. Prima ha finto - perché gli faceva comodo - di credere che Stalin fosse un partner accettabile. Poi ha finito per crederci davvero. Le stronzate hanno vinto sull'inganno.

Rebatet dubitava che l'ingenuità di Roosevelt potesse arrivare a tanto. Cousteau aprì l'armadio e tirò fuori il quaderno in cui aveva annotato le sue citazioni.

Cousteau - Sentite questa: "C'è una cosa che so per certo: Stalin non è un imperialista". E questo: "Non credo che dobbiamo preoccuparci della possibilità di una dominazione russa". È firmato Franklin D. Roosevelt. Per inciso, anche se Roosevelt non avesse espresso il suo pensiero in modo così chiaro, la sua intera politica si basava su questi presupposti, e l'intero pasticcio attuale ne è la conseguenza... Non lo dico per giustificare Roosevelt.

Rebatet - Inoltre, la stupidità in politica non è una scusa.

Cousteau - E poi ci sono tante altre aree in cui la doppiezza del personaggio è abbagliante. Ascoltate questa terza citazione: "L'ho già detto, ma lo ripeterò ancora: i vostri figli non saranno mandati a combattere in una guerra straniera". Questa frase è tratta da un discorso pronunciato nel 1940 e, se Roosevelt può essersi fatto delle illusioni su Stalin, non può essersi sbagliato sulle sue stesse intenzioni. Voleva la guerra. Sapeva che alla fine l'avrebbe ottenuta. Sapeva che avrebbe mandato i figli dei suoi elettori a combattere in terra straniera. Qui la menzogna è palese. Questo pazzo fanatico era anche un uomo disonesto. Roosevelt era decisamente completo.

Rebatet - È comunque rivoltante che l'America abbia dato i natali a Roosevelt e che sia l'unico paese finora a non aver sofferto seriamente delle follie di questo paralitico.

Cousteau - È questo che mi disgusta davvero. Nonostante l'abissale stupidità del suo sistema politico e il delirio dei suoi grandi uomini, alla fine l'America vince sempre.

Rebatet - Attento, Pac! Sembri un moralista!

Cousteau - Mi dispiace, non posso farci niente. Non riesco a mantenere la calma quando si tratta dell'immoralità delle vittorie americane. E sono ancora più irritanti perché gli americani si affrettano ad attribuire loro un coefficiente di moralità. Questo Paese, plasmato fin dall'inizio dal Vecchio Testamento, si è abituato in modo del tutto naturale a identificare il successo materiale con la benevolenza divina. Più soldi fa un uomo - anche se, come Rockefeller, spinge i suoi concorrenti al suicidio - più è virtuoso, perché è provato che Dio favorisce le sue imprese. La vera patria del Gott *Mit Uns* non è la Germania, ma l'America. Eppure la storia degli Stati Uniti non è altro che una successione di atti di brigantaggio.

Rebatet - Come la storia di tutti i popoli.

Cousteau - Con la differenza, però, che per gli altri popoli si alternano successi e insuccessi, mentre i briganti americani sono uniformemente coronati dal successo. È questa costanza di successi che mi esaspera, perché gli americani la attribuiscono, oltre che alla protezione divina, all'eccellenza delle loro istituzioni.

Rebatet - Lei ha un'ottima tesi su questo argomento. Dico tesi perché la immagino, in modo così surreale, svilupparla gentilmente, indossando un berretto quadrato, davanti agli studenti di Harvard. Questo aprirebbe le loro menti... se non ti linciassero.

Cousteau - Non è assolutamente certo che verrei linciato: gli americani hanno reazioni sconcertanti, hanno un certo gusto per il *fair play*, non sono assolutamente contrari ad essere sgridati... In ogni caso, per quanto ne so, nessuno si è ancora preso la briga di spiegare loro gentilmente che le loro guerre, così pomposamente avvolte in una retorica virtuosa, erano tutte guerre basicamente materialistiche. E nessuno ha spiegato loro che tutte le loro vittorie, senza eccezioni, non sono dovute a virtù eccezionali, ma all'abbondanza delle loro risorse materiali. Vittorie economiche quanto militari.

Rebatet - È su questo punto che la sua tesi ha maggiori probabilità di sconvolgere gli yankee.

Cousteau - In questo Paese dove, per centocinquant'anni, è bastato chinarsi per raccogliere oro, petrolio, ferro e carbone, dove il bestiame si allevava da solo, dove la vastità dello spazio autorizzava ogni tipo di spreco, i nativi credevano ostinatamente che la loro prosperità fosse la diretta conseguenza della Carta dei Diritti. Ma è vero l'esatto contrario, e la prosperità americana è stata fondata nonostante la democrazia, contro la democrazia, e sarebbe ancora più insolente se si fosse sviluppata razionalmente e non nell'anarchia. Su questo punto gli americani sono testardi. Sono arrivati a credere che basti che un popolo si butti nella democrazia per diventare immediatamente opulento come l'America. È una stupidaggine, ma è così.

Rebatet - Qui si tocca l'incommensurabile capacità di ipocrisia del Puritano. Una tale ipocrisia negli yankee che può essere spiegata solo con una puerilità almeno pari. Gli americani non hanno ancora raggiunto l'età del pensiero critico. Forse questo è uno dei segreti della loro forza. Confesso che preferirei essere decadente, ma consapevole di ciò che mi riguarda, di me stesso e dell'universo, piuttosto che potente, ascendente e ignorante come sono gli americani.

Cousteau - Avete visto il recente numero di *Life* in cui la coscienza americana si solleva inorridita contro le norme anti-nero in Sudafrica? Come se la segregazione non esistesse, non fosse mai esistita negli Stati Uniti, come se il negro fosse un cittadino libero, al pari di qualsiasi altro bianco.

Rebatet - Sì, ma la Costituzione americana dice che tutti gli uomini sono uguali e liberi. È scritto, e questo basta per queste coscienze felici. In un caso come *Life*, comunque, mi è difficile ammettere che non ci sia una buona dose di malafede deliberata. Ma per poterlo affermare, bisognerebbe essere in grado di effettuare dei test Gallup del tipo che, purtroppo, sono raramente praticati, e per una buona ragione... Lasciamo da parte l'ipocrisia. Torniamo alla guerra di Corea. C'è un fatto: il Presidente della democrazia più pura del mondo ha iniziato la guerra in prima persona, con la stessa brutalità del più famigerato dittatore.

Cousteau - I presidenti americani calpestano i principi democratici con incomparabile virtuosismo. Quando Wilson intraprese la guerra, l'opinione pubblica era ostile all'intervento e, per essere eletto, Wilson dovette promettere solennemente che l'America non avrebbe combattuto.

Rebatet - Roosevelt fece esattamente la stessa cosa, eludendo la volontà del popolo sovrano.

Cousteau - Quanto a Truman, quando lanciò le sue valorose truppe in Corea, non chiese il parere di nessuno. Non parliamo di MacArthur. Seyss-Inquart, al confronto, sembra un filantropo elegante... La fortuna dell'America è che la sua costituzione le permette di essere governata un po' - non del tutto, ovviamente - in modo totalitario. Un regime democratico è sempre assurdo. Ma il sistema americano è meno assurdo di quello francese.

Rebatet - Non so molto della Costituzione americana. Ovviamente è molto meno imbecille di quella francese. Il Presidente può essere eletto solo per quattro anni ed essere terribilmente sottomesso all'elettorato, ma ha i mezzi per governare. Lo ha dimostrato quest'estate. Non mi aspettavo tanta energia da questa camicetta.

Cousteau - Aspetta un attimo, bel ragazzo, non agitarti tanto. L'America ha messo il dito in uno strano ingranaggio. Si è impegnata a fondo nella *Weltpolitik*... È impossibile sapere come finirà questa impresa. Forse finirà molto bene, con l'instaurazione su questo pianeta di una sorta di *pax americana*, basata su Coca-Cola, schede elettorali e televisione. Oppure potrebbe finire molto male, con uno sventramento generale e il crollo di grattacieli. Questo non lo so. E non mi azzardo più a fare previsioni. Ma le probabilità sono a favore di un gran pasticcio, perché l'URSS non cederà alle buone parole, e finché l'URSS esisterà, l'egemonia americana non sarà completa...

Rebatet - Ma le cose possono rimanere come sono per molto tempo. Credo che i russi faranno di tutto per ritardare la guerra e con il loro sistema politico gli americani non sono in grado di lanciare una guerra preventiva. Nel frattempo, dobbiamo affrontare il riarmo della Germania. Attribuisco più importanza a questo che alla questione coreana.

Cousteau - In altre parole, tutto si incastra, ed è la battaglia d'Asia che permette di imporre la volontà americana ai vassalli europei. Da quando i Marines sono stati uccisi sopra e sotto il 38° parallelo, gli americani hanno buone ragioni per trovare scandaloso che nelle commissioni parlamentari si discuta del sesso della nuova Wehrmacht. E poiché, in ultima analisi, sono loro a distribuire la grana, gli statisti occidentali possono brontolare quanto vogliono, ma tutto ciò che devono fare è stare sull'attenti, con il mignolo sulla cucitura dei pantaloni a righe.

Rebatet - E poi, gli occidentali sono così spaventati che tutto ciò che vogliono è essere picchiati finché li proteggiamo dal lupo cattivo.

Cousteau - La protezione, inoltre, è del tutto illusoria. Gli americani hanno fatto tutto il possibile in Corea. Non hanno più nulla di riserva. Se Giuseppe attaccasse domani mattina, il chimico non sarebbe in grado di fare per Tauriol quello che ha fatto per Syngman Rhee. Tuttavia, l'Occidente crede, o finge di credere, nello scudo americano. Anche qui, tra le vittime dell'articolo 75...

Rebatet - Non capisco davvero gli amici che sono pronti a fare crociate dietro la bandiera a stelle e strisce. Criticano il nostro egoismo, ne sono certo. Ma questi cosiddetti idealisti mi sembra che barattino i loro ideali molto facilmente. Alla fine, preferiamo l'ipotesi della vittoria americana, perché è la vittoria del bagno. So che l'egemonia americana sarà comoda in termini materiali, ma so che sotto tutti gli altri aspetti mi disgusta non meno del marxismo universale. Guardo al duello America-Russia con distacco. Anzi, è piuttosto piacevole non doversi preoccupare dell'esito della battaglia in corso. E noto che gli americani sembrano essersi svegliati.

Cousteau - Questo risveglio è dovuto - almeno credo - a quel tipo di buon senso mercantile che è uno degli aspetti più irritanti, e talvolta più attraenti, del carattere americano. Perché questi idealisti sono, nei dettagli del loro comportamento privato, spietati uomini d'affari.

Cousteau - Un americano a cui siete appena stati presentati non manca mai di chiedervi, dopo cinque minuti di conversazione: "*Quanto guadagna*? A seconda che guadagniate 25 dollari alla settimana, o cento, o mille, saprà quanta considerazione deve darvi.

Rebatet - Me l'hai già spiegato.

Cousteau - Questo è l'aspetto irritante della mente pratica americana. Ma quando i loro generali o i loro politici affrontano le grandi questioni sulla stessa base, allora è molto meno idiota delle routine scolastiche delle nostre teste di rapa o delle stronzate dei nostri ministri. Gli americani lanciano una guerra come un dentifricio e gestiscono le loro forze armate come le fabbriche della Ford. Quanti dollari, quanti uomini e quante tonnellate di acciaio sono necessari? Dove, quando e come si possono ottenere al giusto prezzo? A quali condizioni l'azienda potrà realizzare un profitto? E così via. Pensate che, con persone che ragionano così, le imprecazioni maurrasiane di M. Moch contro la Prussia eterna possano indurli a rinunciare al riarmo tedesco?

Rebatet - Ahimè, i generali americani inizieranno a credere di essere davvero dei generali. E questo è molto preoccupante per le loro imprese future. Si sente già l'odore di Rue Saint-Dominique negli echi del Pentagono. A proposito del Pentagono, mi fanno ridere i documenti dei francesi nominati in questa istituzione che parlano di costruire un baluardo per la difesa dell'Europa. Avevamo il diritto di dirlo. Gli americani e i loro servi non ce l'hanno più. Per quanto ne so, non si tratta di andare a consegnare gli ungheresi o la patria di Kant. Quello che stanno difendendo sono le parti d'Europa che Roosevelt ha distrutto. Gli esperti e i banchieri americani hanno deciso che c'è un interesse strategico prevalente nel preservare queste parti: e questo è tutto. Ma aumentano le probabilità che il resto di noi non riveda mai più l'Europa che conoscevamo un tempo. E non dimentichiamo, quando vediamo una ripresa americana, che questo atto di energia e saggezza segue anni di crimini imbecilli e stupide aberrazioni.

Cousteau - Noi non lo dimenticheremo, ma gli altri sì. Anzi, l'hanno già dimenticato... È sempre la stessa storia. Se Gesù fosse stato uno psicologo davvero serio, invece della storia dell'operaio , avrebbe raccontato agli apostoli la storia del pompiere. Essendo gli uomini quello che sono, è questo che apprezzano. Soprattutto, è ciò che amano. Guardate cosa succede nei libri di testo di storia a quei due o tremila stronzi che sono conosciuti come i "grandi apostoli". Anche nei libri moralisti in cui versano secchi di escrementi sulle loro carogne, non dimenticano mai la tripletta: "... sì, ma la Convenzione ha salvato la Francia dall'Europa unita! Un bel problema, per l'amor di Dio! Chi aveva dichiarato questa guerra? Chi aveva fatto un tale scempio della Francia che il Paese era sull'orlo del collasso? I grandi antenati e nessun altro. Non vedo proprio alcun motivo per essere orgogliosi del fatto che si siano tirati fuori da una situazione piuttosto disperata di cui erano gli unici responsabili.

Rebatet - Eppure stiamo cantando.

Cousteau - E noi ci rallegreremo per gli americani quando avranno "salvato" un'Europa di cui hanno consegnato una buona metà al nemico, e di cui hanno già distrutto la maggior parte delle case. Un'Europa che sarà incomparabilmente più danneggiata dopo la prossima guerra di liberazione. Ripeto: il futuro appartiene ai pompieri.

Rebatet - È comunque molto sconvolgente che il futuro appartenga a loro. Possiamo sempre confortarci con la nostra amata Francia! Non ci deluderà. Avete visto che flusso di ministri sull'Atlantico? Truman ha fatto un fischio: Moch, Schuman, Petsche, sono volati immediatamente sulle rive del Potomac e sono tornati quattro giorni dopo per annunciare al Parlamento gli ordini ricevuti. Washington concede solo un piccolo spettacolo d'onore nelle gallerie. Non sto parlando di mance, ovviamente. E pensare che era la Camera della Resistenza che aveva appena votato il principio del riarmo tedesco![105]

Cousteau - Quante volte l'ammiraglio Darlan e Laval sono andati a Berchtesgaden in quattro anni? Non ne sono sicuro. Forse due o tre volte... Meno spesso, in ogni caso, di quanto abbia fatto il signor Jules Moch al Dipartimento di Stato in meno di tre mesi.

Rebatet - La Francia dovrebbe essere chiamata d'ora in poi il Quarantanovesimo Stato.

Cousteau - Non stai pensando! Gli Stati americani hanno un'autonomia legislativa e amministrativa che la Francia ha perso molto tempo fa! La Francia è a malapena un territorio federale, come le Riserve Rosse. *"Le F.F.A.R."*, per così dire.

Rebatet - *"The F.F.A.R."*?

Cousteau - *"Riserva federale francese di aborigeni..."*. E non è meglio così?

Bibliothèque de la maison centrale de Clairvaux, giugno 1950.

---

[105] Berchtesgaden era il "nido d'aquila" di Hitler, arroccato sulle montagne in vista dell'Austria. È in questo ambiente grandioso che riceveva i visitatori illustri, per meglio impressionarli.

DIALOGO N. 13

AIUTARE CLIO

"Le cosiddette verità storiche non hanno più realtà delle cosiddette verità religiose"
Sieyes, *Punti di vista sui mezzi d'azione*

Da quando Rebatet e Cousteau erano "scesi" in biblioteca, l'ambito delle loro possibilità culturali si era notevolmente ampliato. Non che in precedenza fosse stato loro negato l'accesso alla biblioteca. Ma una cosa era prendere in prestito qualche volume scelto da un catalogo, e un'altra era scegliere tra gli scaffali polverosi a caso, tra il meglio e il peggio, per leggere qui qualche riga, là qualche pagina, senza alcuna idea preconcetta, man mano che l'ispirazione li prendeva. Quel giorno, Cousteau fece una scoperta deliziosa:

Cousteau - Ascolta questo, Lucien... Ascolta questo! E ti giuro che non mi sto inventando niente. E poi è stampato. E non in un libro di pastiches, non in un "à la manière de...". È in un libro serio e ufficiale.

E Cousteau, tenendo in mano *La Petite Histoire de France*, di Pierre Bessège e A. Lyonnet, ispettori scolastici, iniziò a leggere:

Cousteau - "L'imperatore Napoleone III aveva certamente un buon esercito. Ma nel 1870 Bismarck, ministro del re di Prussia, gli dichiarò guerra...". Non è meglio? Comunque, questi ispettori scolastici hanno una bella faccia tosta... Questo promette di essere un buon inizio per i testi scolastici che racconteranno le gesta dei maquisards e la "liberazione" di Parigi.

Rebatet - A che età, ha chiesto Rebatet, ha appreso che era stata la Francia a dichiarare guerra alla Prussia nel 1870?

Cousteau - non saprei... Verso il periodo degli esami di maturità. Devo dire che sono passato da un'idea all'altra senza che ci fosse un vero conflitto emotivo nella mia psiche. Al massimo, era solo un impulso... La motivazione bellicosa di Bismarck...[106]

Rebatet - Bene, bene", tagliò corto Rebatet, temendo di sentire una psicoanalisi del Cancelliere di Ferro. Per me lo stesso, ma i miei impulsi erano più forti, perché tutta la mia infanzia era stata alimentata dalle storie dei Settanta. Mia nonna materna aveva avuto il fidanzato ucciso a Gravelotte e mio nonno aveva combattuto nell'assedio di Parigi. Ah! A dieci anni non ero un collaborazionista!

Cousteau - Neanche io, dannazione! Uno dei miei zii, di cui capisco solo oggi le coccole, ma che all'epoca era molto imponente con me, era stato arruolato con Bazaine e deportato a Koenigsberg. Viveva solo per la vendetta e il suo letto matrimoniale era sormontato da un'Alsazia e una Lorena ugualmente perdute, ugualmente malinconiche, e sulle quali non avevo dubbi, fin dall'età degli impulsi sado-anali, che il mio dovere fosse quello di riprenderle dal nemico. Anche se finii per ammettere l'iniziativa bellicosa di Badinguet per la maturità, testi alla mano, la certezza della colpa prussiana che mi era stata inculcata fin dalla prima infanzia resistette all'evidenza fino agli ultimi anni, quando questa fortunata incarcerazione mi permise di rivedere tutte le mie nozioni storiche e non solo...

Rebatet stava sfogliando il manuale che Cousteau aveva appena portato alla

---

[106] All'epoca, Cousteau stava facendo i lavori forzati traducendo un'opera americana sulla psicoanalisi dei criminali per l'amministrazione carceraria. Il suo vocabolario, fino ad allora di buon livello, era stato seriamente alterato.

luce:

Rebatet - È bello vederlo stampato in bianco e nero. In definitiva, se confrontiamo questi testi con le nostre esperienze, vediamo che esistono già, da un punto di vista puramente accademico, due tipi di verità storiche: quella del Certificat d'études e quella del Bachot.

Cousteau - Ce ne sono molti altri! Più vado avanti, più mi convinco che la storia è un mucchio di sciocchezze. Intendo il tipo di storia che gli spioni pretendono di imporci come rappresentazione ideale, la Storia-Scienza, la Storia imparziale, oggettiva. Non esiste, né può esistere, una storia imparziale. Almeno per quanto riguarda l'era cristiana. E per quanto riguarda tutto ciò che l'ha preceduta, beh, è passato così tanto tempo e i documenti sono così rari e così sospetti che non può esistere alcuna storia.

Rebatet - Beh, addio, disse Rebatet alzandosi. Visto che non avete altro da dire sulla storia, vado a fare una passeggiata al sole.

Cousteau si affrettò ad afferrare l'amico per la manica della camicia. Questa manica, che era già stata fatta a pezzi da un incontro di judo con un supervisore, rimase nella sua mano.

Rebatet - Maledizione! Incantesimo del vaiolo![107] Fan de pied!" gridò Rebatet, adottando l'intensità decrescente della marchesa di Cambremer douairière.

Impassibile, Cousteau continuò:

Cousteau - Ma andiamo, c'è molto da dire sulla storia. Io amo la storia e leggo quasi esclusivamente libri di storia. Ma prima di tutto, bisogna

---

[107] Per chi non lo sapesse, è un personaggio di Proust.

rendersi conto che la storia stessa è un mucchio di sciocchezze. Una volta compresa questa verità di base, non c'è motivo per cui non ci si possa abbandonare a questa forma di intrattenimento e a una piacevole chiacchierata.

Rebatet - No, vado sicuramente a fare una passeggiata, dice Rebatet.

Si diresse con decisione verso le scale. Al secondo gradino, però, si fermò e si voltò:

Rebatet - So molto poco di storia, dice con dignità, ho poca fiducia in essa. Ma comunque non vorrei che fosse relegata al livello della metafisica.

Cousteau - Così sia", rispose Cousteau. Vi concedo che la storia non è così gratuitamente frivola. Ma la sua natura non è poi così diversa. Come i metafisici, gli storici si prefiggono - consciamente o inconsciamente - di sostenere le loro preferenze personali con argomenti accettabili. In una parola, qualsiasi cosa affermino, si sforzano di dimostrarla. E non può essere altrimenti. Scrivere la storia è innanzitutto una questione di selezione, di scelta tra gli eventi che sembrano più significativi. E inevitabilmente ognuno sceglie in base al proprio temperamento. Così ci sono storici di destra e storici di sinistra che raccontano gli stessi eventi in modo rigorosamente contraddittorio.[108]

Rebatet - Naturalmente, storici come Bainville, per i quali la storia finisce nel 1789, e storici come Seignobos, per i quali la storia inizia nel 1789.

Cousteau - Non mi disturba affatto. È la mia personale concezione della

---

[108] Jacques Bainville, storico reazionario eletto all'Académie nel 1935, un anno prima della sua morte, fu uno dei teorici dell'Action Française. Il suo libro *Les Dictateurs* (Denoël et Steele, 1935) fu in parte scritto da giovani membri del movimento maurrassiano, tra cui Rebatet e Brasillach.

storia. Cerco solo ciò che rafforza i miei pregiudizi e ammetto prontamente che altri la usano allo stesso modo. L'unica cosa che mi irrita è la negazione di questo fatto ovvio, la pretesa di una sorta di imparzialità trascendentale. Non appena un autore afferma di essere obiettivo, sento puzza di truffa.

Rebatet aveva accettato di sedersi di nuovo. Ma l'espressione del suo volto non dimostrava che fosse interessato a ciò che il suo compagno aveva da dire.

Rebatet - È ovvio", disse stizzito. Dovreste immaginare uno storico senza idee politiche: ma non capirebbe nulla dell'oggetto stesso del suo studio. Esiste la filosofia della storia, e Fritz ne ha parlato molto, probabilmente per mascherare la sua notevole malafede in materia. Non sono mai riuscito a leggere un libro sull'argomento fino in fondo. Lo storico è una figura utile quasi quanto il poliziotto in un regime.

Cousteau - È il creatore della verità dei partiti.

Rebatet - È un lavoro piuttosto triste, tutto sommato, soprattutto ai livelli più bassi. Un mafioso è più stimabile di un agrégé che scrive una storia repubblicana per tredicenni. I cittadini di A.F. hanno fatto bene a insultare i Seignobo, erano dei cialtroni.

Cousteau - Sì, ma gli storici dell'A.F. non sono più obiettivi.

Rebatet - Te lo concedo. Hanno reso giustizia a Richelieu e a Luigi XIV, ma per diffamare Napoleone. Avevano un solo piacere: portare alla luce un certo numero di fatti che erano stati nascosti per cento anni. Ma Gaxotte si impegnò a fondo per fare di Luigi XV un grande sovrano. E Bainville, che ha scritto la storia della Terza Repubblica con una riga sulla muratura e non una parola sugli ebrei, perché voleva essere un accademico! Tutto questo è poco serio, non molto al di sopra di Dumas e Paul Reboux. Una cosa, però, in lode di questo borghese Bainville, che ha scritto bene ma al quale non ho mai potuto perdonare i suoi falsi abiti: si è sempre rifiutato di scrivere una storia di Luigi XVI, che gli era stata chiesta da tutte le parti. Pensava che Luigi XVI fosse troppo stupido e non voleva dirlo. Ma questo è un caso di menzogna per omissione.

Cousteau - È il più comune. Sarebbe un bel compendio di fatti fondamentali che vengono semplicemente ignorati nei libri di testo di storia. Da quando la Repubblica mi ha concesso un po' di tempo libero, ne ho scoperti alcuni a caso. Per esempio, non si dice mai quanti inglesi e quanti francesi c'erano durante la Guerra dei Cento Anni: sette francesi contro un inglese. Non si dice mai che a Jemmapes i francesi combatterono due contro uno. Non si dice mai che i soldati francesi assediati a Parigi nel 1871 erano più numerosi dei prussiani di tre a uno. Che ne sarebbe dell'orgoglio nazionale senza queste bugie di omissione?

Rebatet - Senza pretendere un'obiettività che è fuori dal mondo, bisogna dire che i francesi non hanno il monopolio di queste pie bugie. Ogni Paese ha il suo catechismo storico. Mi sembra che gli inglesi ne abbiano uno molto sofisticato.

Cousteau - Non c'è bisogno di dirlo.[109] Ricordate tutto quello che ho scoperto nel libro di testo di storia di mio figlio. Giovanna d'Arco viene bruciata dal clero francese... La guerra dei Cent'anni finì perché il re d'Inghilterra decise improvvisamente, per bontà d'animo, che era stato versato abbastanza sangue... E fu ancora una volta per bontà d'animo, per altruismo, per liberare gli sfortunati popoli europei brutalizzati dal tiranno, che l'Inghilterra si assunse il compito di combattere Napoleone... Infine, l'Inghilterra vinse da sola la guerra di Crimea, senza che il lettore sospettasse mai che i francesi avevano lasciato decine di migliaia di cadaveri fuori Sebastopoli... Se avessimo a disposizione libri di testo tedeschi o russi, troveremmo molte altre chicche... Ma, dopo tutto, non

---

[109] Convitto dei Maristi a Exeter, Devon, Inghilterra.

può essere altrimenti. È inconcepibile che qualcuno possa scrivere un libro di storia in modo imparziale.

Rebatet si girò in cerchio, con aria imbronciata, poi si rimise a sedere sulla sedia:

Rebatet - È stupido, è stupido", ringhiò.

Cousteau - Cosa c'è che non va, Lucien?" disse Cousteau affabilmente.

Rebatet - Sono di pessimo umore da due ore. Cazzo, non so se è perché sono malato o perché sto troppo bene. Sono di cattivo umore, ma ho voglia di scopare. Ho dovuto riaprire la Bibbia, per l'amor di Dio! Sono nervoso, ho voglia di litigare con qualcuno.[110] Non posso discutere con l'SS Marschiert, lui non vuole, è troppo amico di me, quell'idiota! Speravo di poter discutere con te, ma non c'è modo. Va bene per gli storici, ahimè! va bene. L'unico commento che potrei farle non è affatto polemico. Vorrei dirle: ci sono gli storici, ma c'è ancora la Storia.

Cousteau - Sì, ma la storia sfugge a qualsiasi tipo di definizione. È come Dio. Non sappiamo cosa sia, e ognuno la modella a sua immagine... I marxisti cinematografici e i sartriani con le camicie a quadri mi fanno ridere di gusto quando pronunciano questa parola con superstiziosa riverenza. *Essere o non essere* nel flusso della storia! Haro sui maledetti che marciano in direzione opposta! Ave agli eletti che sono andati nella direzione giusta! Branco di imbroglioni! Branco di ciarlatani! Ecco una religione burlesca come la religione del Progresso dei barbari del Quarantotto.

Rebatet - È la stessa religione. Non c'è niente di più che una sostituzione

---

[110] Il soprannome di un galeotto di Saint Etienne, ex capo della milizia del Giura, artigliere della brigata Carlo Magno, grande lettore di letteratura contemporanea e simile per statura agli atleti militari di Arno Breker.

di vocabolario...

Cousteau - Come se la Storia avesse un senso! Come se ci fosse un'armonia prestabilita, una finalità nelle bizzarre catastrofi che hanno sconvolto la misera razza umana fin dai tempi di Neanderthal! Per quanto mi riguarda, è tutta una disgustosa confusione e, sebbene sia possibile dedurre un certo numero di leggi da questo spettacolo - non molte! - e progredire nella conoscenza dell'uomo guardando al passato, è un'impresa che può essere portata a termine con risultati altrettanto buoni con un campo di esperienza infinitamente più piccolo. Proust conosce la condizione umana molto più di Michelet. E per farlo andare avanti basta una madeleine immersa in una tazza di tisana... Detto questo, non intendo sminuire gli studi storici. Ripeto che amo i resoconti del passato. Ma non sento che queste storie mi arricchiscano davvero. Sono come tutti gli altri! Ci trovo solo quello che voglio trovarci.

Rebatet appoggiò la testa sul tavolo in preda alla disperazione.

Rebatet - Mi hai dato il colpo di grazia! Tu che invochi la madeleine di Proust! È finita, non c'è più alcuna discussione possibile tra noi. Ora tutto è possibile.[111] Tra un anno potresti tenermi una lezione sull'*Arte della Fuga* di Bach. È spaventoso, disperante; hai assolutamente ragione: non c'è più metafisica della Storia, non c'è più Storia in sé di quanto non ci sia la società in sé. Oh sì, fanculo la storicità, è un trasferimento di sentimento religioso. Ma esiste il realismo storico. Ed è proprio questo realismo che i progressisti rifiutano. Lei mi ha appena detto che ama le storie del passato. I progressisti, invece, le odiano perché le disturbano, perché dimostrano l'eterno riavvio di tutto, una visione sgradita anche a certi moralisti.

---

[111] L'inappartenenza di P.-A. Cousteau alla musica rende questa ipotesi singolare quanto quella del pareggio di bilancio sotto un ministero socialista, per esempio.

Cousteau - In breve, anche lei guarda alla storia come un fascista, come uno scettico, e ne trae i tratti che le fanno comodo.

Rebatet - Purtroppo è vero... Per carità! Stiamo entrando in un ambito eccessivamente filosofico, relatività, soggettività, tutto il resto. E io oggi sono capace di filosofare quanto di servire una messa pontificale. Ma la storia è ancora la raccolta di un certo numero di fatti e documenti. Questi documenti sono spesso dubbi, originariamente falsificati dalle parti. Tuttavia, non posso essere d'accordo con Valéry che atomizza la storia, negandole ogni realtà.

Cousteau - Nemmeno io mi spingo così lontano.

Rebatet - La storia lascia dietro di sé una sorta di traccia generale che ha valore di testimonianza. Possiamo ripercorrere il processo storico della decadenza di Atene, Roma, Bisanzio e della Francia. La storia ci permette di individuare alcuni fatti la cui ripetizione porta agli stessi risultati. Credo nella possibilità di individuare un certo principio storico di causalità.

Cousteau - Non va molto lontano.

Rebatet - Oh, te lo concedo. Ma una delle caratteristiche fondamentali di un democratico è rifiutare questa visione, perché dimostra la permanenza della natura umana. Inoltre, sono troppo fondamentalmente irreligioso per rinunciare alla storia. È un'arma troppo potente contro i credenti. L'imbroglione Sartre ci ha rubato la parola storicità, che era comoda, per trasformarla in logomachia, mentre ciò che intendiamo è una nozione molto semplice e onesta di buon senso. Sapete cosa intendo: la storicità di Cesare è un po' più solida di quella di Cristo. Mi preme molto discriminare tra storia e agiografia.

Cousteau era sensibile a questa dimostrazione.[112] Apprezzava il buon senso quasi contadino del suo amicola cui evidenza sfugge a chi vede in Les Décombres solo l'opera di uno strambo.

Cousteau - Così sia", ha detto, "non atomizziamo la storia a nostra volta. Voi e io, quando leggiamo i resoconti del passato, quello che ci colpisce è che si tratta sempre della stessa cosa, che gli uomini sono sempre gli stessi. E, per inciso, questa sensazione è tanto più viva per me in questo momento in cui sono immerso nel libro di Alberic Varenne, *Quand la France occupait l'Europe,* dove le analogie con l'occupazione di Chleuh del 1940-1944 sono impressionanti. Ma altri, che non agiscono necessariamente in malafede, leggono i nostri stessi testi e concludono con altrettanta sicurezza che non è sempre la stessa cosa e che le persone si evolvono.

Rebatet - La colpa non è loro.

Cousteau - Grazie a Dio questo non intacca la mia certezza di essere nel giusto, ma mi rende sospettoso nei confronti della storia. È fin troppo facile manipolarla, anche se solo per omissione, come abbiamo detto in precedenza. Un esempio: tutti sono d'accordo nel rendere omaggio alla memoria del generale Hoche. Era bello, era gentile, era coraggioso, era un repubblicano, era magnanimo. Non una sola gaffe contro questa figura. L'avevo sentito dire a scuola e letto così spesso in tanti testi diversi che alla fine mi ero convinto. Dopotutto, poteva anche esistere un grande antenato che non fosse un delinquente... Ma l'altro giorno ho letto un resoconto della spedizione del Quiberon da parte di uno dei pochi sopravvissuti. E cosa ho imparato? Perché, ovviamente, non l'avevo letto in nessun testo scolastico. Che la resa degli emigranti sconfitti e

---

[112] Niente potrebbe irritare Rebatet più di questa assimilazione ai figli della terra. Tuttavia, il fatto che l'autore dei *Décombres* possieda un certo numero di ettari di buona terra francese, da qualche parte nel Delfinato, significa che il buon senso contadino di Rebatet non è solo ereditario. (Nota pubblicata nonostante le violente proteste di Rebatet).

circondati avvenne per mano dello stesso impavido e impenitente generale Hoche, dopo che i vinti avevano ricevuto dal vincitore la solenne promessa che la loro vita sarebbe stata risparmiata. I malcapitati gettarono le armi e dopo il virtuoso e leale M. Hoche li fece fucilare uno ad uno, fino all'ultimo uomo.

Rebatet - Dopo tutto, è stata la Convenzione a dargli quegli ordini.

Cousteau - Ma questo non cambia nulla. Un uomo che uccide prigionieri ai quali ha promesso di salvare la vita è un miserabile. Se dovessi scrivere qualcosa su Hoche, trascurerei tutto il resto. Ma tutti coloro che hanno raccontato la vita del generale Hoche hanno adottato il metodo opposto. Hanno insistito sulle cavalcate fotogeniche e si sono gasati sulla capitolazione di Quiberon.

Rebatet - Tuttavia, ha aggiunto Rebatet, sappiamo che Hoche ha massacrato i suoi prigionieri e non c'è bisogno di esaminare venti tonnellate di archivi per scoprirlo. Quindi c'è una certa verità storica che è indipendente dagli storici. Quello che vediamo soprattutto è che gli storici di professione incidono su questa verità, ingrandendola o nascondendola, a seconda di come la pensano. L'esempio di Hoche è davvero molto interessante: dimostra chiaramente la natura basilarmente feroce della Rivoluzione, che ha fatto di uno dei suoi generali più onorevoli uno spergiuro e una specie di assassino. Ma lei mi dice che se dovesse scrivere una storia di Hoche, parlerebbe solo di Quiberon. Non me la bevo.

Cousteau - **Non** mi spingerei così lontano, parlerei anche delle altre circostanze della sua carriera, ma è vero che punterei i riflettori su Quiberon.

Rebatet - Posso vedere i tuoi riflettori da qui! Hoche sarebbe trattato alla stregua del signor Roosevelt o del generale Giraud. Non credo che sia giusto e nemmeno utile... Per non parlare della mia personale simpatia per i giovani sciabolatori emersi tra il 1792 e il 1800 e che sono, a mio avviso, le figure più coinvolgenti e intelligenti della storia militare francese. Noto che, storicamente parlando, Hoche era un uomo pulito, molto al di sopra dei politici che lo impiegavano. Riconoscendo le sue qualità e dimostrando che, nonostante le sue qualità, dovette diventare un boia, per ordine, possiamo essere ancora più duri nei confronti della Convenzione, che ha immerso nel suo fango anche quest'uomo. Siamo liberi di dire che un uomo come Hoche non avrebbe mai dovuto servire i bastardi di Parigi, che stava inseguendo l'impossibile pretendendo di essere sia un uomo d'onore sia un generale rivoluzionario che operava in territorio francese. Ma dire puramente e semplicemente che Hoche è l'assassino di Quiberon è propaganda in risposta ad altra propaganda. Confesso di essere stanco della propaganda. Ogni giorno nella guerra di Corea, per esempio, vediamo i propagandisti accumulare le enormità.

Cousteau - E allora?

Rebatet - Di fronte a questa marea di menzogne e di ipocrisia, non sente il bisogno di prendere una posizione civile? Una certa visione della storia, considerata da un'altezza sufficiente, mi sembra appartenere alla civiltà. Da quell'altezza, è molto più sicuro schiacciare gli Aulard, i Seignobo, gli storiografi di Fifis e anche i Truman, i Deans Acheson e qualsiasi Pleven che farsi coinvolgere nelle loro sordide risse. Abbiamo letto entrambi con la stessa ammirazione quel volume, purtroppo unico qui, *De la Révolution* di Albert Sorel. Questo è ciò che io chiamo padroneggiare un argomento. Mi sembra che dopo aver letto un libro del genere, si abbia il diritto di avere un'idea della storia meno totalmente nichilista di quella che si ha.

Cousteau era un po' scosso:

Cousteau - C'è del vero in quello che dici. Ma purtroppo è nel mio temperamento ridurre sempre gli eventi passati, presenti e futuri alle dimensioni di un titolo di giornale... E non un giornale obiettivo, come può ben immaginare. Nei cinque anni trascorsi da quando gli "altri" mi hanno esiliato dalle macchine da stampa, ho passato il tempo a inventare titoli adatti alla situazione... Non posso farne a meno, non posso disgustarmi della propaganda... Così sono molto lontano dalla serenità che mi permetterebbe di osservare senza irritazione la serie di assurdità che compongono la storia del mondo...

Rebatet - Ma Albert Sorel?

Cousteau - Questa è un'altra cosa. Si tratta di un fenomeno piuttosto eccezionale e le mie imprecazioni, in questo caso particolare, non sono più giustificate. Ma mi chiedo se il piacere che ho provato nel leggere la sua *Rivoluzione* non sia dovuto principalmente all'enormità della sua documentazione, alla straordinaria ricchezza di citazioni e riferimenti. Il lettore ha davvero l'impressione di avere in mano tutti i pezzi del caso e di essere libero - forse è solo un'illusione - di interpretarli a suo piacimento. Con Bainville e Seignobos - per citare solo i primi - non ho mai avuto questa sensazione, ho sempre avuto la sensazione di leggere un dossier truccato. Ecco perché preferisco le raccolte di documenti e le testimonianze dei contemporanei ai libri di storia propriamente detti. Sono di parte, certo, ma sopportabili perché non pretendono di sintetizzare la verità. E lì, almeno, posso sempre essere sicuro di raccogliere qualche pezzo che coincide con la mia verità.

Rebatet - Ma la vostra verità è, dopo tutto, la storia che ha contribuito a formarla, le relazioni che avete stabilito tra gli eventi attuali e gli eventi passati, e che vi hanno mostrato l'assurdità di questa o quella credenza, di questa o quella politica. Senza dubbio mi risponderete che sono spaventosamente pretenzioso e che io stesso sto fornendo un esempio contro la mia tesi: ma direi volentieri che la verità *storica* è nostra. ogni caso, la nostra verità è certamente la meno lontana dalla realtà, da ciò che è stato.

Cousteau - Ne sono convinto.

Rebatet - È perché non guardiamo alla storia per giustificare la nostra fede nel progresso, perché non siamo asserviti né a una tesi spiritualista né alla tesi marxista che nega il ruolo degli individui. Se la storia fosse puramente relativa, dovremmo ammettere che tra cent'anni potremmo cingere le figure della Quarta Repubblica francese. Mi sembra una proposta impensabile. Sostengo che la curva della decadenza francese è iscritta nella storia e che il topos dei bugiardi ufficiali, della Sorbona o altrove, non cambierà nulla.

Cousteau - Questo è ancora da vedere...

Rebatet - Niente affatto. Verrà il momento in cui in tutto il mondo si scriverà e si penserà che la Francia ha cessato di essere una nazione di prim'ordine nel 1919, che ha continuato a scivolare lungo la china fino a un momento simile, il momento della sua scomparsa o della sua ripresa. A mio parere, è questo il senso della storia. È più in linea con le nostre opinioni che con quelle del signor Albert Bayet, perché siamo molto più lucidi del signor Albert Bayet. Quando diciamo che Luigi XI, Richelieu, il Grande Federico, Caterina II, Bismarck e Mussolini sono stati personaggi più importanti di Luigi XIII, Carlo X, Nicola II o Albert Lebrun, mi sembra ovvio come dire che Proust è uno scrittore migliore di Georges Ohnet.

Cousteau non aveva nulla da opporre a un'argomentazione che, su questo punto, era impeccabile.

Rebatet - Ci sono alcune costanti storiche che mi sembrano più solide della più solida delle leggi scientifiche: ad esempio, che i grandi imperi portano prosperità, che le guerre intraprese con uno scopo unificante hanno almeno il vantaggio di poter inaugurare un'era di pace, mentre il principio wilsoniano dell'uguaglianza delle nazioni, grandi o piccole che siano, è un regresso verso il feudalesimo, che moltiplica i conflitti di interesse. Si tratta di fenomeni la cui regolarità è osservabile fin dai tempi di Babilonia. Essere convinti di questa regolarità, conformare la propria politica ad essa, significa, in breve, credere nella storia. Se non lo accettiamo, il massimo che possiamo dire è che eravamo fascisti perché amavamo soprattutto le camicie nere e gli inni di Hitler. Sono ragioni piuttosto miopi.

Cousteau sorrise:[113]

Cousteau - E se fossi diventato fascista solo per le camicie colorate e l'*Horst Wessel Lied*

Rebatet lancia alcuni insulti:

Cousteau - Non arrabbiarti", diceva Cousteau. Il mio fascismo aveva altre ragioni. Ma non credo che fossero ragioni storiche. O almeno, la storia era solo un fattore causale accessorio e sottostante.

Rebatet - Ora stai di nuovo parlando a vanvera.

Cousteau - OK. Le concedo di "parlare" francese... Dicevo che se sono arrivato alle opinioni che ho, è molto più grazie all'idea che mi sono fatto dell'uomo in generale e più precisamente dell'uomo contemporaneo, l'uomo che possiamo toccare, vedere e sentire, che non basandomi su deduzioni storiche. Ciò che impariamo sull'uomo in una caserma o nella metropolitana è sufficiente per negargli, con qualsiasi pretesto, il diritto di governarsi. Le lezioni della storia mi sembrano molto meno

---

[113] Horst Wessel era un giovane attivista del partito nazista che fu ucciso nei suoi primi giorni di vita. Una canzone in sua memoria è diventata la canzone del partito.

convincenti.

Rebatet - La storia dimostra che la democrazia degrada un popolo. Esempi: Francia, Inghilterra, Germania di Weimar, solo per citarne alcuni. Queste non sono ipotesi, ma fatti. Se questi fatti non fanno parte della storia, cos'è la storia? Ovunque, i periodi di autorità sono periodi di salute sociale; al contrario, la demagogia, fin dai Greci, ha provocato gli stessi fenomeni di disgregazione.

Cousteau - Può essere certo che non la contraddirò. Sono completamente d'accordo su tutte queste verità primarie... Ma se avessi il coraggio dei repubblicani, mi sembra che troverei nella storia altrettante buone ragioni per credere nell'eccellenza dei principi immortali. E i nostri nemici non hanno colpe. Ho appena finito di leggere una storia dell'Inghilterra di un idiota di nome Trevelyan, che dimostra che l'intera vita degli isolani, a partire dagli Juti, dagli Angli e dai Sassoni, è stata una curva armoniosa che tende a una *democrazia migliore e più grande*... Possiamo dimostrare con altrettanta facilità che i periodi di autorità sono dannosi per le belle arti, che le dittature sono un disastro e che l'intera umanità tende all'espansione delle libertà fondamentali, al rispetto per la persona umana e all'abolizione della guerra...

Rebatet - Possiamo davvero parlare di guerre democratiche. La più spaventosa carneficina mai vista. Intere nazioni mobilitate. Sono convinto, inoltre, che a parte gli americani, che sono in tutto e per tutto allo stadio infantile e che non hanno ancora sofferto di nessuna guerra, né sulla loro pelle né sui loro beni, i nostri contemporanei sono costruiti sul mito democratico. La sua argomentazione - mi scusi, non voglio attribuirla a lei - ebbene, l'argomentazione che lei usa, insomma, era valida per gli Hugolâtres; oggi farebbe ridere gli elettori.

Cousteau - Non ne sono assolutamente sicuro. La gente è così stupida! In ogni caso, i figli degli elettori continuano a imparare dai libri di testo che, grazie alla democrazia, le guerre sono sempre più rare, che i re combattono sempre, mentre le democrazie combattono solo accidentalmente e con riluttanza, quando un mostro reazionario minaccia le loro libertà. Ed evitiamo il più possibile di ammettere che alla fine uccidiamo molte più persone in molto meno tempo. Anche in passato sono state uccise molte persone. La Guerra dei Trent'anni non fu un letto di rose per i Chleuh. Wallenstein e Gustavo Adolfo erano bravi quanto gli squadroni benedetti di Mons. Spellman... La verità è che è sempre la stessa.

Rebatet - Senza dubbio. Ma è comunque un'osservazione storica, una lezione che impariamo dalla storia e solo dalla storia. Quello che mi preoccupa, quando vi vedo screditare la storia, è che state fornendo argomenti ai nostri nemici, ai preti, ai progressisti di ogni genere che si sbarazzano della storia perché intralcia i loro sproloqui.

Cousteau - Ma credi, caro Lucien, che la storia non dia fastidio anche a me? Quando mi guardo indietro, ho la sensazione di non essere stato sconfitto solo in questa guerra, ma di essere stato sempre sconfitto. Almeno nel periodo contemporaneo. Sono stato sconfitto a Valmy, sono stato sconfitto in Vandea, sono stato sconfitto a Mosca, a Lipsia e a Waterloo, perché essendo stato contro la Rivoluzione, mi sarei schierato con Napoleone, che era l'Ordine. Sono stato battuto sulle barricate nel 1830 e nel 1848. Sono stato battuto in Georgia da Sherman e Grant. Sono stato battuto dal popolo del Quarto Settembre, battuto con gli eserciti di Wrangel e Koltchak, battuto in Normandia da Eisenhower e nel bunker del Reichskanzellrei da Joseph Vissarionovich. L'unica eccezione che conferma la regola: ho vinto con Franco contro il *Frente Popular*, ma è stato così inaspettato che non mi sono ancora ripreso. Storicamente, il *Frente Popular* avrebbe dovuto vincere perché erano loro i furfanti. Ah, i nostri nemici ci sbattono in faccia che la storia è contro di noi!

Rebatet - Sì, ma è da quando siamo stati sconfitti che il mondo è andato male. Da quando abbiamo smesso di spazzare via i mascalzoni. Nonostante tutte le sconfitte del nostro partito, il partito di Rivarol, Bonaparte, Nietzsche e Mussolini, abbiamo ragione per principio. La loro eccellenza è dimostrata da ogni nostra sconfitta, che fa scendere la razza umana di un gradino. Tuttavia, dobbiamo tornare a una semplice ma valida nozione di quella vecchia strega di Maurras: la legge dei numeri. Da centocinquant'anni il mondo vive sotto questa legge. Poiché gli stupidi e i bastardi sono infinitamente più numerosi dei "buoni", è quasi inevitabile che i "buoni" soccombano alla marea degli stupidi. E la storia lo registra inesorabilmente. Noi siamo dalla parte giusta della storia.

Cousteau - Ben detto, Cousteau. Così, va bene. Questa è una legge storica che mi riconcilia con la storia. Ed è una legge che è paradossale solo in apparenza. Come l'indegnità nazionale è un criterio di onorabilità in Francia dal 1944, così, dal 1789, l'onorabilità di una causa politica può essere giudicata dall'entità dei suoi fallimenti materiali. E questo è perfetto. La storia è con noi. Non parliamone più.

Ma Rebatet era ben consapevole di non aver smosso di un millimetro le formidabili convinzioni del suo amico.

Bibliothèque de la maison centrale de Clairvaux, luglio 1950.

DIALOGO N. 14

L'ESCARPOLETTE

"La vocazione di informatore abbonda nel genere umano, ma l'ambiente sociale non sempre la favorisce. Succede anche che certe epoche abbiano pregiudizi di eleganza morale a questo riguardo, che i governi si vergognino di usare le spie al loro interno, che gli organi costituiti e le organizzazioni professionali le caccino o rendano inutili i loro servizi. Questa è una lunga stagione di riposo per loro. Ma quando si presenta una circostanza eccezionale - rivoluzione, guerra, oppressione, dittatura - gli informatori rialzano la testa come l'erba dopo la pioggia."

Jules Romains, *Uomini di buona volontà* VIII[114]

Quella domenica, la squadra di Clairvaux del "P.-M." si era coperta di gloria imperitura.[115] Tra gli applausi degli intenditori, Jardin aveva segnato quattordici gol contro il portiere del Tissage, considerato il migliore della Centrale. Dopo la partita, quasi tutti si congratularono con lui. Tuttavia, Jardin era senza dubbio una delle più brutte canaglie di Clairvaux. Una "pecora", come lo chiamavano i compagni di prigione di Jean Valjean. Un "informatore", come dicevano i commensali di Maurras e Benoist-Méchin. Era scioccante che un informatore così collaudato dovesse rimanere in vita. Era ancora più scioccante che venisse mostrato così poco disprezzo nei suoi

---

[114] Uno sport atletico derivato dalla pallamano, adattato alle condizioni anguste dei cortili delle prigioni e meticolosamente codificato a Clairvaux da ingegnosi detenuti.

[115] Il laboratorio Portemanteaux.

confronti e che ricevesse ogni giorno così tanti sorrisi e strette di mano. La gente commentava la partita in biblioteca né più né meno che dopo una partita a Colombes. Rebatet era combattuto tra la sincera ammirazione per i calci irresistibili di Jardin e il ricordo dei quindici giorni di isolamento (sospesi) che doveva a questo sportivo.

Rebatet - Dopotutto è un famoso bastardo. Si meritava almeno un po' di botte. L'avevo denunciato ad alcuni delinquenti che aveva fatto arrabbiare. Non l'hanno toccato. Bisogna stare dalla sua parte. È un'altra caratteristica permanente della natura umana. Ecco un esempio a portata di mano...

Rebatet prese dalla fornitissima sezione storica della biblioteca un libro rivestito della stoffa grigiastra che è l'uniforme, il droguet letteratura internettiana. Si trattava di una selezione di cose viste e sentite durante la Rivoluzione francese.

Rebatet - Conoscete questo testo? È un frammento *dei Mémoires* di Pasquier, sulle prigioni del terrore.

Rebatet iniziò a leggere: "In ognuna delle grandi prigioni c'era un certo numero di disgraziati, detenuti in apparenza come gli altri prigionieri, ma incaricati di redigere liste e di presiedere alla scelta delle vittime. Diversi di loro si erano fatti conoscere e, incredibilmente, non erano morti per mano di coloro in mezzo ai quali svolgevano questa vergognosa missione. Anzi, sono state risparmiate e corteggiate. Uno dei miei cognati, guardando fuori dalla finestra, disse: "Ah! C'è Pépin Dégrouettes che sta facendo una passeggiata, dobbiamo andare a farci vedere! Mi hanno detto che era il principale dei cattivi di cui ho descritto l'abominevole ruolo... Ogni pomeriggio faceva il giro del cortile, e questa era l'occasione per passare in rassegna le mandrie che doveva mandare al macello una dopo l'altra. Guai a chi sembrava nascondersi o evitare il suo sguardo! Veniva immediatamente annotato e il suo posto veniva segnato nel lotto successivo... Lo vedo ancora, alto un metro e settanta, gobbo, contorto, traballante, con i capelli rossi come Giuda. Era circondato da un cerchio di persone, alcune delle quali camminavano all'indietro davanti a lui, implorando uno sguardo.

Rebatet, soddisfatto della sua scoperta, posò il libro tra gli altri che si stavano accumulando sul suo tavolo, si tolse gli occhiali e si mise a camminare nella biblioteca, il cui pavimento, negli stessi punti di sempre, scricchiolava sotto i suoi passi.

Rebatet - Quindi, vedi, vecchio mio, sarebbe sbagliato che gli informatori fossero imbarazzati. Possiamo persino stabilire questa regola basata sulla vigliaccheria: più l'informatore è spregevole, più viene rispettato per la paura che incute. Ma non c'è bisogno di risalire al terrore.[116] Uno dei più notevoli informatori dei kommando di sterminio a Dachau è diventato ministro.

Cousteau annuì solo a metà in segno di assenso:

Cousteau - Non è proprio la stessa cosa. C'è una notevole differenza tra spioni come Jardin e spioni come il ministro in questione. In breve, quali sono i fatti di cui questo ministro è accusato? Ha collaborato con i suoi vincitori. E per questo, molto dignitosamente, non possiamo fargliene una colpa. Né possiamo rinfacciargli di aver approfittato della sua posizione per nascondere i suoi compagni di partito e per riservare i kommando di sterminio solo ai suoi avversari politici. Io e voi, in circostanze identiche, non avremmo agito diversamente. Un informatore come Jardin o gli informatori "gabbati" nelle prigioni del Terrore non possono rivendicare le stesse motivazioni perfettamente dichiarate.

---

[116] Allusione a una diffamazione regolarmente fatta contro Marcel Paul, comunista e combattente della resistenza deportato. Questo caso è rimasto in tribunale fino agli anni Ottanta.

Rebatet - Certo, certo, ma stai andando troppo veloce, protestò Rebatet. Intendo elogiare la denuncia. Ha ragione, ci sono alcune differenze tra le Dégrouettes Pépin e i kapò politici. Ma lei ha appena parlato di "circostanze". Sono proprio queste circostanze che meritano attenzione. Dachau era un campo sorvegliato da specialisti delle SS; questi specialisti, per redigere le liste di sterminio, non esitavano un attimo a parlare con i detenuti. E come previsto, i prigionieri venivano immediatamente trovati per il lavoro. Questo deve essere un fenomeno piuttosto sorprendente per gli uomini liberi. Sono d'accordo: il futuro ministro, nel fare la spia sui non comunisti per le miniere di sale, ha agito da politico e quindi merita l'assoluzione. Riconoscerete, tuttavia, che questo è un caso estremo di denuncia politica. Inoltre, siamo prigionieri troppo vecchi per non sapere che la prigione raramente è pura. I compilatori di liste e i contabili dello sterminio devono aver avuto dei bei vantaggi.

Cousteau - È inevitabile. È nella natura delle cose. Dentro o fuori dal carcere, gli uomini che fanno politica e raggiungono una certa eminenza beneficiano di vantaggi materiali che mettono subito in dubbio la loro purezza.

Rebatet - La questione è se il loro impegno è stato determinato da questo o da qualcos'altro.

Cousteau - Se il comunista ha mandato i resistenti di destra al forno crematorio per ottenere una doppia crosta, è una vera carogna. Ma non credo. Ha ottenuto una doppia paga, così come Lenin ha ottenuto un bagno imperiale. Ritengo che gli spioni che denunciano i loro compagni nella sola speranza - il più delle volte illusoria - di migliorare la loro situazione personale non debbano essere confusi con gli informatori politici.

Rebatet - Non dimentichiamo che il vocabolario francese fa già un'importante distinzione tra "délateur" e "dénonciateur". Un informatore è una persona che fa la spia per soldi, per professione. Non dobbiamo nemmeno dimenticare che il verbo dénoncer ha un significato nobile: "Denuncio l'impostura di cui il nostro popolo è vittima... Denuncio la scelleratezza di questi ministri... ! ". Abbiamo denunciato molto in questo stile non appena abbiamo scritto e parlato di politica. È il momento in cui le persone si sporgono drammaticamente sul podio, il momento in cui la sala scoppia in forti applausi. Non appena un giornalista o un oratore ha un po' di temperamento, inizia a denunciare le cose in questo modo, e si guadagna un brevetto di coraggio.

Cousteau - Sì, certo, lei e io siamo entrambi informatori. Quello che abbiamo buttato via in quindici anni di giornalismo... Ma sembra che solo le nostre denunce durante l'Occupazione siano davvero abominevoli, e che le altre, quelle del periodo prebellico, rientrino nelle normali regole della polemica... In ogni caso, le nostre denunce dal 1940 al 1944 hanno avuto un effetto piuttosto diverso da quello che avevamo sperato... Ricordate: bastava scrivere che un sottoprefetto era gollista e sarebbe stato nominato prefetto entro tre settimane dai combattenti della Resistenza all'Hôtel du Parc. La cosa buffa è che i gollisti non li riconobbero affatto e anche i tecnici del doppio gioco finirono sulla paglia bagnata...[117] La storia ha i suoi momenti divertenti.

Rebatet - La storia è divertente, ma la morale lo è ancora di più. Immaginate la nostra reazione indignata di fronte al signore che nel 1938 si è permesso di chiamarci informatori. Ma noi eravamo informatori. I

---

[117] In realtà, Rebatet e Cousteau nominarono apertamente i nemici politici o i comuni cittadini che non condividevano le loro posizioni. Su Le Cri du peuple, all'inizio dell'occupazione, Rebatet partecipò a una rubrica intitolata "Le coup de balai", in cui alcune persone venivano citate per nome. Non esitò a scrivere all'allora ministro dell'Istruzione (Abel Bonnard) chiedendogli di licenziare il direttore di una scuola di gestione della sua regione, che proteggeva un giovane ebreo. In Je Suis Partout, riferendo dalla zona sud, indicò la residenza a Marsiglia di un certo Jean Bardanne, membro della Resistenza. Questo articolo ha provocato l'intervento della polizia.

comunisti intransigenti e i sabotatori di fabbriche di cui abbiamo rivelato le gesta sui nostri giornali pensavano che fossimo spie. Il massimo dell'eco, nella cronaca politica, sarà sempre la denuncia. I lettori e gli editori amano fare la spia. È quello che i difensori della persona umana, da Gide a Thierry Maulnier, ci hanno sempre criticato, ed è stato il grande argomento della sinistra contro l'Action Française: "Maurras e Daudet attaccano la vita privata dei loro avversari.

Cousteau - Questo è ciò che Gide sottintendeva quando parlava di Les *Décombres* e diceva che lei applicava il principio di Joseph de Maistre: "Non è stato fatto nulla contro le idee finché non sono stati attaccati gli uomini".

Rebatet - Thierry Maulnier non usava nomi propri nei suoi articoli politici prima della guerra.

Cousteau - Oggi indossa molto.

Rebatet - Perché aveva paura dei comunisti ed era obbligato a combatterli. La verità è che, a prescindere dal periodo, la denuncia è la forma essenziale di azione politica. Cosa si chiede ai militanti di partito? Denunciare l'avversario. Se i Popof occupano la California, Adolf Menjour, Greta Garbo, Gary Cooper e mezza Hollywood finiranno dritti in galera per le grandi spiate che fecero nel 1947 sull'attività comunista dei loro compari. La "gendarmeria supplementare" di cui Maurras parlava spesso era una buona rete di Camelot du roi che faceva oscillare il pendolo. I militanti del P.P.F. coperti di rifiuti e fucilati come spie per aver smantellato i gruppi del F.T.P. stavano, insomma, semplicemente obbedendo al codice che condannava la mancata denuncia di attacchi contro lo Stato. È una vergogna che gli avvocati non abbiano mai invocato il codice in questi casi.

Cousteau - Tanto più che i nostri nemici vincitori non esitarono a riabilitare la delazione. Dal giorno successivo alla partenza dei tedeschi, Parigi fu tappezzata di manifesti che invitavano i buoni cittadini a denunciare gli sporchi fascisti. Quindi non è la delazione in sé a essere negativa, ma la direzione che diamo a questo dovere di Stato. Dico "dovere" perché è vero che nessuna società può funzionare se i dilettanti non collaborano con i professionisti della polizia.

Rebatet - E nessuna operazione militare è possibile senza servizi di intelligence...

Cousteau - Per quanto indispensabili, gli informatori e le spie sono giustamente screditati. Perché nove volte su dieci queste persone agiscono per avidità: non ci sarà mai abbastanza sputo per questo tipo di spie. È anche perché c'è qualcosa di profondamente ripugnante nella doppiezza che anche gli informatori disinteressati sono costretti a mettere in atto per ottenere le loro informazioni. Questo, ovviamente, è un punto di vista personale, una questione di temperamento. Tutte le spie mi disgustano indistintamente.

Rebatet - Anch'io!

Cousteau - Non mi vedo a fingere sentimenti che non provo, a sorridere e inchinarmi, a bere e mangiare con persone la cui perdita sarebbe suggellata da una mia parola... È impensabile. Ma se per caso avessi scoperto una rete di terroristi durante l'occupazione, li avrei fatti massacrare, senza un secondo di esitazione, senza il minimo rimorso.

Rebatet - Sì, ma il caso non è sufficiente.

Cousteau - Ecco perché, affidandoci esclusivamente al caso, non abbiamo scoperto alcun complotto e materialmente non abbiamo le mani sporche di sangue (moralmente ne abbiamo molto, ma questo è un altro discorso...). Quindi, per penetrare i segreti del nemico, è essenziale aiutare la fortuna e andare a cercare i segreti dove sono, abbandonandosi alle contorsioni che una tale impresa richiede. È qui che mi trovo in difficoltà. E probabilmente mi sbaglio...

Rebatet - I marxisti direbbero che lei ha scrupoli piccolo-borghesi.

Cousteau - Oh, so che i comunisti puri non fanno tante storie. Accettano di sporcarsi le mani. Sono loro che hanno ragione. Credo di essere stato decisamente inadatto alla vera azione rivoluzionaria. Posso facilmente consolarmi con questo. Dopo tutto, stavo lottando per salvaguardare un certo numero di valori aristocratici e questa lotta non avrebbe avuto senso se avessi, di mia iniziativa, rinunciato a uno di questi valori...[118]

Rebatet - Questo è un aspetto della questione: qualsiasi lavoro come S.R. richiede competenze insolite e sgradevoli.[119] Ho sempre avuto difficoltà a capire come un ragazzo nato bene come Staès abbia potuto passare tre anni a lavorare come finto combattente della resistenza. Il successo nello spionaggio presuppone un background molto preoccupante. Abbiamo frequentato abbastanza spie negli ultimi cinque anni per sapere cosa comporta il loro lavoro. È bello che siano proprio questi personaggi in giacca e cravatta a essere ingigantiti quando vince il partito per il quale hanno servito di più. Penso alla sfilza di "eroine" francesi decorate fino alla barba.

Cousteau - Se parliamo di "dovere", è ovviamente tra questi professionisti che questa nozione è più debole. Se parliamo di "valori", bisogna dire che la purezza deve essere piuttosto rara, anche nella

---

[118] S.R.: servizio di intelligence.

[119] Jacques Staès, studente di medicina, fu fucilato a Montrouge nel 1947. Aveva usato un nome falso per infiltrarsi nei maquis e ne aveva fatti distruggere parecchi. La sera in cui fu condannato a morte, mentre tornava dal Palais, riassunse così il suo processo: "Non erano testimoni dell'accusa, era un'accusa di testimoni".

denuncia più perfettamente politica.

Rebatet - Fino a che punto il gusto del vilipendio non domina nel militante, per quanto convinto, che denuncia l'avversario? In ogni denuncia c'è almeno un'ineleganza. Ma chi, nella lotta politica, può vantare una qualche eleganza? Una mosca mette nelle sue mani documenti che portano all'incarcerazione, forse alla morte, di avversari pericolosi. Chi è il giornalista politico che si rifiuta di sfruttare questi documenti, pubblicandoli o consegnandoli alle autorità competenti? Un uomo del genere non esiste. Non è mai successo. Vorrei stabilire come principio che non appena si tocca la politica, si è tenuti a denunciarla. Questa certezza potrebbe essere uno dei motivi validi per non farsi coinvolgere.

Cousteau - E hai ragione a sottolineare che c'è sempre una certa dose di stronzaggine nella denuncia più disinteressata. Le disgrazie altrui sono una soddisfazione che raramente ammettiamo a noi stessi, ma che è comune a tutta la specie.

Rebatet - Proust ha scritto alcune cose definitive su questo...

Cousteau - E che dire della dose di stronzaggine degli informatori che NON sono disinteressati? A volte è la stronzaggine l'unico motivo, che prevale su tutte le altre considerazioni. In questo caso, abbiamo l'informatore nella sua forma più pura (se così si può dire).[120] L'uomo noto come Leboucq ne era l'incarnazione, la replica penitenziaria di "Le Corbeau". Dondolava come respirava, per dilettantismo, per sport, per il puro piacere di dondolare, senza alcuna necessità o preoccupazione per i benefici che avrebbe potuto trarne. E ha colpito chiunque, gli

---

[120] Ex capo del personale di una grande azienda industriale. Condannato a vent'anni di carcere per cospirazione con il nemico, in realtà per aver informato il nemico. Rilasciato in anticipo dopo tre anni di lavori forzati, poiché i suoi precedenti come informatore hanno indotto il Comitato per la grazia a concedergli clemenza.

scribacchini, i suoi compagni, i suoi nemici, avrebbe colpito il padre e la madre... Penso persino che avrebbe spinto il suo amore per l'arte fino al punto di pagare per fare lo swing. Non capita tutti i giorni di raggiungere una tale perfezione. Altri scambisti sono più sfumati.

Rebatet - Sì, ma sembra che stiamo entrando nel campo della patologia. Abbiamo incontrato e continuiamo a incontrare decine di Leboucq. L'aspetto stesso di queste affascinanti creature di Dio ci dice qualcosa: sono malate, e la denuncia diventa per loro un riflesso. Moralmente, se posso usare ancora questo termine per brevità, non sono responsabili, o almeno la loro responsabilità è molto attenuata. Stanno svolgendo una funzione naturale. Non è colpa di una puzzola se puzza. Ma sarebbe interessante sapere quale uso sociale viene fatto della specialità di queste persone - indicatori, certo, ma non sempre.

Cousteau - Leboucq era un caporeparto.

Rebatet - Ehi, ehi, ecco un aspetto piacevole del capitalismo. Scommetto che Leboucq è stato molto apprezzato e onorato per aver fatto esattamente il lavoro che gli è valso il disprezzo dei nostri carcerieri. Dovremmo ancora considerare tutti gli informatori da un punto di vista morale, e scoprire quanto piacere traggano dal loro pio lavoro. Prima di venire qui, avevamo già dei bei documenti sulla sporcizia dei nostri vicini. Ma quali nuove prospettive! Non potremo più dimenticare la denuncia quando guardiamo alla società o alla storia. Congratuliamoci con noi stessi: è un altro passo avanti nella comprensione della realtà.

Bibliothèque de la maison centrale de Clairvaux, agosto 1950.

DIALOGO N. 15

PIEDI SPORCHI

"Ci sono momenti in cui il disprezzo dovrebbe essere speso solo con parsimonia, a causa del gran numero di bisognosi".

Chateaubriand, *Mémoires d'Outre-Tombe*
L. 22, cap. 16

L'ultimo numero di Les *Temps Modernes* era appena arrivato in biblioteca. Le SS Marschiert e Rebatet vi si erano buttate sopra, spalla a spalla, per leggere subito la continuazione del grande articolo di Sartre su Jean Genêt, zia di professione, informatore della polizia, ladro, poeta e, per tutti questi motivi, una delle glorie della più recente letteratura francese. Rebatet gridò di gioia:

Rebatet - Ah, che bello! È la vetta di Sartre: la metafisica del cazzo. Senti questa, Pac! "Questa Visitazione è compiuta come si deve, non dalle parti nobili come nei mistici che valorizzano l'intuizione intellettuale al di sopra di tutto, ma dalle parti inferiori, quelle che si dedicano all'escrezione. Il male, i criminali e lo stesso Genêt non sono forse gli escrementi della società? Anche il bruciore che prova è ambiguo, contraddittorio nella sua essenza. Nell'acidità irritante del suo dolore, il pederasta non sa se sta espellendo escrementi o se si sta aprendo a un corpo estraneo. Per dirla alla francese: non sa più se sta cagando o se viene scopato! Eppure", continua Sartre, "in questa postura abietta e ridicola, in mezzo alla sua sofferenza e al suo marciume, è ancora il suo Dio che riceve.

Mentre Rebatet era entusiasta, Cousteau si accigliò:

Cousteau - È finita![121] Non c'è modo di prendere in giro Sartre... Dopo una trovata del genere, nessuna caricatura è possibile...

Rebatet - E questo, continua Rebatet, trasportato dalla sua lettura: ascoltate questa definizione di duro, di pappone: "Il duro è, per usare le parole di Hegel, il Male trasformato in soggetto assoluto". E questo, sempre a proposito di inculata: "Intorno a questo rapporto orizzontale, l'asse del feudalesimo ("Ah! come amo questo asse!") si ordinano rapporti orizzontali di giustapposizione".

Cousteau rimase sbalordito. Non che avesse familiarità con il vocabolario. Da quando le autorità carcerarie lo avevano costretto a tradurre opuscoli americani scritti in gergo husserliano per espiare i suoi crimini, non si era mai lasciato scoraggiare da nessun insulto alla lingua francese. E da Sartre si aspettava di tutto. Ma non questo.

Cousteau - L'uomo puzza, dice con un luccichio assassino negli occhi. Moralmente, gli puzzano i piedi.[122] Sul palco: mani sporche. Nelle scarpe: piedi sporchi. E la cosa stravagante è che questo bigodino che si trastulla così galantemente nel buco del culo del signor Jean Genêt, che trova quel buco del culo così esaltante e che lo eleva - per così dire - ad altezze metafisiche, è il censore supremo della banda dei vincitori, l'oracolo che decide sul Bene e sul Male. Il buco del culo del signor Jean Genêt è ovviamente il Bene. E tu e io (o anche solo noi) siamo il Male.

Rebatet - Sono al colmo della gioia! esclamò Rebatet, che non aveva

---

[121] Dopo aver letto Les *Chemins de la Liberté*, Cousteau scrisse un piccolo pastiche di Sartre, che è allegato a questo dialogo. L'inadeguatezza della caricatura è evidente. Per andare più in basso di Sartre, bisogna essere Sartre stesso.

[122] Nella sua opera teatrale *Les Mains sales* (1948), Jean-Paul Sartre torna sulla questione dell'impegno.

sentito una parola di quello che diceva Cousteau. Sapevo da tempo che cosa fosse Sartre: un bastardo, un uomo di talento, che mi infastidiva, ma anche una pedina e un burlone che lavorava nel genere delle trappole borghesi. Finora questi due ultimi lati del suo essere, per usare le sue parole, erano ancora velati.

Cousteau - Ora li espone.

Rebatet - Il signore che, parlando delle cazzate che un truqueur prende nel culo, scrive: "Questo tentativo passa incessantemente dall'essenzialismo all'esistenzialismo", questo signore si qualifica. Ci sono indubbiamente due cose in letteratura che stupiscono le nostre "dissimmetrie": parlare di culo e gergo filosofico. Sartre era un virtuoso di entrambi. Ma ha appena confuso i generi: parla di Genêt come un docente della Sorbona. È senza dubbio lo sforzo supremo. Ma non si spinge oltre. Che sia già arrivato a questo punto dopo cinque anni di carriera è insperato. È un segno che la bottega esistenzialista sta fallendo. Non è più possibile parlare seriamente di Sartre. Era assolutamente indispensabile per il suo prestigio e la sua fortuna.

Cousteau scosse la testa con scetticismo:

Cousteau - Purtroppo ne sono molto meno sicuro di lei. Perché mai il nostro "popolo dissimile" non dovrebbe continuare a prendere sul serio questa canaglia? Al contrario, credo nella durata della gloria di Sartre. Ha tutto ciò che serve per avere successo nella Francia degli "altri". E soprattutto ha tutto ciò che serve per mantenere gli altri fedeli a lui. Innanzitutto, se si tralasciano i procedimenti ciarlatani (gergo filosofico e argomenti artificiosamente scabrosi), i temi fondamentali di Sartre sono i vecchi e collaudati temi della tradizione letteraria degli anni Quaranta, da Les *Misérables* a *Nana* e *La Porteuse de Pain:* la prostituta gentile, il brutto folletto, il ladro buono, il poliziotto cattivo. Questo sì che è solido, garantito in fattura, un investimento da padre di famiglia. Avete letto La

Putain Respectueuse?

Rebatet - È l'"Ambigu" prima dell'altra guerra.

Cousteau - E in Francia, per questo tipo di melodramma "sociale", c'è sempre un pubblico pronto a fischiare il traditore e a piangere sulle disgrazie di Fantine e Cosette. Sartre è il Victor Hugo del XX secolo. Il fatto che i suoi trucchi siano stati scoperti dai chiaroveggenti, proprio come quelli di Flaubert in Les *Misérables*, non gli impedirà di consolidare la sua fama o di farla durare.

Rebatet - Naturalmente, Jean-Paul è straordinariamente adatto al suo tempo. È il suo brodo. Soprattutto, lei vuole trarre da Sartre un giudizio sul mondo esterno, per dimostrare che gli alitanti, i cagasotto, gli scaricatori di porto sono la maggioranza. È un buon punto di vista, lo condivido. Ma a me interessa Sartre "in sé". Perché, se è confortante pensare che il grande genio di un'epoca sia questo burlone, questo bisbetico, resta il fatto che il burlone e il bisbetico hanno tutte le prerogative del genio e che il nostro disprezzo non lo raggiunge più della bava di una lumaca.

Cousteau - Possiamo sempre sperare che Sartre un giorno vada in buca tra quattro poliziotti kalmucchi. Ma i poliziotti di Kalmouk tardano ad arrivare.

Rebatet - E poi sono convinto che Sartre non li aspetterà. Non ci sarà nessun aereo per noi vili fascisti, se avremo ancora la sfortuna di mettere piede sul suolo di questo continente, ma ci sarà una 'costellazione' per tutta la cricca deviata, marxista ma non comunista dei *Tempi Moderni*, che avrà il culo più fottuto. Ho voglia di una vendetta più concreta e veloce. Negli ultimi quattro anni ho osservato le crepe nelle stravaganti fondamenta su cui si reggeva Sartre. Vi dico che sta arrivando.

Cousteau - Oh, lo pensi davvero?

Rebatet - Non sono io a dire che la letteratura "liberata" sta fallendo, sono gli stessi ex combattenti della Resistenza a proclamarlo, che credevano che il 1945 avrebbe inaugurato una nuova era per poi scoprire cinque anni dopo che questo rinascimento si è risolto in una serie di scoregge.

Cousteau - Il fallimento non è un problema.

Rebatet - Sartre è riuscito a mantenersi in vita grazie alla grana che ha già preso, alla formidabile tiritera di cui si è circondato e al talento, purtroppo indiscutibile, che possiede in diversi registri. Ma sta arrivando al capolinea. Non è che ritenga inaudito dedicare cinquanta pagine a un succhiacazzi professionista - direi anzi che è un argomento interessante. Ma è il tono, la morale che Sartre pretende di ricavare da questo studio a indicare che ci stiamo avvicinando alla fine di un genere. Se Sartre persiste, e questo sembra essere nel suo carattere di venditore di dottorato, è spacciato. Lo vedremo cadere in modo clamoroso. In ogni caso, è questa la vendetta che spero. Perché, per Dio, se c'è un uomo a cui auguro il male è proprio lui.

Cousteau aveva un sorriso obliquo e uno sguardo maligno:

Cousteau: credo sia l'uomo che odio di più al mondo. Se Sartre mi ispira un tale odio, non è perché è un nemico tra i nemici. Non è perché ama tutto ciò che io disprezzo e disprezza tutto ciò che io rispetto. Ci sono milioni e milioni di persone al mondo che non la pensano come me, e sarebbe infantile odiarle. È più comodo ignorarle, far finta che non esistano. Quanto a Sartre, non posso ignorarlo. E non appena viene coinvolto, non riesco a mantenere la calma e comincio ad agitarmi per l'epiteto.

Rebatet - L'epiteto, l'epiteto... è una valvola. È una buona arma in un combattimento, la si ha sempre a portata di mano. Ci è stato permesso di abusarne quando eravamo giovani, perché non sapevamo molto. Ma oggi sappiamo cosa fanno i nostri contemporanei. Credo che oggi sia molto più efficace raccontare storie di persone, descriverle piuttosto che descriverle.

Cousteau - Hai ragione, Lucien. Ma non posso farci niente. Vedo rosso. Vedo rosso, ripeto, perché Sartre non è solo un nemico, perché è prima di tutto un disonesto, perché è profondamente, essenzialmente disonesto, perché imbroglia costantemente dalla prima all'ultima riga di ogni suo libro, di ogni suo articolo, perché imbroglia come gli altri respirano, per gusto, per necessità, per natura. Sono disposto a combattere senza speranza contro il mondo intero, ma non contro un uomo che non usa altro che tattiche difensive. Non si può discutere con un imbroglione.

Rebatet - Non si può discutere con Sartre. Lui stesso non discute con nessuno, tranne che con qualche cripto-comunista che potrebbe rubargli i clienti. Ciò che occorre è descriverlo nel modo più accurato possibile. E quello che lei dice sulla sua disonestà è molto utile per questa descrizione.

Cousteau - È il tratto dominante dell'uomo, il suo profilo essenziale, quello che un disegnatore coglie per primo davanti al suo modello.

Rebatet - Tempo fa vi ho detto che sospettavo che la filosofia di Sartre fosse un grande imbroglio e che i tedeschi contemporanei ne avessero pagato il prezzo. Ebbene, questa sembra essere l'opinione degli stessi tedeschi, di tutti coloro che sono stati associati a Husserl, Heidegger e altri astrattisti. Sartre li ha spudoratamente saccheggiati.

Cousteau - Ciò che sorprende è che non ne abbiamo scritto più apertamente.

Rebatet - Ma probabilmente non è nell'interesse dei filosofi francesi avviare un processo per plagio in cui passerebbero rapidamente dal ruolo di testimoni a quello di imputati... Si noti che sono sempre più propenso a credere che tutta la filosofia sia, in un certo senso, una truffa. Ma nel caso di Sartre si tratta di una frode pura e semplice: ruba ad altri autori le loro osservazioni, il loro vocabolario, i loro metodi.

Cousteau sorrise:

Cousteau - Potete immaginare che non ho le competenze necessarie per determinare quanto dell'opera filosofica di Sartre sia un plagio.

Rebatet - Nemmeno io, se è per questo.

Cousteau - In Europa non possono esserci più di due o tre dozzine di tecnici in grado di smontare il meccanismo di questa messinscena.

Rebatet - Ora, ogni volta che ci imbattiamo in uno di questi tecnici, questi si affrettano ad affermare che Sartre ha semplicemente fatto una grossolana distinzione tra fridoline e scacciamosche.

Cousteau - Prendiamoli in parola. Ma dove l'aiuto dei tecnici è inutile è quando si tratta di giudicare l'uomo "in sé". La sua inverosimiglianza è così evidente che è un po' mostruoso che non sia stata denunciata più seriamente. Non da noi o dai nostri amici rimasti. Dalle persone che ci stanno di fronte. Se ci sono ragazzi onesti nel campo avversario, non possono essere troppo orgogliosi di farsi pettinare da un burlone di questo calibro. In fondo, Sartre è una sorta di Papa della Resistenza. Dal momento della liberazione è apparso, si è imposto e ha cominciato a decidere su tutto, a distribuire soddisfazioni e scomuniche, a separare i puri dagli impuri, a decidere sul Bene e sul Male. Da dove viene questo pontefice? Mi sembra che se avessi rischiato un po' la pelle per la resistenza, mi sarei almeno posto la domanda. Ebbene, Sartre è uscito dal maquis dei Deux Magots.

Rebatet - Dove il rischio di crematori era minimo.

Cousteau - E ha spaccato molti capelli e poche gole teutoniche.[123] Non gli rimprovero questo: gli rimprovero di essersi spacciato per quello che non è, di essere proprio il tipo di combattente della resistenza del 32 agosto.[124] Prima del 32 agosto, non aspettava i crucchi agli angoli delle strade, ma veniva pubblicato come tutti gli altri con l'*imprimatur della Propaganda Staffel* e dedicava i suoi orsi al tenente Heller. E suonava - sempre con l'*imprimatur del Propaganda-Staffel* - davanti a file di signori in verde. L'ho visto con i miei occhi; ero alla prova generale di *Huis Clos*.

Rebatet - Non ho partecipato alla prova generale *di Huis* Clos, quella di Les *Mouches* mi è bastata. Mi sbagliavo, perché sembra che *Huis Clos* sia di gran lunga superiore a Les *Mouches*. In ogni caso, per Les *Mouches*, al teatro Sarah Bernardt, non c'erano meno Friquets che al Vieux Colombier. E, se non sbaglio, Sartre condivideva il cartellone con Paul Morand, collaboratore di Laval, ambasciatore di Pétain, insomma un atroce fascista.

Cousteau - Ancora una volta, non mi scandalizza che questo scrittore fosse impegnato a distrarre l'esercito di occupazione. Quello che mi dà la nausea è che abbia avuto il coraggio di scrivere - è in *Situazioni III*, potete trovare il riferimento - che durante tutta l'occupazione i parigini hanno vissuto nel terrore, che tutti i francesi ardevano dal desiderio - ci credete? - di riprendere la lotta e che lui, Sartre, era consumato da una rabbia impotente ed era così intrepido - non me lo sto inventando! - al punto di continuare ad ascoltare la radio inglese durante gli allarmi

---

[123] L'espressione "32 agosto" si riferisce alla resistenza dell'ultima ora.

[124] Responsabile della censura libraria tedesca a Parigi.

invece di scendere in cantina.

Rebatet - Più forte del bel movimento del mento di Barrès.

Cousteau - Gli spettatori della prova generale di *Huis Clos* (non ero solo e, dopo tutto, non c'erano *solo* tedeschi) dovrebbero sapere tutto dell'intransigenza patriottica di quest'uomo. Sembra anche che abbia previsto l'obiezione, dato che dopo la liberazione ci fu una notizia "generale" su *Huis Clos* e la stampa fu accusata di stampare che l'altra non contava, che era stata inquinata da abiette presenze naziste e che era solo la notizia "generale" quella buona, quella vera. Non si può essere seri.

Rebatet - Dicevamo l'altro giorno che se Adolf avesse vinto la guerra, Sartre ora starebbe tenendo conferenze a Heidelberg, presentando le sue opere teatrali a Berlino. Non c'era assolutamente nulla nella sua attività passata che potesse impedirgli di affermare il suo nazionalsocialismo.[125] Il suo racconto *Un Chef* avrebbe potuto suscitare l'irritazione di qualche purista: descrive un gruppo di Camelots du roi (venditori del re) che si riuniscono per picchiare un emigrante ebreo; poi il più oltraggioso della banda viene scopato da un poeta surrealista. Ma Sartre avrebbe detto chiaramente che stava stigmatizzando i reazionari e i maniaci germanofili. Avrebbe proclamato la sua gratitudine per la cultura tedesca, alla quale deve quasi tutto. Sarebbe stato il buon europeo che ha continuato serenamente a Parigi durante la guerra come pensatore e scrittore, mentre Gide, Mauriac, Aragon, Breton e Bernanos disertavano o tenevano il broncio.

Cousteau - E conoscendo i Fritz, si può essere certi che avrebbero preferito lui agli epilettici di *Je Suis Partout*... Solo per questo, mi

---

[125] Questo racconto, in realtà intitolato "L'Enfance d'un chef" ("L'infanzia di un capo"), è apparso su *Le Mur*, pubblicato nel 1939.

consolerei quasi di essere stato battuto. Sarebbe un peccato trovarsi dalla stessa parte di quello stramboide... Ma se è indubbio che Sartre si sarebbe adattato al fascismo trionfante senza troppa riluttanza, ne sarebbe stato comunque un po' imbarazzato, non sarebbe stato del tutto autentico.

Rebatet - Mentre la nostra sconfitta ha davvero permesso a Sartre di "realizzarsi", di sbocciare, di credere di poter fare qualsiasi cosa, di mostrarsi come era veramente.

Cousteau - E soprattutto di barare senza vergogna. Mi piace molto il suo saggio sulla questione ebraica. Supera se stesso. Tutte le opinioni", spiega a mo' di introduzione, "sono lecite e sacre, ma l'antisemitismo non è un'opinione, è un reato di diritto comune. Perché non vai a fare due chiacchiere con un pazzo che ti mette fuori legge non appena smetti di essere d'accordo con lui? Mi ricorda la mia prima seduta con Zousmann.

Rebatet - Stiamo sicuramente parlando molto del buon vecchio Zouzou!

Cousteau - Per giustificarmi, avevo invocato l'armistizio e il governo di Vichy. La avverto", mi disse quasi paternamente, "che nessun tribunale accetterà il suo argomento: non c'è stato nessun armistizio e non c'è stato nessun governo di Vichy. Sartre procede allo stesso modo con gli ebrei: gli ebrei non esistono. Sono un'invenzione dell'antisemitismo (l'antisemitismo è una sorta di astrazione precedente agli ebrei, così come Dio Padre è precedente alla creatura).

Rebatet - Non è male...

Cousteau - Ma Sartre va oltre: questi ebrei che ha appena cercato di dimostrare con tanta fatica che non esistono, che sono una creazione della mente, sostiene comunque che sono superiori (queste persone che non esistono!) ai non ebrei. Se questa non è disonestà intellettuale, è perché le parole non hanno più significato... E si può immaginare che per uno che maneggia i sofismi con tanta spudoratezza, sia divertente dimostrare qualsiasi cosa, e soprattutto che i collaborazionisti (la sua bête noire da quando non lo è più) sono elementi "marginali" che derivano da un "fenomeno di de-assimilazione identico a quello della criminalità".[126]

Rebatet - È infatti fondamentalmente disonesto utilizzare tutte le risorse della dialettica, schiacciare il lettore sotto le astrazioni più austere per sostenere che Baudelaire può essere spiegato interamente dalla sua cattiva coscienza borghese o che un autore che non pensa democraticamente non può scrivere una buona prosa. Vi ho già parlato di questa sorprendente affermazione. Si trova alla fine di un grande studio di Sartre intitolato *Qu'est-ce que la Littérature?* che a tratti è molto intelligente. Ma questo tipo di intelligenza è quella del truffatore che è in grado di usare un patrimonio di ingegno e di talento per truffare un assegno al suo prossimo. E la disonestà di Sartre non si trova solo nei suoi "*libri di saggistica*", come dicono i bibliotecari americani.

Cousteau - Certo! I romanzi di Sartre sono i più improbabili. Perché è lì che la falsificazione è ancora più facile. Ma l'ultimo è un po' troppo spesso... C'è questa descrizione dell'arrivo dei Frisous a Parigi nel giugno del 1940, nel terzo volume di *Chemins de la Liberté*...

Rebatet - Penso di sì!

Cousteau - Se Sartre si accontentasse di rimproverare i crucchi, sarebbe la regola del gioco. È antifascista. I nazisti lo disgustano. Va bene. Ma Sartre non grida nemmeno contro i crucchi. È molto più feroce di così.[127] Li accoglie con Daniel... In una Parigi schiacciata dalla sconfitta,

---

[126] *Situazione* III.

[127] Daniel è il pederasta di Les *Chemins de la Liberté*. In questo libro e in tutta la sua opera, Sartre insiste molto sul diritto di ogni cittadino di essere o non essere un pederasta, respinge come indecente qualsiasi tipo di giudizio morale, spiega che il discredito legato ai pederasti è un residuo di rozze superstizioni che disonorano coloro che vi aderiscono.

macchiata dagli invasori, umiliata nella carne e nell'anima dall'ingresso trionfale del nemico, un uomo gioisce, uno solo, ma senza riserve, appassionatamente, con euforia erotica. Si bagna letteralmente alla vista dei tedeschi. Quest'uomo, inondato da una tale felicità per la sconfitta del suo Paese, è un pederasta, un pederasta con la P maiuscola. Qui, amico mio, l'imbroglio è enorme. Il pensatore Sartre esalta il pederasta che è in sé. Sartre, il romanziere, usa l'arsenale dei pregiudizi popolari denunciati in Les *Temps Modernes* per condannare meglio i collaborazionisti, in modo che collaborazione e pederastia si identifichino nella mente del lettore. Da un lato, esalta Genêt la tantouse. Dall'altro, chiama i collaborazionisti "succhiacazzi"... Come pensa che si possa giocare con un uomo che estrae continuamente carte smussate dalle tasche?[128]

Rebatet - Eppure è quello che si sono affrettati a fare tutti i personaggi che hanno tentato di contrastare Sartre: i gesuiti che fanno della scolastica con lui, Boutang, il vecchio scoreggione Gabriel Marcel che gli risponde con la filosofia, e che filosofia! o anche il povero Maulnier. Alla fine dei conti, quello che colpisce davvero nel segno è quel vecchio serpente di Mauriac quando sibila che Sartre è brutto come un pidocchio e che straborda... Ma lei sta parlando di *La morte nell'anima*. È un altro libro che mi ha dato un grande piacere, il piacere che si prova nel vedere il proprio nemico fare un errore irreparabile.[129] Ha visto la scena del campanile: Mathieu che spara le *ultime cartucce* ai Boche il 18 giugno? Ottocento pagine, non prive di talento, per inciso, la grande opera romanzesca di M. Sartre per finire con un cromo di Alphonse de

---

[128] Pierre Boutang, un tempo segretario di Maurras (era un po' più giovane di Rebatet) e professore di filosofia, scelse di non rompere con Maurras durante l'occupazione e di rimanere con Vichy. Da qui l'ostilità di Rebatet nei suoi confronti.

[129] Mathieu, un intellettuale di sinistra, è il personaggio in cui Sartre ha dato il meglio di sé. Mathieu è distaccato, in linea di principio, da tutte le discipline tradizionali, nemico nominale di ogni conformismo e vagamente marxista senza esserlo mai stato del tutto!

Neuville.

Cousteau - Mi sarebbe piaciuto vedere l'espressione dei discepoli del Flore, della Rhumerie Martiniquaise, il giorno in cui hanno letto questo piccolo testo...

Rebatet - C'era una grande mania per Sartre nel 1945, tra i giovani che erano stati sballottati tra il collaborazionismo e il gollismo, il surrealismo e i curetoni, e che si aspettavano che l'esistenzialismo fosse una specie di breviario dell'anarchia. Non si può certo biasimarli, no? Ma non mi farete mai credere che questi ragazzi stiano sbavando di ammirazione per il grande uomo affetto da delirio democratico, che passa dal gibberish hegeliano alle soap opera tricolori, il tutto irto di più lettere maiuscole de *Les Quatre Vents de l'esprit* di Hugo. Ora, se Sartre perde il pubblico degli "intellettuali", cosa gli resterà: ovviamente non sarà la classe operaia che non ha mai letto e non leggerà mai una riga del socialista Sartre o della progressista Simone de Beauvoir. Vi dico che questo gruppo non andrà molto lontano. Oppure dovranno cambiare radicalmente strada.

Cousteau - Me lo ha fatto notare l'altro giorno: il difetto principale di questi burloni travestiti da anarchici è che sono essenzialmente dei moralisti.

Rebatet - Anche questo camuffamento è una truffa.

Cousteau - È comprensibile che all'inizio abbiano avuto un certo successo con i giovani, spiegando loro che non aveva senso sbattere la madre, cagare sui tappeti e rubare dalle bancarelle, che l'importante era "realizzarsi" con ogni mezzo necessario: *prendere come si può*. E poi dicevano:

"Va bene, ce la farò nelle SS. E subito li vedi saltare su e giù come

Mauriac in una fontana, torcersi le braccia e urlare che è l'abominio della desolazione, che l'unico modo decente per "realizzarsi" è nelle brigate internazionali. Se chiedete perché, riceverete una strigliata. Scrogneugneu! Sull'attenti! A proprio agio! Foutrai d'dans! Giugulare Giugulare! E niente brontolii. Nelle brigate internazionali "si fa" perché è l'ordine del colonnello. Una sorta di imperativo categorico del compianto Kant, che noi chiamiamo "storicità" per vivacizzare le cose. Grazie alla storicità, non si può più muovere un dito senza che la propria azione sia caricata di un coefficiente morale. Qualsiasi cosa facciate è storica o antistorica, buona o cattiva. Un tempo, secondo i canoni della morale tradizionale, esistevano ancora alcuni settori neutri. Con Sartre non ce ne sono. Egli vi immerge ventiquattro ore al giorno nella morale. E che morale!

Rebatet - La morale di Hugo, vecchio mio! La morale di Béranger :
"In ginocchio davanti al cappello dell'operaio...".
Un bel risultato per un filosofo d'avanguardia...

        Bibliothèque de la maison centrale de Clairvaux, ottobre 1950.

APPENDICE AL DIALOGO N. 15

UN INNOCUO PASTICHE DELLA *STRADA VERSO LA LIBERTÀ*

Il topo era fatto, il russo cagava, il polacco era ubriaco e il portoghese rideva ripetendo "ha, ha" senza che il suo interlocutore, poco poliglotta, capisse le sue intenzioni. Franco beveva il sudore del popolo da un hanap d'argento cesellato. Il padre di Daniel si sbottonò la patta e disse al figlio: "Vai". Otto non ne aveva avuto abbastanza e cantava: "*zwei und zwanzig, drei und zwanzig, vier und zwanzig*". Una nebbia di vergogna avvolse i bei quartieri. La verga del padre di Daniel era esattamente calibrata sulla bocca del figlio. Erano esattamente le 17.40 della quarta cima. Sempre ridendo, il portoghese ripeté "ha, ha". Daniel sentì il frutto già umido irrigidirsi tra i denti. Come si può chiamare?", si chiese, "in ogni caso non è il complesso di Edipo, visto che era il chagatte di Giocasta. Deve essere il complesso di Laio, ma non è detto". Il sudore della gente dava a Franco la nausea. Ne aveva bevuto troppo. Avrebbe preferito un po' di sangue, ma l'arcivescovo di Toledo lo aveva messo a dieta. Otto si rese conto di averne bevuto due di troppo. Un liquido caldo, appiccicoso e viscoso invase il palato di Daniel. E improvvisamente pensò al fascismo internazionale. Così, nonostante la sua educazione e il suo desiderio di auto-realizzazione, non poté fare a meno di sputare la sborra del padre su tutto il pavimento.

(27.11.1949)

Lucien Rebatet e Pierre-Antoine Cousteau

DIALOGO n. 16

E' STAMPATO

"Se perderemo la guerra, sarà a causa dell'imbecillità politica dei tedeschi, che non hanno voluto agire con buon senso e moderazione, e che hanno trasformato l'intera Europa in un vulcano in ebollizione."

Mussolini, 8 ottobre 1942
(Diario politico del conte Ciano)

Le concentrazioni della specie comune sono limitate nella scelta delle conversazioni come nella loro evoluzione fisica. Non più di quattro o cinque argomenti di conversazione costituiscono la base della retorica carceraria.

Possiamo parlare della zuppa, del suo spessore e dei suoi meriti, la preoccupazione numero uno dei prigionieri di tutti i tempi e di tutti i Paesi in tempi di carestia. Ma nell'autunno del 1950, a Clairvaux nessuno aveva fame e lo spessore della zuppa non ispirava più gli oratori. Si può anche parlare del suo processo, dell'ingiustizia del sistema giudiziario e delle sferzanti (ma quasi sempre inventate a posteriori) confutazioni di cui fu gravato il commissario governativo. Possiamo anche parlare delle complicate torture che verranno inflitte ai cattivi una volta che Babbo Natale avrà aperto i cancelli della prigione e avrà dato ai buoni ciò che spetta loro.

Infine, possiamo tornare a parlare della situazione economica. È il più frivolo e inesauribile degli argomenti di conversazione. Per cinque anni, Cousteau e Rebatet hanno ascoltato i loro compagni vincere la *Seconda Guerra Mondiale* in mille modi, con un'ingenuità senza fine. Di solito, si tenevano alla larga da queste irritanti divagazioni: "Ah! Se avessimo fatto questo o quello... se Doriot avesse preso il potere... se la Luftwaffe avesse avuto gli aerei... se gli americani fossero stati gettati in mare a Salerno... se Sauckel non avesse creato il maquis... se i giapponesi avessero attaccato i russi... se gli spagnoli avessero preso Gibilterra, eccetera".

Cousteau - E se, per una volta, facessimo quello che fanno gli altri? suggerì Cousteau, che era stato cacciato dalla Cour des Brosses dalla pioggia e non si sentiva in vena di lavorare. E se cercassimo di ridurre a poche e semplici cause la perdita di questa guerra che il fascismo sembrava aver vinto?

Rebatet - Lasciatemi in pace! ringhiò Rebatet. Non sono più interessato a tutte le tue stronzate.

Cousteau - Cazzate o non cazzate, è comunque legittimo interessarsi a questa guerra che ci viene fatta espiare come se fossimo noi a volerla e a perderla...

Rebatet - Oh, no, non la volevamo! E all'epoca di Monaco, all'epoca di Danzica, erano pronti a metterci in prigione proprio perché non volevamo la guerra a nessun costo.

Cousteau - Questa non è la meno comica delle contraddizioni dei nostri avversari. Ci condannano all'oblio perché difendiamo la pace e allo stesso tempo ci proclamano complici dei guerrafondai di Hitler...[130]

Rebatet - Eppure eravamo convinti che Hitler avrebbe sconfitto la

---

[130] L'argomento del pacifismo viene sempre avanzato dai fascisti francesi. Se si opponevano a una guerra con la Germania, non era per un attaccamento viscerale alla pace - la visione del mondo di un fascista si basa sul culto dell'equilibrio di potenza, sulla valorizzazione della guerra come fonte di riconoscimento e virilità - ma perché la Germania, adottando un regime di cui approvavano i valori, non poteva più essere considerata un Paese nemico.

Francia.[131] Se fossimo stati i nazional-socialisti frenetici che Mandel e Kérillis dipingevano, avremmo voluto la guerra...

Cousteau - La guerra che doveva assicurare il trionfo delle nostre idee, mentre noi lottavamo appassionatamente per la pace, che doveva perpetuare la democrazia francese.

Rebatet - Ma una volta persa quella guerra, che era la guerra dei democratici, saremmo stati pazzi a non approfittare del crollo del regime per cercare di rigenerare il Paese con le nostre idee. Alla fine, questa è la nostra storia. E continuerò a credere fino alla morte che sia una storia onorevole.

Cousteau - In ogni caso, se abbiamo fallito, non è colpa nostra.

Rebatet - C'è un nome che riassume tutte le responsabilità del fallimento: Hitler.

Cousteau - Un destino curioso! È grazie a lui che tutto è diventato possibile. Ed è grazie a lui che tutto è andato storto! Lo penso anch'io. Ma l'uomo che ha perso questa guerra non è stato lo scrittore del *Mein Kampf*, è stato il politico che aveva dimenticato il *Mein Kampf*; il *Mein Kampf*, non dimentichiamolo, è stato scritto in prigione, quindi - ne sappiamo qualcosa! - nelle migliori condizioni possibili di lucidità e chiarezza. Adolf Taulard aveva individuato con chiarezza cosa bisognava fare per vincere la guerra. Era semplice: dal punto vista tedesco, l'Inghilterra doveva essere risparmiata, la Francia doveva essere distrutta o resa alleata e, soprattutto, non si doveva combattere su due fronti. Adolf, lo stratega-capitalista, fece esattamente il contrario, e anche

---

[131] Georges Mandel (Ministro degli Interni nel 1940, che ordinò alla polizia di perquisire le case dei leader di *Je Suis Partout*) e Henri de Kérillis (uno dei pochi deputati di destra ad aver votato contro gli accordi di Monaco, che attaccò violentemente *Je Suis Partout* poco prima della guerra), furono i due politici verso i quali Cousteau e Rebatet nutrivano un odio tenace.

peggio...

Rebatet - Lasciò la Francia in piedi con un governo, non occupò il Nordafrica, il che lo privò del controllo del Mediterraneo. Sarebbe stato molto più saggio proporre la pace a Pétain. Ci è stato detto che la pace con la Francia non era possibile a causa della sicurezza militare del Reich. Eppure, il mantenimento dello stato di armistizio e di una noiosa occupazione non impedì gli sbarchi in Africa, gli alti livelli di spionaggio o creazione del maquis, né rese più efficace il Vallo Atlantico. Ma la pace con la Francia indubbiamente si scontrava troppo con le tesi *del Mein Kampf*.

Cousteau - Adolf non aveva dimenticato *Mein Kampf* abbastanza bene da proporre una politica originale.

Rebatet - Si ricordava abbastanza per darci del filo da torcere sulle due zone, sui prigionieri di guerra che teneva, sulla S.T.O., sui contributi e sulle requisizioni. Tendo anche a pensare che avesse idee morali. Senza dubbio riteneva che il popolo francese dovesse espiare un po' il crimine di aver dichiarato guerra alla Germania e mangiare il proprio pane nero. Ma non si può fare politica con sentimenti del genere.

Cousteau - Dal punto di vista tedesco, e anche dal punto di vista del fascismo internazionale, la politica tedesca nei confronti della Francia fu la peggiore possibile. Oggi tutti riconoscono che sarebbe stato nell'interesse dei tedeschi non fermarsi a Bordeaux, ma puntare direttamente su Algeri, occupare Gibilterra, trasformare il Mediterraneo in un lago italo-ispano-tedesco... Questa politica postulava l'occupazione dell'intera Francia.

Rebatet - Hitler non ne capiva la necessità.

Cousteau - Fu il suo primo grave errore. E, per inciso, i combattenti della

Resistenza hanno torto a criticare Pétain e Laval per aver incoraggiato Hitler a commettere questo errore, che senza dubbio gli ha impedito di vincere la guerra. Il secondo grave errore, quasi consecutivo: l'abbandono dell'offensiva contro l'Inghilterra. Ogni stratega da gabbia di polli qui dentro vi dirà che Hitler avrebbe dovuto attaccare l'Inghilterra già nel luglio 1940. Col senno di poi, è facile dirlo. Ma in questo caso, credo che Hitler abbia delle attenuanti. Era indubbiamente un'impresa difficile.

Rebatet - Si potrebbe dire che il primo errore è stato quello di accettare una guerra voluta dagli inglesi senza avere i mezzi per batterli in casa. È ovvio che nel 1940 Hitler non aveva i mezzi. Gli mancava una flotta, gli mancavano 100.000 paracadutisti; Churchill aveva l'intelligenza di non prestare i suoi aerei ai generali francesi e li aveva a disposizione per difendere i cieli britannici.

Cousteau - Ma l'Inghilterra era in fibrillazione per tutto il giugno 1940.

Rebatet - Secondo tutti i testimoni oculari, non c'era praticamente nulla sulla costa della Manica. Qualche migliaio di tonnellate di imbarcazioni e tre o quattro divisioni di paracadutisti avrebbero potuto essere sufficienti a Hitler per raggiungere Edimburgo, il che difficilmente avrebbe ritardato il suo ingresso a Parigi. Liddell Hart parlò con i generali tedeschi e li interrogò. I generali suggerirono che Adolf era ansioso di risparmiare l'Inghilterra - sempre le incomplete reminiscenze del *Mein Kampf*. Sperava che gli inglesi si sarebbero occupati di lui dopo la sconfitta francese. Una mancanza di psicologia, oltre che di strategia. In ogni caso, un'operazione militare contro la Gran Bretagna non era più possibile dopo il 15 luglio. Da quel momento in poi, era necessario aspettare, lasciare che la guerra britannica marcisse, mentre si allestiva un potente esercito d'invasione, un campo di Boulogne con tecnologia moderna. La campagna di Russia era molto più difficile da organizzare e molto più costosa.

Cousteau - E quella campagna fu un errore molto più grave delle precedenti, un errore capitale, direi, se Adolf non avesse dichiarato guerra all'America cinque mesi dopo. All'epoca, inoltre, confesso di non essermi affatto reso conto dell'enormità di quell'errore.

Rebatet - Nemmeno io! La storia mi ha entusiasmato. Sempre cinema, opera, arte! E la morale. La punizione del bolscevismo.

Cousteau - Oggi, in ogni caso, con il senno di nove anni e con tutto quello che abbiamo letto sull'argomento, non ci sono dubbi: Stalin non aveva intenzione di attaccare la Germania. Non è nel suo stile. Il suo attuale comportamento nei confronti degli americani lo conferma. Hitler poteva continuare la sua guerra contro l'Inghilterra in tutta tranquillità, organizzare l'Europa conquistata e renderla invincibile... In ogni caso, non si tratta più di un movimento negro-bianco in stile Radsoc, di un compromesso tra la fedeltà al *Mein Kampf* e la dimenticanza del *Mein Kampf*. La regola di *Mein Kampf* era formale: niente guerra su due fronti!

Rebatet - E c'era il precedente di Napoleone, che era un po' un esibizionista, il che avrebbe dovuto ispirare una certa cautela a Dudule!

Cousteau - L'operazione avrebbe dato i suoi frutti se fosse riuscita in poche settimane. Fallì e portò alla caduta della Germania. Dopo tutto, non si ha il diritto di rischiare il destino di un Paese e di una rivoluzione quando l'impresa è così rischiosa.

Rebatet - La campagna di Russia piaceva ad Adolf perché era un'impresa da soldati a piedi. *Marschieren*, Marschieren! Questa idea di Adolf come fante sta per diventare un classico. Lo impareremo tra vent'anni per la maturità. Adolf non amava l'acqua, non era mai interessato a ciò che accadeva dall'altra parte. Questa è l'intera storia dell'ammirevole Afrika Korps. Il Führer si comportò con Rommel come i ministri repubblicani con i coloni francesi: niente equipaggiamento, rinforzi in piccoli pacchetti. Scrivemmo molti documenti per spiegare che il Führer avrebbe colpito gli inglesi molto più duramente in Egitto che in patria.

Cousteau - Avevamo più immaginazione di lui.

Rebatet - Non ci ha mai pensato. Con dieci divisioni di rinforzo, prese il Cairo, aprì il Medio Oriente e strappò il petrolio persiano nel 1942. Non voleva distrarli dall'infernale fronte russo, e con 200 divisioni non poteva raggiungere i campi petroliferi del Caucaso. Cristo! Che strategia stiamo mettendo in atto in camera da letto. E per di più, sta diventando oscena.

Cousteau - Beh, per una volta non è il solito. Ed è più ragionevole divertirsi a cercare le cause delle nostre sconfitte che cercare di indovinare cosa farà MacArthur domani contro i Manciù... Finora abbiamo individuato tre colpe principali. Ce n'è una quarta che - come ho detto prima - è incomparabilmente più grave: la dichiarazione di guerra all'America. Non lo capisco più. Era ovvio - era evidente - che Roosevelt ardeva dal desiderio di lanciare il suo Paese in guerra, ma non era meno ovvio che il sentimento isolazionista era troppo forte negli Stati Uniti perché ciò potesse accadere facilmente. I sondaggi Gallup mostravano che il 90% dei cittadini era favorevole ai nemici dell'Asse, ma fortemente contrario a qualsiasi intervento armato. Roosevelt non avrebbe mai convinto il suo parlamento ad accettare che gli Stati Uniti entrassero in guerra.

Rebatet - C'è stata Pearl Harbour!

Cousteau - Sì, ma si trattava di un'aggressione giapponese. Hitler non doveva prendere i bastoni dai giapponesi. Inoltre, i giapponesi si guardarono bene dall'intraprendere la minima azione contro i russi. E non c'era nulla che costringesse Dudule ad assecondare i desideri di Roosevelt. L'America avrebbe continuato a vendere all'Inghilterra aerei *cash-and-carry*, ma non si sarebbe impegnata a dirigere tutte le sue forze - e che forze! - contro la Germania e di annientarla sistematicamente. Il giorno in cui Hitler dichiarò guerra agli Stati Uniti, perse davvero la guerra. E più ci penso, meno capisco le ragioni di questa decisione catastrofica. E voi?

Rebatet - A sangue freddo, no. Col senno di poi, è abbastanza folle. Ma cosa mi avresti detto nel dicembre 1941, se fossi venuto a dirti: "Non ti lascio, continuerò a scrivere articoli contro il bolscevismo, i democristiani e la borghesia, ma non parlerò più di collaborazione con Hitler, perché Hitler ha firmato la sua condanna a morte. Non si può collaborare con qualcuno che è morto in prova.

Cousteau - Ti avrei dato dell'idiota, del gollista.

Rebatet - Ti avrei trattato allo stesso modo se fossi venuto da me con queste osservazioni. Consideravo ancora la guerra dal punto di vista militare, sì, come un ufficiale militare. Pensavo che gli Stati Uniti non avessero un esercito e che, prima che ne avessero uno, le sorti della guerra si sarebbero risolte sui campi di battaglia dell'Europa. Durante quell'inverno pensai solo alla campagna di Russia, che era davvero preoccupante.[132] Robert si era spaventato parecchio nel giugno del 1941. Non ricordo che nessuno di noi abbia mostrato grandi emozioni a dicembre. L'unica parola profetica che ricordo è quella di Véronique che mi disse: "Hitler è pazzo, ha il mondo intero sulle spalle". Potete immaginare se l'ho recepita! Non eravamo più intelligenti di Hitler!

Cousteau - Sì, ma come capo di Stato avrebbe dovuto preoccuparsi più di noi.[133] E ora sappiamo che Hitler non ha commesso questo errore

---

[132] Robert Brasillach.

[133] Nel suo diario politico, datato 8 dicembre 1941, Ciano scrisse: "Ribbentrop mi ha telefonato durante la notte per dirmi quanto fosse *contento* che il Giappone avesse attaccato l'America. In effetti, è così

catastrofico, non con riluttanza ma con gioia.

Rebatet - Hitler non credeva nell'industria, nella guerra degli ingegneri, credeva nella guerra dei granatieri corazzati. E amava quella guerra. Ignorava totalmente la potenza bellica degli Stati Uniti. In ogni caso, questa è l'unica spiegazione che riesco a vedere per ciò che fece. Questa spiegazione, inoltre, non solleva Hitler dalla terribile responsabilità che si è assunto. Quel giorno perse la guerra.

Rebatet si era alzato per cercare una data nella *Storia della guerra* di Galtier-Boissière, membro della Resistenza ma immancabile amico dei membri imprigionati di *Je Suis Partout*. Fece una smorfia:

Rebatet - Merda! Sentite questa: "Ora la guerra è definitivamente vinta. E il futuro ci sta preparando due fasi: la prima sarà la riscossa della Germania da parte degli Alleati; quanto alla seconda, temo che sarà una grande guerra tra russi e americani". Sapete chi l'ha detto? Il Grande Passera, il 7 dicembre 1941, dopo l'attacco a Pearl Harbour. Quel giorno, almeno, non era stupido come tutti noi. È fastidioso da vedere.

Cousteau - Non è offensivo, perché non è vero!

Rebatet - Cosa vuol dire che non è vero

Cousteau - Sì, non è vero.[134] Queste parole sono state *attribuite* a de Gaulle dal colonnello Passy. Forse questo dimostra che il colonnello Passy era intelligente...

Rebatet - Oh, intelligente! Un colonnello francese!

---

felice che non posso fare a meno di congratularmi con lui.

[134] Il colonnello Passy (il cui vero nome era André Dewavrin) era a capo del B.C.R.A., i servizi speciali della Francia Libera.

Cousteau - Intelligente, se immaginava che De Gaulle lo dicesse il giorno dopo Pearl Harbour. In ogni caso, per sua stessa definizione, il Grande Idiota è incapace di aver mai pronunciato una parola che non fosse della massima stupidità. Quindi non credo a questa dichiarazione profetica. Tutto questo non cambia nulla. Hitler ha perso la guerra, definitivamente, il giorno dopo Pearl Harbour. E tutti gli errori secondari, gli errori strategici, gli errori psicologici, sono, al confronto, insignificanti. Poiché si era deliberatamente alienato sia la Russia che l'America, Hitler era finito. Tutto ciò che poteva fare era prolungare l'agonia, e alcuni errori minori la accelerarono.

Rebatet - Aver tollerato Vichy fino alla fine invece di aver incoraggiato una rivoluzione francese. Trattare i russi con un coltello invece di liberarli... C'era anche il sistema delle "tasche" e della difesa in situ che i suoi generali gli rimproveravano così aspramente e che gli costò centinaia di migliaia di buoni soldati. E anche gli errori tecnici relativi alla Luftwaffe, per esempio. Ma tutto questo era secondario. Avrebbe potuto benissimo vincere sbagliando i dettagli, se non avesse sbagliato l'essenziale. Senza dubbio ha creduto a lungo nelle armi segrete; ne aveva almeno gli embrioni, ma la Germania non era più in grado di produrle, perché le aveva consegnate ai bombardieri americani. Fece grandi cose fino al 1941. Poi fu sopraffatto dagli eventi che lui stesso aveva messo in moto, cadde in preda ai suoi stessi nervi e perse il controllo.

Cousteau - E fu proprio in quel momento, nel 1941, quando Hitler stava perdendo la presa, che intraprendemmo freneticamente la collaborazione.

Quel giorno, i due amici, schiacciati da questa consapevolezza, non dissero più nulla.

Biblioteca del carcere di Clairvaux, ottobre 1950

Lucien Rebatet e Pierre-Antoine Cousteau

DIALOGO N. 17

LETTERATURA

"Anche noi pensiamo e sentiamo in modo più raffinato e vario rispetto agli antichi."

Aldous Huxley

Louis le SS, con la fronte aggrottata, i gomiti sul tavolo e i pugni stretti sulle orecchie, masticava con solida regolarità *Les Données fondamentales du Surréalisme di* Michel Carrouges. Di tanto in tanto, contava il numero di pagine che gli rimanevano da leggere e annunciava ottimisticamente: "Beh, per l'ora della minestra avrò finito...". Lucien", aggiunse, "ho trattenuto *Vipère au Poing* per questa sera. Lo finirò domani mattina, girerò *La Mort du petit cheval* tra le dieci e le tre, mi manderò il Renaudot prima di cena e avrò la serata libera per il Goncourt, che è appena arrivato". Durante la settimana aveva già assorbito un libro sul maresciallo Rommel, una nuova storia della letteratura francese, e aveva dato una bella occhiata agli ultimi tre romanzi del N.R.F. I due enormi volumi di *Jésus-Christ* di P. de Grandmaison, i tre volumi di *La Guerre et la Paix* di Tolstoj, alcuni fascicoli molto densi dell'*Histoire de la philosophie* di Bréhier, aspettavano in pile compatte questo valoroso lettore, come i reparti di riserva che i generali tengono a portata di mano. Altri libri di minore spessore, surrealisti, naturalisti, classici, esistenzialisti, negri, italiani, ebrei e americani, erano allineati in bell'ordine su una scrivania, e potevano essere paragonati alle file di granate che ornavano gli scaffali, i caminetti e i piani delle credenze dei miliziani in tempi eroici.

La SS chiuse *Les Données fondamentales du Surréalisme* e bevve un sorso di

Sartre prima di affrontare l'oscuro racconto di Hervé Bazin. Aveva appoggiato le sue belle gambe greche sul tavolo e stava in equilibrio su due gambe della sedia: questa era la posizione per la lettura frivola. Ci sono diverse posizioni per il tiratore: sdraiato, seduto, in piedi. Poiché si trattava delle ultime settimane dell'anno, Louis the SS fece un breve riassunto: "Un rapporto abbastanza onorevole. Ho letto circa 300 libri nel 1950. Rebatet, di nascosto, calcolò il più rapidamente possibile le sue capacità aritmetiche: 90.000 pagine, 3 milioni 150.000 righe, 141 milioni 750.000 segni! E si potrebbe quasi raddoppiare se si contano le quindici riviste letterarie mensili, le riviste americane e le innumerevoli revisioni.[135]

Di fronte all'intrepido lettore, il Pouhète-Pouhète, seduto sulle natiche con le spalle all'altezza dell'enorme fronte, si schiacciava vigorosamente il naso con il grasso del pollice, poi, con un solo colpo d'inchiostro, rilasciava sulla carta una raffica di trenta versi, con il ticchettio dei polpacci e delle cosce che accompagnava sempre la sua ispirazione. Raffica dopo raffica, dalla mattina aveva già sputato circa cinquecento versi, strofe e versetti. La sua salute morale e fisica richiedeva l'espulsione quotidiana di un buon migliaio di versi poetici, almeno in apparenza e nelle intenzioni. Le Pouhète, la cui opera, all'età di ventotto anni, poteva essere calcolata da armadi, cassapanche e bauli, praticava l'alessandrino accademico, tutti i metri regolari - concedendosi qualche deviazione per la quale Rebatet lo criticò aspramente - l'ode pomposa, il lied tedesco, l'haï kaï, il salmo biblico, la leggenda araba, la tragedia classica, il fabliau, la geste, la ballata francese, la chanson simbolista, il ritornello maestrale, il sonetto ermetico, il sonetto gongorista, il sonetto di Ronsard, la prosa lirica, la farsa ubuesca, l'immagine surrealista. In versi era già stato sinfonista, colorista, affreschista, acquafortista, scultoreo, architettonico, elettrico, cacofonico, anacreontico, omerico, euripideo, sinistro, È stato

---

[135] Combattente della Resistenza provenzale, si unì alle SS, poi divenne un contadino bavarese e fu arrestato al suo ritorno in Francia, dopo che il suo avvocato gli aveva assicurato che non aveva più nulla da temere e che l'epurazione era finita.

anacreontico, omerico, euripideo, sinistro, "mille e una sfumatura", medievale, villonesco, dantesco, petrarchesco, raciniano, goethiano, hoffmanesco, beaudelaiano, rimbaldiano, mallarmeano, peguista, claudelista, aragonese ed eluardesco. Ha imitato anche Soung-Chi, Yuan-Tseu-Tsai, Mao-Tse-Toung, Hâfiz, Al Gazali, la Chanson de Roland, Louise Labé, Maurice Scève, Jean de la Céppède, Sponde, Théophile de Viau, Rabindranah Tagore, Kleist, Eickendorf, Uhland, Jean Aicard, Rosemonde Gérard, Louis le Cardonnel, Emile Verhaeren, Rodenbach, Appolinaire, Rainer Maria Rilke, Gérard Hauptman, d'Annunzio, St John Perse, Benjamin Péret, Charles Maurras e Horst Wessel. Tra le sue opere principali figurano un *Coro d'estate*, *Lohengrin*, *Salomé*, *Phèdre* e *Iphigénie*. Tuttavia, pur continuando un *Ulisse*, da qualche tempo si abbandonava a fantasie popolate da pazzi col cappello di formaggio e impiccati appesi alle trombe degli ascensori, che sembravano il felice inizio di un nuovo stile per questa aède: forse quello di un Prévert che non si sarebbe sentito obbligato a cantare della classe operaia, delle scuole laiche, dei colonnelli del Maquis, dei banchieri ebrei, dei Diritti dell'Uomo, dell'Uguaglianza, della Libertà e della Fraternità.

Cousteau era stato chiamato per ascoltare l'ultima opera di Pouhète-Pouhète, che aveva protetto dagli abusi di Rebatet e di cui aveva apprezzato molto la poesia, che assomigliava a una prosa un po' stravagante.

Rebatet - Il tintinnio non ci offre solo l'esempio delle società primitive, disse Rebatet a Cousteau, mostrandogli i due ragazzi. Ecco una scorciatoia per tutta la vita letteraria: qui il produttore, accanto a lui il consumatore, entrambi con uguale ardore. Che bell'ingranaggio! Se solo tutto filasse così liscio nel disordine che chiamiamo mondo libero!

Nella biblioteca, i due amici lasciarono le SS e la Pouhète-Pouhète ai loro cari studi e tornarono nella stanza di Cousteau! Si trattava di un rifugio invidiabile che, al riparo dalle curiosità malsane dell'amministrazione penitenziaria, si sarebbe potuto prestare meglio di qualsiasi altro angolo della prigione ad avventure sessuali. Ma - come abbiamo spiegato in un dialogo precedente - né Cousteau né Rebatet avevano il condizionamento psicosomatico che avrebbe permesso loro di approfittare di questa fortuna. La stanza benedetta veniva utilizzata solo per le passeggiate culturali. E quel giorno, naturalmente, si parlò di letteratura:

Cousteau - Ho sempre pensato di disprezzare la letteratura. Mi piaceva usare l'espressione "... e tutto il resto è letteratura" per significare che il resto non contava, non era interessante. Non era vero, ovviamente. In realtà, non ho mai disprezzato del tutto la letteratura, ma mi ero messo in testa una sorta di sistema.

Rebatet - Ora fai autocritica!

Cousteau - Se volete. Non è uno dei vantaggi minori di questi anni di meditazioni in carcere che mi hanno fatto capire che mi stavo ingannando sui miei sentimenti. Almeno per quanto riguarda la letteratura di alto livello. La vita c'è, certo, ma ora so che la trasposizione letteraria della vita può essere più vera della vita stessa. Prima lo negavo. Ora me ne rendo conto.

Rebatet - In breve, la narrativa è ciò che ci dà scelta e libertà, in altre parole, due delle condizioni essenziali di un'opera d'arte. Un autore che si serve di un interprete - poiché l'eroe di un romanzo spesso non è altro che un interprete - potrà esprimersi molto più facilmente attraverso la sua bocca che se lo facesse direttamente. Se ha un po' di immaginazione, potrà disporre gli episodi a suo piacimento, tagliare le asperità della vita e omettere sviluppi che sarebbero interminabili in un resoconto di una storia vera. Prendo l'esempio dei nostri problemi con *Je Suis Partout,* del 1943.[136] È un soggetto balzachiano, drammatico fino al midollo, c'è tutto: la finanza, la politica, le amicizie che vanno in frantumi. Ho buttato giù

---

[136] Sul conflitto con Brasillach, si veda la presentazione di Robert Belot, *sopra*, p. 16.

una serie di appunti sull'argomento: sono di una noia mortale. Sarà un documento utile, ma non sarà mai un capolavoro di prosa. D'altra parte, vedo un romanzo, o almeno una parte di un romanzo, in cui l'intera storia verrebbe raccontata, tralasciando le circostanze troppo particolari e prendendo l'essenziale, cioè le vere reazioni di una dozzina di personaggi, ognuno abbastanza rappresentativo di un tipo umano.

Cousteau - Buon esempio! Il dramma della scissione in *Je Suis Partout* è, di per sé, più ricco di possibilità letterarie rispetto a *César Birotteau*. Ma tutto dipende da chi riscrive.

Rebatet - C'è tutto!

Cousteau - Quando prima vi ho detto che ero arrivato ad ammettere che la letteratura potesse essere più vera della vita, mi riferivo, ovviamente, alla letteratura di altissimo livello, che, tutto sommato, è piuttosto rara. Al di sotto di una certa quota, conservo tutti i miei pregiudizi nei confronti della narrativa. Le memorie mediocri sono sopportabili, c'è sempre qualcosa da recuperare qua e là. Ma non sopporto assolutamente un romanzo mediocre, o anche solo un romanzo di qualità media, mentre leggo con interesse cumuli di resoconti storici spesso scritti molto male. Nove vincitori del Prix Goncourt su dieci mi fanno sbadigliare, e mi meraviglio che tanta gente perda tempo a ingoiare questi fiumi di parole inutili. In definitiva, per riassumere i miei sentimenti in termini di annunci: "Se non vi piacciono *le Liaisons Dangereuses* o *Le Rouge et le Noir*, non leggeteli...".

Rebatet - Cazzo! Non sei incoraggiante.

Cousteau - Lo so. Si potrebbe dire che sto eliminando ogni possibilità di apprendimento per il romanziere.

Rebatet - Pretendete un capolavoro al primo tentativo. Sono molte richieste. Ma forse non ha tutti i torti. In breve, non possiamo giudicare, dal primo romanzo di un autore, se ha o meno il dono di dare vita a personaggi che sono cresciuti da lui ma che sono diventati indipendenti da lui? Mi sembra che Flaubert, Dostoevskij, Balzac e Stendhal sarebbero d'accordo con questa tesi...

Cousteau - Balzac?

Rebatet - È vero. Balzac ha fatto molta fatica fino a trent'anni.

Cousteau - E pretendo che nessuno mi costringa a leggere i rifiuti giovanili di grandi uomini.

Rebatet - Sono come te, in quanto trovo difficile finire o anche solo iniziare la maggior parte dei romanzi contemporanei. Il genere sta diventando sempre più una sorta di "catch-all". Con la scusa della narrativa, ognuno mette la sua piccola storia, le sue piccole idee, la sua piccola metafisica nello stile indiretto.

Cousteau - La voglia di scrivere è molto più importante delle cose che si hanno veramente da dire.

Rebatet - Non è esattamente questa la domanda. Dostoevskij non aveva molte idee originali, tanto meno Gide. Non era un grande intellettuale, la sua cultura non andava molto lontano. Ma era capace di tirare fuori dalla pelle assassini, eremiti, vergini, dissoluti, magistrati esaminatori e generali e di farli stare in piedi come se fosse stato lui stesso tutte quelle persone. Il problema del romanzo è quello dell'autorialità letteraria, della fecondazione, se vogliamo: creare uomini vivi con le proprie contraddizioni ed esperienze, vedere un tipo e immaginarsi *dentro* quel tipo. A Dostoevskij è bastato immaginare Porfirio per essere presentato tre o quattro volte a un giudice.

Cousteau - Cosa non avrebbe fatto con Zousmann!

Rebatet - Questo ci porta a un'altra osservazione, una delle più banali, ma troppo spesso dimenticata: non ci può essere romanzo se il romanziere non ha già una lunga esperienza di vita, e una certa dose di senno di poi. Tutti quei venticinquenni che riempiono settecento pagine con i loro primi nonni e le loro lotte di resistenza stanno sprecando il loro inchiostro.

Cousteau - Quello che dici non sarà originalissimo, ma è ovvio.

Rebatet - So che i truismi escono liberamente dalla mia bocca. Ma vedo che, a furia di dimenticare le verità elementari, i nostri contemporanei si stanno infilando proprio nel pantano. Se vogliamo pensare alla letteratura o alla politica in modo sano, dobbiamo ripartire da alcuni luoghi comuni sepolti sotto la selva di critiche, sistemi e fantasie intellettuali. Quando si legge che una decina di autori contemporanei hanno preso come soggetto dei loro romanzi un romanziere incapace di scrivere un romanzo, e che nessuno sembra più sorprendersi, si ha il diritto di dire che sono i luoghi comuni che tornano a essere audaci paradossi.[137]

Cousteau - Questo pianeta di strambi potrebbe un giorno stupirsi di scoprire le *Massime* di La Rochefoucauld, le *Favole* di La Fontaine... e il *Proust-Digest...*

Rebatet - Non manca molto...

Cousteau - In ogni caso, per tornare a quello che dicevamo prima, potete star certi che sono del tutto indifferente al fatto che la narrativa sia intasata da giovani autori di discreto talento.

---

[137] Una raccolta di *massime* e *pensieri* di Marcel Proust, composta da Cousteau a Clairvaux e ancora inedita.

Rebatet - È un fenomeno antico. L'inflazione dei romanzi veniva già deplorata ai tempi di Mme de Scudéry.

Cousteau - Forse, ma non sono un cliente: questo è il punto di vista di un consumatore. Ma devo ammettere che in questi primi romanzi c'è quasi sempre qualcosa di buono. Perché l'autore ha generalmente la sua storia da raccontare e perché le cose viste o vissute non sono mai del tutto negative.

Rebatet - Ma la letteratura non è questo.

Cousteau - O, se preferite, non è *solo* questo, è *molto di più*. Questi primi romanzi di adolescenti illustrano molto bene la mia tesi: un cattivo libro di memorie è meglio di un buon romanzo... e meno, , di un ottimo romanzo. In breve, dobbiamo invertire l'ordine stabilito: dobbiamo convincere questi giovani che smaniano per la parola stampata che è nel loro interesse scrivere prima le loro memorie, senza il minimo accenno di falsificazione, e *poi,* più tardi, quando avranno l'esperienza della vita, e se avranno padronanza della lingua, dei veri e propri romanzi.

Rebatet - Hai appena toccato un'idea che non è nemmeno brillante, ma è una delle mie idee preferite: che quasi chiunque, con un certo livello di istruzione e di lettura, è in grado di scrivere un libro interessante, un libro *su se stesso*. Potrei farvi dieci esempi di amici che si sono scervellati per trovare trame vuote, quando bastava scrivere delle proprie idiosincrasie per darci almeno un'affascinante analisi psicologica.

Cousteau - Ma questo piccolo lavoro richiederebbe una sincerità totale, un'obiettività quasi scientifica.

Rebatet - È stato dimostrato che nessuno, o pochissimi, ne sono capaci. Non appena ci si mette in scena, si sente il bisogno di drappeggiarsi più o meno. A parte Stendhal, che scriveva solo per se stesso, chi è l'uomo che ha confessato un fiasco erotico? Come abbiamo detto prima, la trasposizione è infinitamente più comoda. Ma bisogna avere il talento. In assenza di questo talento, gli autori si aggirano per i loro libri con nasi falsi che si adattano più o meno bene. Siamo privati di documenti preziosi senza che tutti questi romanzi arricchiscano la nostra letteratura.

Cousteau aveva lasciato la stanza per qualche istante per aprire la porta a Corydon, il gatto, che miagolava come un matto.[138] Non appena ebbe soddisfatto questa bestia esigente, riprese la conversazione:

Cousteau - L'inflazione di opere mediocri che vediamo ogni giorno non deve farci perdere di vista un'altra verità fondamentale che fa onore alla letteratura contemporanea... Sapete quanto io sia poco progressista, il meno progressista possibile...

Rebatet - Nessuno vi accuserà di questo!

Cousteau - Sapete che non perdo occasione per ribadire che l'uomo non cambia mai, che la storia ricomincia da capo e che è sempre la stessa cosa... Ma, a dire il vero, devo ammettere che nella letteratura sono stati fatti dei progressi. Non per la massa della produzione, ma per i leader, ovviamente. Se dovessimo ricominciare la disputa vecchio/moderno, fin troppo facile dare la colpa al vecchio. Pensate, ad esempio, che l'*Antigone* di Sofocle possa reggere il confronto con l'*Antigone* di Anouilh? Il greco è devastato. E non credete che lo *Chéri* di Colette sia più di quanto non sia la *Phèdre* di Racine, la migliore tragedia del XVII secolo?

Rebatet - Ci credo, ci credo. Ho anche fatto un passo avanti. Ma mi

---

[138] Cousteau, nemico incallito dei gatti, era stato addomesticato da Corydon, un gatto di strada la cui morale, a torto o a ragione, era sospetta. E poiché non è nella natura di Cousteau fare qualcosa a metà, aveva sviluppato una tale passione per questo animale da diventarne letteralmente lo schiavo e da obbedirgli con precisione e rapidità.

chiedo se il nostro punto di vista non sia quello di tutti i "moderni", cioè di coloro che vivono con il loro secolo, sia esso il XVI o il XX, che si interessano soprattutto al movimento delle idee o delle forme di cui essi stessi fanno parte, con una predilezione per ciò che è stato appena fatto, trenta, cinquanta, al massimo cento anni prima di loro. C'è poi l'enorme questione dell'usura delle parole, e ancor più delle immagini. Non possiamo più sapere cosa significassero questi cliché per chi li ha visti nascere.

Cousteau - Come sapete, mi capita spesso di sembrare un barbaro, perché i più bei pezzi del linguaggio drammatico del XVII secolo mi fanno venire un'irresistibile voglia di ridere. Tutti quegli "appas", "feux", "flammes" e "coursiers" nei versi di Racine! Tanto che spesso ho desiderato che Racine fosse tradotto in prosa straniera moderna, ad esempio in inglese, per poterlo apprezzare senza riserve.

Rebatet - Sono rassegnato a tutto per quanto riguarda il tuo senso poetico. Mi permetta di dirle che sta andando davvero lontano.

Cousteau - Niente affatto. La traduzione è un test: *l'Amleto* in prosa francese non perde nulla della sua perfezione. La traduzione è la prova dell'universalità. È anche, quando la lingua originale è invecchiata, un ringiovanimento.

Rebatet - Bene, per la prova dell'universalità. Baudelaire l'ha superata a pieni voti: sembra che sia il poeta più letto al mondo, in tutte le lingue.

Cousteau - Ma Racine fu respinto.

Rebatet - Gli stranieri che lo hanno letto in inglese o in tedesco non hanno capito nulla. È un prodotto locale da assaporare sul posto, come certi vini delicati. Ma pur ammettendo che i libri e le tragedie classiche hanno significato molto di più per i loro contemporanei che per noi, continuo a pensare che la nostra letteratura sia infinitamente più ricca. La nostra letteratura, in altre parole, è la migliore che sia stata pubblicata dopo Stendhal. Non voglio dire che la scoperta dell'uomo sia iniziata in letteratura con il XIX. Ma, diciamolo, le note psicologiche vanno pescate con il cucchiaio, da Racine e persino da Molière. Cosa sono queste inezie rispetto all'intera *Madame Bovary* di Proust?

Cousteau - O solo *Un Amour de Swann*...

Rebatet - I nostri libri sono molto più consistenti di quelli degli "antichi" e la loro portata è in continua espansione. La liberazione del vocabolario e la distruzione dei tabù sessuali e morali fanno sì che si possa finalmente parlare della vita così com'è. Al momento c'è un abbassamento degli standard, dovuto al frastuono degli ultimi dieci anni, i siluri dei bombardamenti scuotono ancora la mente della gente quando le case che hanno demolito sono già state ricostruite...

Cousteau - Ricostruito in Germania, forse, ma non in Francia...

Rebatet - La valanga di mediocrità non deve farci dimenticare che Montherlant è ancora molto vivo, che Marcel Aymé è in piena forma, che *Le Voyage au bout de la nuit* di Céline non ha ancora compiuto diciotto anni. Un mezzo secolo che va da Gide a Céline, passando per i quindici libri di Proust, Romains, Valéry, Anouilh e Montherlant, sembra piuttosto buono. Mi sembra che susciti più idee, persone e immagini di tutto il XIX secolo. Si potrebbero citare cinquanta libri che hanno tutte le caratteristiche del classicismo, di qualcosa che durerà, sia nella forma che nel contenuto. *Chéri* è ovviamente uno di questi. L'intera biblioteca mi sembra infinitamente più intelligente, veritiera, varia e, per dirla tutta, seria di ciò che si faceva 200 o 300 anni fa.

Cousteau - L'ho sempre pensato.[139] Guardate gli scaffali della vostra *biblioteca* dove i libri sono etichettati come "C.L." o "L.I.T.". Che cimitero! Insieme alla sezione di storia, è la sezione più completa di questa biblioteca fetente.

Rebatet - Ma questo non li rende più leggibili.

Cousteau - Credo che sarebbe molto scoraggiante stilare un inventario di ciò che ancora oggi si può leggere con piacere, con profitto, non solo per superare la maturità o preparare una tesi. Dopo il nostro dialogo sull'assassinio politico, volevo tornare a *Cinna*.

Cousteau - È incredibile. È impossibile essere più pomposi, più stupidi, più inutili. E pensare che ai ragazzi viene insegnato che questo è il capolavoro dei capolavori!

Rebatet - Il caso di Corneille è mostruoso. Questo idiota non ha assolutamente nulla da dire e non riesce nemmeno a dirlo chiaramente. I suoi personaggi sono elementari, eppure per tre quarti del tempo non si capisce una parola di quello che dicono. Rostand è di gran lunga superiore a lui; sa come raccontare una storia, e almeno è pittoresco. Il fatto che Corneille sia stato in grado di apparire come un innovatore e di creare una forma, dimostra che in campo letterario, intorno al 1636, la Francia era ancora all'età della pietra!

Cousteau - Non è quello che dicono i libri di testo. E i fabliaux, Villon, la Pléiade, Rabelais, Montaigne?

Rebatet - Conservo trenta versi di Villon. Nessuno ne conosce di più. La

---

[139] "Classici" e "Letteratura". Nessuno saprà mai cosa abbia spinto il lontano predecessore di Rebatet a classificare certi libri in una categoria piuttosto che nell'altra. L'insondabile mistero della bibliografia penitenziaria, a cui dobbiamo, tra le altre gioie, l'inserimento di Sainte-Beuve negli scaffali delle opere religiose.

Pléiade...

Cousteau - Non ho alcuna opinione sulla Pléiade.

Rebatet - Ne ho uno. È una barzelletta: cinque o sei amici, che sapevano bene il greco, bevevano insieme e formavano un "gruppo". Poiché all'epoca non ce n'erano altri e sapevano come organizzare la loro pubblicità, la gente parlava di loro. Ma, se questo è un dato di fatto, ci sono cinquanta cenacoli nel Quartiere Latino che avrebbero ugualmente meritato l'immortalità. Questa mitologia di Ronsard e Du Bellay è insopportabile. Il ritorno alla mitologia era affascinante tra i pittori fiorentini del XV secolo; credevano davvero in Venere. Con i rimmelisti francesi è già una presa in giro, pura retorica. Avevo comprato l'integrale di Ronsard, dalla "Pléiade", in realtà...

Cousteau - Anch'io, ma non sono andato molto lontano nella lettura...

Rebatet - Ho dovuto essere più paziente di te. Pensavo che i professori avessero tralasciato i versi più belli nei brani scelti. Ma i pezzi selezionati sono i migliori, e li ho riletti qui: mi fanno orrore. È tutta una descrizione, e sempre con gli stessi accessori. Thierry Maulnier ha più o meno riportato in auge un gruppo di poeti del XVI secolo, Sponde, Maurice Scève. Sono ragazzi che cercano il cento e primo modo per dire che le loro bellezze li stanno uccidendo d'amore. Merda! Ho imparato a detestare l'uomo finemente istruito che passa un anno a cercare due emistichi accettabili in mezzo a Iris, Cipridi e usignoli. La letteratura è una cosa seria. Non è un divertimento per normodotati... Mi piace Rabelais...

Cousteau - Non io. Ho un grande rispetto per l'uomo e per le sue idee, ma per temperamento non sono molto bravo a godermi la fastidiosa anarchia delle sue parole, e la miscela di umanesimo e battute da guardina.

Rebatet - Ho ancora una grande simpatia per Rabelais, forse perché ho iniziato a leggerlo quando avevo circa quindici anni e conosco la sua lingua, cosa che sta diventando rara. È uno scrittore, uno di quelli, tutto sommato, che ha espresso il maggior numero di idee del suo tempo, e idee che mi vanno a genio: la giustizia è una stronzata, l'alto clero è gente buffa, i conquistatori sono dei piantagrane che finiscono per perdere le loro rotelle. Rabelais ha creato uno stile che resiste e continua a divertire, con un certo ritmo gioviale e cupo della frase e un uso comico degli aggettivi. Lo si ritrova in Balzac, Flaubert, Léon Daudet, Bloy, Marcel Aymé e Céline. Un bel pedigree! Il sapore del nostro amico Paraz è in gran parte dovuto al suo accento rabelaisiano. Io stesso provengo da quella famiglia e non rinnegherò mai il nostro vecchio maestro, anche se i giovani non lo capiscono più... Montaigne? Hou! hou! Montaigne...[140]

Cousteau - Sapete quanto sono rimasto deluso l'anno scorso quando ho affrontato il "Montaigne-Digest". Non è stata tanto la lingua a scoraggiarmi, questa lingua in gestazione, insicura, fluida... Ed ero pronto a non badare alla spaventosa proliferazione di citazioni latine. Ciò che è del tutto inaccettabile in Montaigne è la nullità del pensiero stesso. Omelie morali piatte e piccolo-borghesi da manuale di educazione civica... Non rubare, non arrabbiarti, non tradire tua moglie: è una cattiveria. Fa piangere la Vergine...

Rebatet - O coscienza universale...

Cousteau - Per quanto riguarda la famosa "saggezza", si riduce al "P'tet ben qu'oui, p'tet ben qu'non" che questo bordolese potrebbe aver ereditato da un antenato normanno. Ci sono pro e contro... *In medio stat virtus!*[141] Insomma, il sistema di conciliazione perpetua che era del mio

---

[140] Incoraggiato dal suo "Digesto di Proust", Cousteau pensò che sarebbe stato un buon uso del suo tempo di prigione ridurre all'essenziale altri grandi scrittori. Iniziò affrontando Montaigne. Ma non trovando altro che luoghi comuni, si arrese rapidamente.

[141] In realtà, questa apostrofe "Finirete sul patibolo" era rivolta collettivamente a Jean Lasserre e

venerato insegnante di filosofia Paulin Malapert, un sistema che io contraddicevo così furiosamente nei miei compiti a casa che questo saggio pedagogo arrivò a predire che sarei finito sul patibolo.

Rebatet - Non sono mai riuscito a leggere Montaigne, che si chiama lettura. Si noti che sono stato coscienzioso. Ho sperimentato tre diverse edizioni degli *Essais*... In breve, con l'eccezione di Rabelais, la letteratura francese inizia davvero con il XVII secolo. Le Grand Siècle!

Cousteau - Sapete che questo secolo non mi attrae minimamente. È solenne. E quando qualcosa è solenne, divento ingiusto. Vedo solo il solenne e rido.

Rebatet - Per quanto mi riguarda, ho un grande rispetto per quell'epoca: Place Vendôme, Versailles, gli Invalides, Luigi XIV, dittatore a vent'anni, tutti i talenti emersi in ogni campo, fino all'arte dei giardini, dal 1660 al 1690. Complimenti! Ma cosa ne rimane in termini letterari? Non parlo di nomi, parlo di ciò che ci piace rileggere, in un'età della vita in cui non possiamo più permetterci di essere snobbati, di ciò che mantiene il suo peso e la sua succosità. Siamo d'accordo su Corneille...

Cousteau - Non torniamo su questo argomento.

Rebatet - La pomposità di Racine fa ridere. Non lo sto difendendo. Amo Racine come amerei un certo tipo di musica con modulazioni quasi impercettibili. Questa musica, con tutte le sue convenzioni, è ancora il linguaggio più naturale della tragedia classica. Andromaca, Berenice e Fedra sono donne vere. Racine era un dandy, indovinava molte cose. Oggi sarebbe certamente un analista penetrante...

Cousteau. Entrambi sono finiti a Fresnes e la previsione si è quasi avverata.

Cousteau - In prosa!

Rebatet - Certamente in prosa.

Cousteau - Molière è molto simpatico.

Rebatet - Molto simpatico. Era contro i medici, i mercantilisti, gli zazous, i filosofi, gli psichiatri, i mauriziani, i sartriani del suo tempo. Mi dà fastidio quando non mi fa ridere, quando lo trovo cattivo, così come mi darebbe fastidio essere deluso dal libro di un buon amico. Ma questo teatro è spesso molto banale, molto meccanico. Ho una predilezione per *L'École des Femmes*. Mi sembra che sia una delle sue commedie più vivaci...

Cousteau - Forse perché è la storia del suo matrimonio.

Rebatet - Anche Boileau era un bravo ragazzo, con buon gusto, buon senso e intelligenza. Un buon critico. Perché ha scritto tutto questo in versi!

Cousteau - E che vermi!

Rebatet - Bossuet, è il nulla sontuosamente avvolto in nozioni filosofiche e storiche che oggi farebbero ridere un bambino di terza elementare. La mère Sévigné, collaboratrice di piccoli giornali con eco; il gossip della Commère. Mme de la Fayette mi faceva sempre sbadigliare alla decima pagina. La Rochefoucauld, non è male, credo che ti abbia fatto riflettere a sedici anni, come me; lo ricordi sempre con gratitudine. Ma accanto a Proust!

Cousteau - Anche accanto a Proust, ha senso. È vigoroso, sano, vero. Ed è sempre un piacere rileggerlo. È così sorprendente, un uomo che dice le cose come stanno, che vede le persone come sono. La Rochefoucauld mi ha insegnato una volta per tutte che le persone agiscono per interesse personale e per vanità, anche quelle che sembrano piene di abnegazione e di altruismo, anche i santi e gli eroi, anche quelli che si sacrificano: trovano più piacere nel loro sacrificio che nella prudente astensione. È semplice, ma bisogna saperlo. Tutti i predicatori stravaganti, blateranti, sublimanti, altisonanti e admajoremdeigloriamici...

Rebatet - Ora parli come Prévert

Cousteau - È l'influenza Pouhète-Pouhète... Non farci caso... Cosa ti dicevo?... Oh, sì, sì. Stavo condannando gli imbecilli che ingoiano ombrelli sacri in contrapposizione a La Rochefoucauld che rimane, nell'enorme confusione di questo pianeta, uno dei miei maestri... Un altro uomo di questo secolo che ha superato la prova del tempo è La Fontaine. Stiamo mettendo a repentaglio la sua gloria costringendo ogni generazione di scolari a mormorare le sue favole.

Rebatet - Abbastanza da disgustarvi per sempre.

Cousteau - Ma a quarant'anni si scopre improvvisamente che questo flagello dell'infanzia è un autore notevole. Conoscete il mio orrore per la poesia, o la versificazione se preferite. Basta che qualcosa sia detto in alessandrini - o in ottavo di litro, che dir si voglia - perché io, a seconda dell'umore del momento, mi senta fisicamente a disagio o abbia voglia di ridere. Ma i versi di La Fontaine non mi fanno questo effetto. La loro irregolarità, l'alternanza di metri lunghi e corti a seconda della convenienza della narrazione - mentre in altri è la narrazione a dipendere dalle esigenze della versificazione - rendono i versi di La Fontaine seducenti come la prosa. E le *Favole*, come le *Massime*, sono da includere nel monumento della letteratura ragionevole.

Rebatet - Ma La Fontaine, come tutti, è talvolta colpevole di lavaggio del cervello.

Cousteau - Ammetto che "Lavorare, prendersi il disturbo" non è molto onorevole. Avrebbe dovuto dire "Far lavorare gli altri" per non fare brutta figura. Ma questo tipo di oscenità è piuttosto raro. La Fontaine è lo scrittore francese che ha osservato che "Il nostro nemico è il nostro padrone", e soprattutto colui che ha proclamato, duecentocinquanta anni prima che i prussiani osassero ammetterlo: "La ragione del più forte è sempre la migliore". Per queste semplici parole meriterebbe la gloria eterna e che il suo motto fosse inciso nel marmo degli edifici pubblici. "La ragione del più forte è sempre la migliore", che pesa di più nella bilancia della saggezza universale di tutto Jean-Jacques, di tutto Hugo e di tutto Michelet, il tutto appesantito da tutti i libri di diritto, passati, presenti e futuri... In generale, non sono molto orgoglioso delle cosiddette idee francesi, ma un aforisma come questo è sufficiente a renderti patriottico.

Rebatet - Sono completamente d'accordo sulle *Favole*. Ma il resto di La Fontaine è versificazione. Gli aneddoti dei *Contes* potrebbero essere divertenti in venti righe. In cinquecento righe sono polverosi. La Bruyère è un accademico elegante. Cartesio è un grande uomo, il primo filosofo dell'era cristiana a staccarsi dalle oscenità della scolastica e a fare a meno di Dio.

Cousteau - Il fatto che i democratici di professione lo abbiano annesso non deve impedirci di vederlo come un liberatore.

Rebatet - Ma è troppo pastoso per avere un posto nella letteratura. Mi dispiace dire che il più grande scrittore di prosa del XVII secolo è stato quell'animale di Pascal. Non parlo *delle Provinciales, che* sono diventate illeggibili a causa del loro argomento.

Cousteau - E pensare che in cinquant'anni avevano avuto un milione di lettori, secondo Voltaire!

Rebatet - In ogni caso, tutto ciò che riguarda la condizione dell'uomo in *Les Pensées* rimane sensazionale nel linguaggio e nel contenuto. Pascal non l'ha fatto apposta; i pezzi su cui ha lavorato e che ha sviluppato sono molto peggiori dei suoi scarabocchi... Gide loda molto Retz, perché sta imparando a fare a meno degli aggettivi. Tuttavia, questo stile è molto asciutto, con una quantità infinita di qui e que. C'è Saint-Simon, che è di alta qualità.

Cousteau - Attenzione! Ci si potrebbe chiedere se Saint-Simon appartenga alla letteratura. Almeno a quella che chiamiamo letteratura. Secondo me - e credo anche secondo voi - la parola implica una creazione personale, una trasposizione della realtà...

Rebatet - Certamente.

Cousteau - Ma Saint-Simon si limitò a raccontare il suo secolo. Magnificamente, naturalmente. E con una tale coerenza e maleducazione che è difficile considerarlo un autentico storico. Ma la sua opera è molto più storia che letteratura.

Rebatet - Diciamo che era un grande scrittore che non si interessava di letteratura. Ma se lo mettiamo da parte, non rimane molto sullo scaffale del Grand Siècle: il valore di quattro o cinque in-16. Credo che sarei più generoso con il Settecento. Finalmente un secolo di prosa! Una prosa di gran lunga superiore a quella del Seicento, più corta, più leggera, meno arcaica. Il francese non è mai stato scritto meglio. Ma naturalmente non dobbiamo essere troppo esigenti sul contenuto di queste formule eleganti e vivaci.

Cousteau - Certo, non va mai molto lontano. Ma è così ben scritto. E con uno spirito così buono! Ancora una volta, mi sento di nuovo un patriota. Questo persiflage scanzonato e brillante, questo rifiuto di prendere tutto tragicamente, questo cinismo delle persone ben nate, questa preoccupazione di mettere l'eleganza e la raffinatezza al di sopra della morale, erano il riflesso di una Francia che aveva raggiunto il suo più alto grado di civiltà. Perché la civiltà è questo, e non può essere altro che uno strato di vernice sull'eterno bruto. Nel XVIII secolo la vernice raggiunse la perfezione.

Rebatet - Le ho già fatto notare che tutto è finito molto male, che le battute dei filosofi hanno scatenato i mostri del 1793.

Cousteau - Non importa. Quando rileggo *Les Lettres Persanes*, *Candides*, *L'Ingénu* o *Les Liaisons dangereuses*, ho la sensazione di trovarmi in un mondo in cui la vita valeva la pena di essere vissuta, un mondo intellettualmente confortevole, accanto al quale il mondo di Hugo, Zola e Sartre non è che un incubo assurdo.

Rebatet - Il XVIII secolo è stato all'insegna della civiltà e del cosmopolitismo. Ma quanti altri libri servono per aggiungere ai tre o quattro capolavori appena citati? Voltaire è un artista squisito; è vero, inoltre, come osservava Gide, che dà il meglio di sé evitando sempre di dire cose un po' complicate.

Cousteau - E c'è un terribile spreco in lui.

Rebatet - Cosa vuoi? È soprattutto un giornalista. Tutta una parte di ciò che ha scritto è caduta con i tempi; un'altra parte, le tragedie imbecilli, le epopee, sono cadute per eccesso di pretesa. Ciò che rimane si trova tra questi due campi di rovina. Probabilmente avremmo l'essenza di Voltaire in sei o sette volumi, il che non è poi così male. E credo che dovremmo aggiungere tre quarti della sua corrispondenza, il suo capolavoro poco conosciuto. Nelle antologie si citano solo i più insignificanti. È una miniera di deliziose impertinenze, confortanti per la mente sana.

Cousteau - Marivaux?

Rebatet - Marivaux, checché se ne dica, è la commedia garbata dei salotti, sempre con lo stesso soggetto profondo come la pelle. Amo Beaumarchais. Che bella prosa teatrale, che movimento, che naturalezza! Ahimè, non si è accontentato di scrivere *Le Barbier* e *Le Mariage de Figaro*. Ho comprato il suo teatro completo, roba moraleggiante nello stile di Sedaine, spaventosa! Cosa ne pensa di Diderot?

Cousteau - Penso che questo gigante, a cui continuiamo a intrecciare corone accademiche, sia davvero illeggibile. Come lo sono, del resto, tutti gli altri enciclopedisti. Così come lo stesso Jean-Jacques - a parte le *Confessioni*, che sono un capolavoro. Avete mai affrontato *La Nouvelle Héloïse?* È sufficiente per farvi piangere. Ma non nel senso in cui la intendevano i contemporanei. I lettori de *La Nouvelle Héloïse* versavano letteralmente torrenti di lacrime, veri e propri torrenti di lacrime, perché erano così deliziosamente commossi.

Rebatet - È arrivato al punto che lo stesso Stendhal ha pianto per questo libro, il cui successo mi sembrerà sempre una delle disgrazie della razza umana. Non ho letto più di cento pagine, ma per me sono sufficienti.

Cousteau - E anche i contemporanei piangevano per le disgrazie di Paul e Virginia! Questo è l'aspetto imbecille della fine del XVIII secolo. In letteratura, fu l'inizio dei cetrioli frantumati del Romanticismo; in politica, l'inizio dei fiumi di sangue versati per dimostrare che l'uomo è naturalmente buono. Il Settecento che mi sta a cuore è il secolo degli aristocratici raffinati e scettici, non il Settecento dei leccapiedi a cui dobbiamo i vostri principi immortali.

Rebatet - Devo dirle: stia attento! Stai uscendo dalla letteratura. Diderot non mi sembra trascurabile solo per la sua follia politica, ma anche perché non è mai riuscito a finire un libro o un racconto, perché *Le Neveu de Rameau* e *Jacques le fataliste* cadono nel vuoto dopo le poche pagine brillanti che vengono sempre citate, perché *La Religieuse* e *Les Bijoux* *indiscrets*, che hanno una reputazione quasi pornografica, sono libri terribilmente noiosi. C'è anche *Les Salons*, dove Diderot giudica i quadri in base al loro valore educativo e morale...

Cousteau - Se si pensa che questo tipo di assurdità fa ancora parte di tutti i favoriti!

Rebatet - Esistono cento raccolte di lettere di questo periodo, di gran lunga superiori a qualsiasi Diderot. Ciò che domina indiscutibilmente il XVIII secolo è *Les Liaisons dangereuses*, questa prosa perfetta che diventa uno strumento di analisi psicologica. E che psicologia! E prende forma un romanzo epistolare, il genere impossibile per eccellenza, che tuttavia è un vero romanzo, in cui ognuno parla la propria lingua. E pensare che Laclos non ha mai fatto altro! È un libro miracoloso da ogni punto di vista.

Cousteau - Non possiamo concludere questo inventario del XVIII secolo senza parlare di Rivarol. Come sapete, lo considero uno dei più grandi scrittori francesi. Ma questa non è l'opinione dei creatori di manuali scolastici e di opere selezionate... Questo è il tipico caso di un uomo la cui gloria postuma è compromessa dalla politica...

Rebatet - In genere è il contrario...

Cousteau - Naturalmente, i critici dall'intestino democratico trattano questo famigerato reazionario solo con ripugnanza. Ma questo non significa che i benpensanti lo abbiano adottato, così come hanno adottato Joseph de Maistre...

Rebatet - Joseph de Maistre è squalificato per aver scritto *Du Pape*. Deploro il fatto che egli giustifichi l'orrore che la bella parola reazionario" suscita nei progressisti.

Cousteau - Fu lo stesso Robespierre a proclamare che l'ateismo era aristocratico. In ogni caso, Rivarol rimane estraneo ai funamboli cattolici come il Brotteau di Ilettes des *Dieux ont soif.* Era contrario a tutte le follie rivoluzionarie, ma anche alle imposture dell'"Infâme". Al massimo ammette, alla fine, che la religione è in fondo un bene per il popolo. Per il popolo, ma non per lui, e non fa certo onore al cristianesimo assegnare ai preti le stesse funzioni sociali dei gendarmi...

Rebatet - Questa è stata la grande idea della Restaurazione...

Cousteau - E i piccoli machiavellici voltairiani che tornarono a Parigi sui furgoni di Wellington e Blücher fecero così bene il loro gioco che si convertirono senza convertire il "popolo".

Rebatet - Forse, se fosse vissuto, Rivarol avrebbe fatto la stessa fine.

Cousteau - È possibile, ma è morto in tempo e rimane, cosa insolita, l'uomo che, in quel momento di confusione, ha rifiutato sia le "tenebre" della Chiesa che la "luce" dell'Enciclopedia. È il vero grande antenato di voi e di me... Ma lei mi rimprovererà di aver portato di nuovo il nostro dibattito in politica: non le parlerei così di Rivarol se scrivesse come Paul Vialar o Maxence Van der Mersch. Leggete la sua corrispondenza, i suoi articoli, le sue massime: la sua prosa è pari a quella dei migliori scrittori di questo secolo, quando tutti scrivevano bene.

Rebatet - Teniamo Rivarol, citiamolo, rendiamogli giustizia... È un peccato che non abbia vissuto il Romanticismo, lo avrebbe reso migliore! Ma abbiamo l'opinione di uno dei suoi discepoli, di Stendhal, l'uomo che oggi appare il più avanti del suo tempo, perché non ha seguito nessuna delle mode dell'epoca, che ha continuato i tipi più intelligenti del Settecento, con una sensibilità che non avevano mai posseduto, e che li ha continuati in mezzo alle macchinazioni del Romanticismo. Chateaubriand lo faceva ridere o gli faceva male al cuore.

Cousteau - Quanto aveva ragione!

Rebatet - Chateaubriand è ancora più illeggibile di Bossuet. Gli eminenti studiosi mi fanno ridere con tutte le loro copie sul genio di Chateaubriand. Mi piacerebbe sapere da quanto tempo non rileggono les *Martyrs, Le Génie du Christianisme*, quei cumuli di sciocchezze ridondanti che abbiamo riletto. Chateaubriand mi irrita ancora di più perché ha ripristinato la bondieuserie.

Cousteau - Sbagliato! Non ha restaurato nulla. Qualunque cosa sostenga - e lo sostiene sempre - il cristianesimo era tornato di moda all'indomani della Rivoluzione, prima della pubblicazione del libro di Chateaubriand. Il signore di Combourg non ha cambiato il corso della storia, ha solo approfittato della moda per vendere la sua insalata.

Rebatet - Quindi è ancora più disgustoso di quanto pensassi. È un droghiere intelligente, come M. Daniel-Rops che non va a Messa, ma pubblica *Jésus en son Temps (Gesù nel suo tempo)* con una tiratura di 300.000 copie, perché dopo questa guerra va di moda un certo oscurantismo. Ma Chateaubriand ha almeno scritto le *Mémoires d'outre-tombe, che* sono di prim'ordine.

Cousteau - Certo, lo stile di questo libro è magnifico. Ma che pochezza di pensiero, che accumulo di stupidaggini. E so di cosa parlo: ho appena letto queste *Memorie* da cima a fondo. Quanti critici parigini possono dire lo stesso?

Rebatet - A parte le stronzate, ci sono parecchie bugie in queste *Memorie*...

Cousteau - Sì, ma non è questo il peggio: tutti quelli che raccontano i loro ricordi fanno lo stesso...

Rebatet - Quello che mi piace ancora dei *Mémoires d'outre-tombe*, che non ricordo così vividamente come lei, è il piacere di Chateaubriand nel vilipendere i suoi contemporanei, come Saint-Simon. Quando si smette di avere un'erezione, questa è la più grande fonte di ispirazione, il fiele che si è accumulato nel corso della vita.

C'era silenzio. Cousteau pensò che in un futuro ancora lontano - poiché Rebatet rimaneva perfettamente in forma e adatto alla tumescenza - il suo amico sarebbe stato anche un buon cibo per i suoi contemporanei. Abbandonando queste deliziose prospettive, tornò al tema del dibattito:

Cousteau - Qualunque cosa si pensi di Chateaubriand e dei suoi complici, i romantici sono ancora molto utili!

Rebatet guardò Cousteau con un certo stupore.

Cousteau - Sì, se non fossero esistiti, non avremmo avuto il modello standard di cosa non fare, di cosa non fare in nessun caso. Lei conosce il mio gusto per il pastiche, sa che mi consolo per aver letto tante opere letterarie noiose nella mia vita solo perché questo mi permette di apprezzare appieno "*A la manière de*" di Reboux e Muller. Ebbene, con i Romantici non c'è bisogno di pastiche. È tutto un pastiche. Quando mi annoio - è raro, ma succede - non devo far altro che raggiungere lo scaffale di Hugo. Non rimango mai deluso...

Rebatet conosceva il ritornello. Conosceva la radicata abbracciofobia del suo amico. Ma la sua naturale cortesia gli impedì di mostrare impazienza.

Cousteau - Riuscite a immaginare qualcosa in letteratura paragonabile a *Lucrezia Borgia*? Ci sono state molte opere teatrali, molti libri altrettanto brutti, ma non come questo, non con questa perfezione di cattivo gusto, di enfasi esagerata, di volgare antitesi, e mai con tanta serietà, tanto compiacimento. I clown professionisti sono ben consapevoli degli effetti comici che possono derivare dal contrasto tra la solennità dell'interprete e la ridicolaggine dello spettacolo. L'unico problema è che i clown professionisti non sono mai del tutto divertenti: si può più o meno intuire il processo. Hugo, invece, è assolutamente naturale. Non lo fa apposta. Quanto più grotteschi sono i suoi trucchi, tanto più è compiaciuto, compiacente, pontificante. Si noti che non sto parlando delle sue idee politiche, che gli hanno fatto guadagnare tante strade ovunque, molto più dei suoi versi. Le idee politiche sono ancora più folli. Ma l'arte in sé è atroce.

Rebatet - Lei sa molto più di me su Hugo, disse modestamente Rebatet. Posso dire che sono passati trent'anni da quando ho riaperto Hugo come artista, in ogni caso. Sembra che nelle ultime collezioni ci siano dei quadri piuttosto colorati e fantastici, *Dieu, La Fin de Satan*. Ma dopo venti alessandrini, ne ho abbastanza.

Cousteau - C'è del buon verso in Hugo - e, contrariamente a quanto si pensa, io colloco questo buon verso più nelle opere della sua giovinezza, in *Les Odes*, in *Les Ballades*, in *Les Orientales* che nelle grandi cose del pontefice che invecchia - ma questo buon verso è stato rifatto centinaia di volte. E poi, *Les Contemplations* e La *Légende des siècles* sono tutte descrizioni, sempre descrizioni.

Rebatet - Non lo sopporto più.

Cousteau - Nemmeno io.

Rebatet - Il XIX secolo è pieno di descrizioni: il popolo del 1830, *Salammbô, La Tentation de Saint Antoine*, Michelet, tutti i naturalisti, per me è tutto morto, non credo che lo guarderò mai più. Perché la letteratura mi interessi, deve mostrarmi cosa succede dentro le persone, oppure il mondo esterno deve essere un'estensione di queste persone, deve servire a spiegarle, come nella prima scena di *Bouvard e Pécuchet*. È per questo che Stendhal è così fresco, mentre Balzac, che ho amato molto, mi lascia spesso con la voglia di saperne di più.

Cousteau - Anch'io. Nelle sue opere più ammirate, ci sono sempre delle imperfezioni che rovinano il mio piacere. È vicino a un capolavoro... Non è mai un capolavoro.

Rebatet - Balzac era un grande uomo che vedeva magnificamente la vita sociale. Ma è della vita sociale che sono saturo. Altrimenti, che sia *L'affare Tullaev*... *Madame Bovary*, secondo me, regge molto meglio del meglio di Balzac. Vorrei rileggere *L'Education sentimentale*. Ho sempre difeso Flaubert, non ho mai capito come uno come Brasillach abbia potuto odiarlo, deve averlo letto molto male. Mettere un piccolo libro amatoriale come *Le Grand Meaulnes* al di sopra di un'opera densa e impeccabile come *Madame Bovary* significa volere la letteratura al contrario.

Cousteau - Si ricordi che nel 1939, nella nostra piccola banda di *Je Suis Partout*, l'unico a inveire contro *Le Grand Meaulnes*. E tu, mostro, mi hai dato del filisteo!

Rebatet - È uno dei rimpianti della mia vita. Non riaprivo *Le Grand Meaulnes* da quando avevo 18 anni. Ne parlavo in base a vaghi ricordi. In nome della poesia e della giovinezza. L'ho riletto con cognizione di causa: un crollo...

Cousteau - Non si entusiasmi per *Le Grand Meaulnes*, Lucien, le assicuro che non mi insegnerà nulla... Stavamo parlando di Flaubert...

Rebatet - È assurdo aver confuso Flaubert con i suoi discepoli, tutti quei tipi tristi e superficiali che passavano otto giorni al circo, in una stazione ferroviaria, in un grande magazzino, con un taccuino per leggere Alphonse Daudet, Maupassant, Goncourt, Zola... Non sto parlando male del *Journal* des Goncourt, da quello che ho letto è molto divertente e molto ragionevole da molti punti di vista. Dovete assolutamente leggere il volume sulla guerra del 1870 prima o poi...

Cousteau - È un peccato che non esista qui. Ma alla prima occasione, seguirò il suo consiglio... E, da parte mia, le consiglio di leggere la corrispondenza di Mérimée. I suoi romanzi sono onorevoli, ma le sue lettere sono di gran lunga superiori. Solo che non se ne parla mai, perché Mérimée, secondo l'etica della democrazia, pensava male: era a favore dei sudisti durante la guerra civile, se ne fregava degli esseri umani messicani quando Puebla era sotto assedio e, nel 1870, era follemente monacense, che era comunque meno idiota del gambettismo!

Rebatet - Leggerò sicuramente la corrispondenza di Mérimée. Trovo che *Carmen* e *Colomba* siano davvero un po' brevi. Ho sempre sospettato che Mérimée fosse un membro della nostra famiglia. Ed era un amico di Stendhal... Quanto a Sainte-Beuve, non vedo cosa abbia a che fare con la letteratura...

Cousteau - Era un buon maestro che diceva cose pertinenti sugli scrittori del passato, ma che accumulava mostruosità non appena cercava di giudicare i suoi contemporanei.

Rebatet - Per lui, Béranger è il primo poeta del XIX secolo.

Cousteau - Allora non parliamone più.

Rebatet - Teatro dell'Ottocento, a parte le commedie di Musset: zero. Non c'è genere in cui lo spreco sia più spaventoso. Se si pensa che dal 1830 al 1900 c'erano dieci opere generali al mese! Non mi soffermerò sui quattro veri poeti di quei sette decenni: Baudelaire, Rimbaud, Verlaine e il Nerval dei sonetti, so che ne sei fuori, nonostante l'inquietante incoraggiamento che dai al nostro Pouhète... Non citerò più

Stendhal, è un amico, è il precursore, vive tra noi, vorrei che tutta la letteratura assomigliasse alla sua.

Cousteau - Anch'io

Rebatet - Penso che l'elenco sia finito. Nonostante tutto, il XIX secolo è molto più ricco dei secoli precedenti. È una marcia in più.

Cousteau - Eppure, questo non sarebbe stato l'elenco dei successi di mio nonno. Per lui, il XIX secolo è stato innanzitutto Padre Hugo, grondante di gloria e tuonante tra le nuvole, ben al di sopra di tutti i colossi letterari di tutti i tempi. Poi c'era Lamartine, che non abbiamo nemmeno menzionato perché non è un burlone letterario. C'era Vigny, di cui mi piace *Grandeurs et Servitudes*, ma di cui abbiamo ammirato *Chatterton*, una miseria inenarrabile, all'epoca. È stata Madre Sand, quella socialista che si mangiava il sigaro e i cui mirtilli del Berry avrebbero fatto sbadigliare anche i più intrepidi lettori de La *Veillée des Chaumières*. È una marcia in più, certo, ma questi autori non c'entrano nulla. L'ascesa è dovuta a persone che i loro contemporanei consideravano artisti minori. È un po' preoccupante. Anche noi abbiamo l'impressione che l'ascesa continui sotto i nostri occhi, grazie a Proust, Valéry, Montherlant, Gide, Marcel Aymé, Anouilh, Colette, Jules Romains e pochi altri. Cosa penseranno i nostri nipoti?

Rebatet - Ciò che mi rassicura della maggior parte di quelli che hai appena citato è che hanno impiegato molto tempo per lasciare il segno. Le opere durature di solito impiegano molto tempo per lasciare il segno. Ma in fondo il problema della sopravvivenza letteraria è insolubile quanto quello della sopravvivenza stessa. Ed è probabilmente altrettanto assurdo porsi domande su entrambi.

Bibliothèque de la maison centrale de Clairvaux, novembre 1950.

DIALOGO N. 18

IL PASSATO DELL'INTELLIGENZA

"L'intelligenza è caratterizzata da una naturale mancanza di comprensione della vita".
Bergson, la *materia e la memoria*

Quella domenica, Charles Maurras uscì lentamente dalla messa, raggrinzito in un vecchio cappotto di mastice, ma con la barba ancora imperiosa e gli occhi ancora brillanti. Sorvegliato da una giovane matrona della Champagne, molto più dinoccolata di lui, attraversò il grande cortile della prigione fino al "quartiere politico" vicino all'infermeria, dove era rinchiuso per tutta la settimana con i detenuti dell'Alta Corte. Cousteau e Rebatet passeggiavano sullo stesso marciapiede. Il vecchio si avvicinò a Cousteau con un sorriso affabile e gli strinse la mano, ma come al solito lanciò un'occhiata terribile a Rebatet, che si era subito allontanato. I due nemici si fissarono per qualche secondo. Poi Maurras si allontanò dietro la guardia, che trascinava i piedi e agitava zoppicando il mazzo di chiavi. Insieme, Cousteau e Rebatet fecero il classico giro della Cour des Brosses, sotto i tigli nodosi i cui due viali incorniciavano un'area piuttosto vasta, ancora ingombra di enormi tronchi il cui utilizzo da parte dell'industria del legno della prigione era un problema indecifrabile. Centinaia di alberi giganteschi venivano costantemente scaricati dai camion della forestale, e l'unica cosa che usciva dai laboratori era un carico di sedie o sgabelli, e forse due volte al mese un armadio o una credenza in pino.

Rebatet - Dovrei evitare questi incontri con il vecchio di Martigues.

Basta la sua vista per mettermi di cattivo umore per un giorno intero. Mi riporta alla mente troppi ricordi. Dovrei correggermi, ma è impossibile. C'è troppo tra me e quel vecchio caprone.

Cousteau - Sono molto lontano dall'avere la repulsione viscerale per questo bastardo sordo che hai tu... il che è normale dato che hai vissuto nella sua intimità, mentre io l'ho conosciuto a malapena... Ma lo leggo. E quando, prima di essere convertito da Gaxotte, ero di sinistra, sarebbe bastato lui a farmi passare la voglia di essere di destra. Era un repoussoir con la R maiuscola.

Rebatet - Per me è stato il contrario! È stato quando ho letto Maurras a vent'anni - diciamo, più precisamente, quando l'ho letto - che mi sono sentito "di destra".[142] Sapevo benissimo di non essere di sinistra, cioè dalla parte dei socialisti jauresi, del gruppo Barbusse, di Victor Basch e di Bougie, per citare solo le persone di cui avevo esperienza diretta. Fu quando lessi - deve essere stato all'inizio del 1925 - la lettera di Maurras a Schrameck ("Signor Schrameck, la farò uccidere come un cane") che provai la mia prima vibrazione politica... Per Dio, ho quasi detto "impulso". L'atmosfera che respiriamo da quando hai iniziato a tradurre i tuoi psicanalisti sta diventando un po' puzzolente. Dovremo curarla imparando ogni giorno cinquanta versi di *Andromaca*...

Cousteau - Preferisco concedermi una rilettura di *Candide*... In *Andromaca* ci sono messaggeri e appas che mi fanno ridere tanto quanto le tensioni emotive sottostanti...

Rebatet lanciò un'occhiata cupa e laterale al suo compagno:

Rebatet - Barbaro! ha detto. Quello che è spaventoso è che

---

[142] Rebatet ha studiato con Victor Basch e Célestin Bougie alla Sorbona.

probabilmente dite quello che pensate. È vero o no?

Cousteau - Certo che lo penso. Che senso avrebbe essere in prigione se non si cogliesse l'opportunità di esprimersi con totale franchezza? Come dice Maxime Loin d'*Uranus* (o più o meno)*:* "Ora che sono fuori dalla legge, non ho più bisogno di essere ipocrita...". Abbiamo appena definito Maurras un sordo fatale. E stiamo per mettere nero su bianco queste parole. Mai nei giorni eroici di *J.S.P.* ci saremmo permessi una tale insolenza.[143]

Rebatet - Sarebbe la goccia che fa traboccare il vaso se pensassimo di dover ancora portare rispetto a questo vecchio malvagio che ci sta addosso da quindici anni e che ci ha sbafato addosso più ignobilmente di qualsiasi ebreo.[144] Le mie imprecazioni contro di lui sono uno scherzo da prigione.

Cousteau - Forse sarebbe più saggio mostrargli solo una pacifica indifferenza.

Rebatet - Ma non mi irritano solo i miseri pettegolezzi, le stupide menzogne che ha sputato in risposta alle mie accuse chiare e lungamente ponderate. Lo odio soprattutto perché ai miei occhi è il traditore dei traditori. Dal 1934 non avevo più nulla da imparare sui suoi orribili difetti, sulle sue frodi morali, sul suo carattere odioso, ma lo ammiravo troppo nella grande lotta per la pace del settembre 1938 e dell'agosto 1939. L'uomo che in quei giorni era così lucido, così realista, per poi tornare a vomitare, è il più lurido dei luridi.

---

[143] Durante il suo processo a Lione nel gennaio 1945, Charles Maurras trovò utile denunciare i "traditori di *Je Suis Partout*", dando così un argomento in più a coloro che chiedevano la nostra morte. All'epoca, Robert Brasillach era in catene e le accuse di Maurras contribuirono alla sua esecuzione.

[144] Rebatet fu molto duro e irriverente, ne *Les Décombres,* nei confronti del suo ex maestro Maurras. Maurras ricambiò il favore con articoli vendicativi.

Cousteau - Devo ammettere che la grande battaglia per la pace che lei ha appena citato mi ha impressionato relativamente poco. Si sentiva che il vecchio Maurras rinunciava alla carneficina franco-tedesca solo a malincuore e con la rabbia nelle viscere. Naturalmente, egli gridava che non avremmo dovuto combattere, che non avremmo dovuto combattere quella guerra in quel momento. Che idea brillante! Qualsiasi bipede normalmente costituito e non accecato dall'antifascismo sapeva che la Francia aveva tutto da perdere e nulla da guadagnare in un'impresa così folle.

Rebatet - Proprio perché le teste pensanti - o presunte tali - della Terza Repubblica non riuscivano a vedere l'assurdità di questa guerra.

Cousteau - Il merito di Maurras era quindi relativo: nel regno dei ciechi, questo sordo era il re. Ma il suo pacifismo era essenzialmente di cattivo umore. Trovava le circostanze poco adatte. Il principio non gli ripugnava. Se la Francia ne avesse avuto i mezzi, avrebbe volentieri consigliato di tagliare la Germania a fettine sottili, poiché l'odio per i prussiani rimaneva la pietra di paragone della sua politica, in quanto, ancor più stupido di Roosevelt che si limitava a ripudiare l'hitlerismo, rifiutava l'idea stessa di una vera pace con la Germania, qualunque essa fosse. Inoltre, pur ispirandosi a idee opposte, la prussofobia di Maurras e l'hitlerofobia di Roosevelt miravano alla stessa cosa: distruggere le marce dell'Occidente, consegnare l'Europa ai sovietici... Valeva la pena di condurre l'*Enquête sur la Monarchie* e di definire il *Futuro dell'Intelligence*![145]

Rebatet - Buon Dio! Sei terribile. Con la tua implacabilità, mi costringi a difendere questo vecchio scimmione. Naturalmente, tutto quello che dici è vero. La campagna pacifista di Maurras era soggetta a molte restrizioni mentali. Il suo munichismo non gli permetteva di rinunciare a

---

[145] Questi sono due libri di Charles Maurras pubblicati nel 1900

un centimetro della sua germanofobia. Ma è proprio questo che ammiravo - si ricordi questo imperfetto: dal 3 settembre 1939 non ammiravo più nulla - ammiravo il fatto che Maurras, costituito com'era, sapesse dominare la sua natura, la sua ideologia più cara. Sapevo che Maurras faceva violenza a se stesso, e lo trovavo sorprendente. Confesso che, per qualche settimana, mi è apparso come la personificazione della saggezza. Devo dire che a raddoppiare il mio entusiasmo è stata la simpatia che ha dimostrato, alla fine, per i dittatori, come un critico che, dopo aver ingoiato rape, si compiace di un libro che offende tutte le sue idee, tutte le sue convinzioni, ma che, almeno, è ben fatto. Lo vedo ancora, il giorno dopo o il giorno dopo il patto Ribbentrop-Molotov, davanti ai commenti di Berlino, alzare la barba, brandire la lente d'ingrandimento: "Che bello! Che realismo! Finalmente, questo significa qualcosa".

Cousteau - Il vecchio babbuino urlerebbe a squarciagola se glielo ricordassimo oggi!

Rebatet - ero più o meno il suo unico confidente nell'A.F. perché ero l'unico pacifista veramente appassionato della casa, insieme a Boutang. Maurras era tornato ad essere il vecchio mediterraneo ragionevole, che metteva l'imperativo del buon senso al di sopra di tutto, pronto a sacrificare la sua libertà, la sua vita e il suo onore. Combatteva ancora il 31 agosto, quando ormai eravamo tutti rassegnati al peggio. Per tutta la prima metà del 1939, era stato più fermo di voi e di me.

Cousteau - È vero che a quel tempo, dopo l'ingresso dei tedeschi a Praga, non avevamo molte speranze e non facevamo molto per la pace.

Rebatet - Maurras, invece, rimase fermo fino a scandalizzare i suoi più rispettosi seguaci, gli ufficiali di marina della Rue Royale, i direttori del Crédit Lyonnais, i realisti del Second Bureau, che gli dissero che i suoi articoli pacifisti non erano più tollerabili; che era giunto il momento di pensare a vincere la guerra. Io dico che un uomo che è stato capace di un tale coraggio e di una tale lucidità è ancora più criminale di qualsiasi altro, perché avrebbe davvero sacrificato la sua vita per la pace, ma non è stato capace di sacrificare il suo giornale quotidiano e i suoi più bassi pregiudizi dopo il primo colpo di cannone. Conosco Maurras: è un mostro di malafede. Ricordo la sua tristezza e la sua stanchezza nei primi giorni di guerra. Non credeva a una parola di quello che scriveva. E poi si rifaceva una specie di fede, perché ne aveva assolutamente bisogno per scrivere.

Cousteau - Fu allora che scatenò questa buffonata di fare a pezzi la Germania nel bel mezzo della finta guerra, una delle pagliacciate più indecenti della storia francese.

Rebatet - Quando arrivò in tipografia mi guardò, come era sua abitudine, fissandomi negli occhi. Ho mantenuto un'espressione legnosa, ostinata, cupa, io che lo avevo baciato quasi ogni sera, tre settimane prima. Ero la sua coscienza. Il vecchio animale lo sapeva. Ma lo dimenticò presto. Ha la sorprendente capacità di eliminare dalla mente tutto ciò che lo infastidisce. Non ha mai voluto sapere nulla della Russia perché il fatto russo lo infastidiva.

Cousteau - Sembra che fino a due settimane fa, mi ha detto il nostro amico Marion, non sapesse chi fosse Mao-Tse-Tung.

Rebatet - Non sono sorpreso. È troppo orgoglioso per riconoscere di aver sbagliato, è sprofondato in sofismi sempre più orrendi e grotteschi man mano che la sua posizione diventava sempre meno sostenibile. Tutto questo per non aver affondato l'Action Française il 3 settembre 1939, che sarebbe stata la fine logica e magnifica delle sue campagne. Non lo ammetterà mai e non lo scriverà mai. Ha ancora definito la sua linea, non due anni fa per i quattro lealisti che aveva in galera. È immutabile: aspettare serenamente il Re, fare a pezzi la Germania, ricostituire l'Impero austro-ungarico, negare il bolscevismo... Ma spero che ci siano certe sere in cui provi rammarico per questo fallimento. Ne sono quasi certo. L'ho smontato per quanto si possa smontare un caimano come quello. È troppo intelligente per mentire sempre a se stesso. È il tipo di criminale che porta sempre la sua punizione in qualche angolo di sé. Non può ignorare il fatto che ha mancato il suo destino.

I due amici avevano avuto il tempo di fare quattro volte il giro del cortile di Les Brosses, quattro volte davanti all'ufficio del direttore del carcere, quattro volte davanti alla porta 3, chiusa ermeticamente per le sentenze più pesanti, quattro volte davanti all'ufficio centrale dove gli addetti alla contabilità stavano lavorando alla fine del mese,[146] quattro volte davanti agli edifici in costruzione della società Dananas, quattro volte davanti al nostalgico guardiano che stazionava, non si sa perché, davanti alle cataste di tronchi, quattro volte davanti alle nauseabonde edicole dove i delinquenti dell'industria del legname tenevano il loro congresso quotidiano con i pantaloni abbassati, e Cousteau riuscì finalmente a fare un piccolo verso.

Cousteau - Lucien, non voglio turbarti, ma mi sembra che tu stia esagerando il coraggio di Maurras alla vigilia della guerra. Senza dubbio possiamo ringraziarlo per essersi assunto il compito di reprimere la sua frenesia anti-Boche. Ma cosa stava rischiando? Se avessimo scritto la decima parte di quello che lui stampò nell'agosto del 1939, saremmo andati a letto la sera stessa alla Santé. Eravamo osservati. Eravamo individuati come fascisti e denunciati da patrioti vigili come membri della quinta colonna. Padre Maurras, invece, era davvero al di sopra di ogni sospetto. Nel 1945, poterono incastrarlo con l'articolo 75, perché nel 1945 tutto era diventato possibile per i nostri nemici, persino dimostrare che Bassompierre aveva rubato le torri di Notre-Dame e che Béraud era un membro delle Waffen SS. Ma nel 1939 questo non era

---

[146] Il costruttore del Vallo Atlantico che, mentre era in carcere, iniziò a costruire muri per l'amministrazione penitenziaria, tanto è vero che ognuno persevera nel proprio essere.

ancora accaduto. La bochefagia di Maurras era troppo evidente per rischiare di insinuare che fosse al soldo di Dudule. Poteva permettersi di tutto. Anche di scrivere che era troppo stupido per buttarsi in pasto ai tedeschi. Cinquant'anni di inveire contro i Chleuhs avevano assicurato la sua ferocia...

Cousteau sputò il suo chewing-gum su un mucchio di tavole che si stavano asciugando sotto la pioggia, utilizzando una tecnica inaccessibile ai non addetti ai lavori.

Cousteau - Quando penso", ha continuato, "che questo maniaco si è permesso di scrivere che i teppisti che hanno preso la Bastiglia il 14 luglio 1789 erano per lo più - sì, per lo più! - tedeschi! Ci credete? Tedeschi senza pantaloni (*ohne Hose!*) e con le cuffiette rosse (*rote Mutze!*) che senza dubbio cantavano: "*Ach! Es wird gehen! Es wird gehen! Die Aristocraten an die Lanternen*! Perché non farlo, già che ci siamo? È così facile avere un capro espiatorio universale. Ogni volta che qualcosa va male, è colpa dei crucchi. Dal momento che i crucchi hanno preso la Bastiglia, non c'è motivo per cui non avrebbero dovuto assassinare Enrico IV, bruciare Giovanna d'Arco e tradire Rolando a Ronceveaux... Ma siamo seri. Vede, c'è qualcosa di Maurras che mi sconvolge ancora di più del suo odio per i tedeschi, ed è il suo giacobinismo. Non c'è dubbio, infatti, che siano stati i giacobini a inventare questo nazionalismo straziante di cui l'Europa sta morendo. Prima del 1789, le persone oneste avrebbero trovato questo sentimento degradantemente volgare; commerciavano attraverso le frontiere con le menti raffinate di altre nazioni, e Voltaire si sarebbe indignato se qualcuno avesse osato criticarlo per essersi congratulato con il grande Federico per la sua vittoria a Rossbach. D'altra parte, non appena le canaglie rivoluzionarie si impadronirono di Parigi, si affrettarono a proclamarsi patrioti.

Rebatet - I patrioti del 1793 erano effettivamente gli antenati dei nostri *fifaillons*.

Cousteau - È comico - e scoraggiante - che un uomo come Maurras, la cui intera opera è diretta contro la Rivoluzione e i Principi Immortali, abbia adottato per il proprio uso personale e per quello dei suoi sostenitori proprio ciò che è più assurdo nel sistema dei suoi nemici.

Rebatet - Maurras ha così condannato al fallimento il suo progetto di ristrutturazione fin dall'inizio.

Cousteau - Quando, per principio e in ogni caso, si mette la Patria al di sopra dei partiti, quando si proclama che è sacrilego litigare di fronte a un pericolo esterno e che il dissenso tra francesi fa il gioco del nemico, ci si vieta qualsiasi tipo di azione. Perché c'è sempre un pericolo esterno: la Francia non è un'isola nel Pacifico. Se Franco avesse avuto questi scrupoli, oggi il *Frente Popular* sarebbe al potere a Madrid. D'altronde, nella pratica, questo è ciò che ha ottenuto l'Action Française: crivellare la Repubblica con critiche inoffensive in tempi di calma, e consolidarla con una sacra unione in tempi di pericolo.

Rebatet - Si tratta di ciò che Alain Laubreaux e io dicevamo sotto i castagni di Vichy nell'agosto del 1940: l'Action Française viveva della Terza Repubblica, si stava sviluppando sul suo tronco divorato dai vermi, e stava morendo con essa. Infatti, se l'A.F. sopravvisse grottescamente dopo il giugno 1940, fu nella misura in cui la Terza Repubblica stessa sopravvisse a Vichy. Non parliamo nemmeno di sopravvivenza, ma piuttosto di cadaveri mal sepolti.

Cousteau - Penso che sia una formula di *Décombres...*

Rebatet - Non importa, è l'unica esatta. Questo spiega la tolleranza della Terza Repubblica per l'A.F. Ciò che mi fa pensare è quello che lei ha appena detto sull'impunità di cui Maurras era più o meno certo. Quando parlo del coraggio di Maurras, non penso tanto ai pericoli - in realtà piuttosto problematici - in cui si imbatté nell'agosto del 1939, quanto alla lotta che dovette sostenere in quel momento contro i suoi stessi pregiudizi, contro l'opinione dei suoi seguaci scelti. Maurras stava rendendo irriconoscibile la statua che l'A.F. tradizionale aveva fatto di lui, e questo perché lo imponeva il buon senso. Probabilmente conosco questi ambienti meglio di voi...

Cousteau - Non c'è dubbio...

Rebatet - Bisogna rendersi conto di quanto fossero stupiti quando si rifiutarono di combattere i Boche. Immaginate i nostri uomini più perfetti e tatuati che si dirigono di notte verso una villa vuota, piena di gioielli e cianfrusaglie, e, ai piedi del muro, il capo della banda che dice loro: "Tornate indietro, non siamo più operativi". Continuo a pensare che quelle settimane del 1938 e del 1939 siano state particolarmente importanti nella vita di Maurras, per la sua quasi totale onestà intellettuale, che richiedeva uno sforzo davvero eroico da parte di questo imbroglione che non sarà mai meglio caratterizzato dalla famosa frase: il re dei sofisti, il sofista del re. E non credo di esagerare quando dico che avrebbe messo in gioco la sua vita senza esitare. Aborrisce la morte, ma non è mai stato timido al riguardo, e io disdegno di attaccarlo dal basso, come ha fatto con me e con tanti altri. Ma è vero che non temeva nulla da Daladier e Gamelin.

Cousteau - È strano che la Terza Repubblica sia stata così indulgente con il suo nemico più ostinato.

Rebatet - Conosceva le cifre di diffusione dell'A.F. e sapeva che, con Maurras in vita, quelle cifre non sarebbero cambiate. Maurras, avendo cura di porsi obiettivi irraggiungibili, si limitò praticamente a un'opera di pura critica. Gli uomini meno sciocchi della Terza Repubblica ne approfittarono, trovandosi sostanzialmente d'accordo con il vecchio (Tardieu, Frot, Monzie, Mistler, Chautemps, Maurice Sarrault, Georges Bonnet). Tra l'A.F. e il Terzo Partito, radicale e massonico, fu sempre un duello tra due schieramenti, con la polizia a fare da materasso tra i due.

Cousteau - Maurras aveva nemici fanatici che soffocavano il suo nome, che sognavano solo di tagliarlo a strisce.

Rebatet - Sì, si trattava, ad esempio, della banda dei socialdemocratici di Le *Populaire*, di Rosenfeld, di Jean-Maurice Hermann (li conoscevo), dei cripto-comunisti di Le *Canard*, di Madeleine Jacob e della cricca dei Democratici Popolari. Il loro odio per Maurras era fisiologico. Ciò che li rivoltava, ciò che li faceva sbavare di rabbia, era proprio ciò che riconosceremo sempre in Maurras: l'attualità del suo disprezzo per il mito egalitario. L'intera cricca salita al potere grazie al Grand Con si scagliò contro Maurras a braccia corte. Erano quindici anni che aspettavano questa opportunità. Maurras fu condannato per ciò che di buono aveva, per tutto ciò che di ragionevole aveva detto e pensato. Non poteva essere altrimenti. Ma è strano lo stesso: mentre lo detesto così profondamente, sto per fare una sorta di scuse per questo vecchio bastardo.

Cousteau - Ma no, non ti stai scusando per lui. Stai semplicemente mettendo le cose in chiaro, con quel senso della misura e della correttezza che solo le menti frivole ti negano. E sono tanto più disposto a concordare sui meriti di Maurras (critica lucida della legge dei numeri, coraggio intellettuale nell'agosto del 1939) perché personalmente non gli devo nulla. O se gli devo qualcosa, è di seconda mano: nella misura in cui le sue idee sono state decantate dai dittatori... Ma per tornare al mio dada, a diciotto anni Maurras mi ispirò un sacro orrore, solo perché faceva della perpetuazione delle guerre franco-tedesche la base del suo sistema e io ero già convinto (questo è l'unico punto su cui non ho mai vacillato) che l'Europa non sarebbe mai stata sostenibile senza l'intesa franco-tedesca, che era il primo di tutti i problemi, l'unico veramente importante, quello da cui dipendevano guerra e pace, vita e morte.

Rebatet - Oggi, naturalmente, in un mondo governato da russi e americani, la linea blu dei Vosgi ha smesso di essere l'ombelico del pianeta.

Cousteau - Ma la perseveranza di Maurras nel voler rifare i trattati di Westfalia nonostante tutto è ancora più comica.[147] Mia moglie mi diceva poco fa, in sala visite, che l'uomo chiamato Boutang sveniva per l'orrore *ad Abcès de la France* all'idea che ci sarebbero state di nuovo divisioni corazzate tedesche tra i Mongos e i Deux Magots. Non riesco a trovare le parole per descrivere questo tuffo nella psicopatia delirante.

Rebatet - Il caso Boutang richiederebbe davvero un trattamento mentale. Se avessi cinquanta righe da pubblicare per descrivere questo olibrius, direi che è infinitamente inferiore ai ministri di Tauriol. Abbiamo spesso riso quando abbiamo osservato che questi lustri erano portati a difendere la politica di Richelieu. È davvero molto divertente. Ma almeno non credono in quello che fanno. Gli unici germanofobi tra gli individui della Quarta Repubblica erano alcuni vecchi arringatori di destra come Louis Marin. Gli altri erano portati vituperare temporaneamente la Germania perché era fascista. L'antifascismo e l'antiboccismo coincidevano quindi.

Cousteau - Questo avrebbe dovuto far aprire gli occhi ai maurassiani.

Rebatet - La Quarta Repubblica ha adottato l'antifona della Germania "eterna" per poterci schiacciare ancora di più, per sostenere la sua epurazione, per tagliarci fuori in modo più sicuro da quei cittadini, come si diceva, che erano nostri clienti. Oggi, i sottoprodotti democratici della Quarta Repubblica si ostinano perché dovranno accettare il riarmo di questa Germania di cui hanno stigmatizzato per quattro anni gli istinti

---

[147] In altre parole, *Aspects de la France (Aspetti della Francia)*, firmato dal maurrassiano Pierre Boutang.

predatori, l'imperialismo, ecc. e che hanno identificato con il fascismo. Ma a loro non importa nulla del "pericolo tedesco" in sé.

Cousteau - La loro unica preoccupazione - ed è evidente - è quella di presentarsi agli elettori con un cartello filonazista.

Rebatet - E abbiamo già visto che i comunisti non si fanno scrupoli ad appenderne uno enorme. Un vero repubblicano francese non guarda mai oltre le frontiere: guarda al suo collegio elettorale. Sa che gli americani stanno per ricreare un esercito tedesco, che è un buon affare per la Francia, che si sgraverà dei suoi principali doveri europei nei confronti dei Chleuhs, che troveranno una salvaguardia nella nuova Reichswehr. Le proteste dei repubblicani francesi sono pura retorica, un alibi per l'elettorato. È ignobile, è ipocrita, è quello che volete, ma almeno, fino a un certo punto, è politica. Con i maurrassiani dell'ultima piazza, come Boutang, le urla sono assolutamente gratuite. Non hanno nemmeno la scusa di giustificare una busta o di difendere un seggio da deputato o da consigliere comunale.

Cousteau - Lucien", ha concluso Cousteau, "mi rendi felice. È bello sentire ogni tanto delle verità ragionevoli.[148] Ma al punto in cui è arrivato questo universo incasinato, il pilpoul maurrassiano non ha più alcuna importanza, e sbagliamo ad agitarci. Andiamo a vedere se la minestra è servita.

Biblioteca del carcere centrale di Clairvaux, novembre 1950

---

[148] Una forma di argomentazione basata sulla casistica talmudica.

Lucien Rebatet e Pierre-Antoine Cousteau

DIALOGO n° 19

LA SCOMMESSA DI DIO

"Per il bene dell'umanità, i russi dovrebbero essere sterminati come parassiti dannosi".

Dostoevskij, *Il posseduto*

A quel punto, le valorose truppe delle Nazioni Unite libere erano cadute in disgrazia. La passeggiata dei *Marines americani* attraverso il 38° parallelo si era trasformata in una combinazione di Anabasi e Ronceveaux, e la gente di Lake Success, così ansiosa di combattere con le piccole nazioni aggressive, guardava la massa cinese con un'affranta nostalgia degli accordi di Monaco. Tutti i calci nel sedere che volete, ma non la guerra! O almeno non ancora! Ancora un momento, signor boia! Ma il principio era stato accettato. Non c'era più alcun dubbio che, alla fine, avremmo dovuto combattere. Con la splendida incoerenza che le rende inimitabili, le democrazie dell'Occidente improvvisarono febbrilmente piani di difesa, senza però accordarsi sul contributo che sarebbe stato magnanimamente concesso ai malvagi Boche. Divisioni o squadroni? E i cattivi crucchi sarebbero stati armati di cerbottane o sarebbero stati tollerati gli acciarini? Dal punto di vista ideologico, la crociata sembrava migliore, perché i vecchi sublimi sono sempre un passo avanti rispetto ai militari. Non c'era carenza di metafore da inanellare nel raduno dei paladini della persona umana.[149]

Cousteau - Allora, Lucien, sei pronto? chiese Cousteau che, stanco della solitudine della sua camera da letto, era venuto in biblioteca per una

---

[149] Essendo il capo traduttore, Cousteau poteva dormire nel suo ufficio, un privilegio inestimabile.

chiacchierata.

Rebatet iscrisse in un registro i libri di pietà in lingua tedesca, donati da un'associazione religiosa che aveva trovato questo modo subdolo di peggiorare le condizioni di detenzione. Ha colto al volo l'occasione di sottrarsi a questo compito disgustoso.

Rebatet - Pronti per cosa? Non per la libertà anticipata.[150] Non inizierai a parlare dell'articolo 17 da solo?

Cousteau - Stiamo parlando dell'articolo 17! Le sto chiedendo se è pronto a difendere la civiltà cristiana contro l'idra mongolo-marxista.

Il volto di Rebatet si contorse in un ghigno malvagio.

Cousteau - Non saresti l'unico... Guardate i nostri piccoli compagni della Torre Puntata. Sono stati condannati per aver arrestato dei comunisti. E dopo sei anni di carcere, bruciano dal desiderio di sacrificarsi per la nostra Francia immortale arrestando di nuovo i comunisti. Forse stanno aspettando anche voi fuori, per ricominciare a mangiare Popoff.

Rebatet - Puoi aspettarmi per molto, molto tempo.

Cousteau - Ma ci sono molte persone fuori da questa sala che, giudicandoci dalla nostra attività precedente, sono convinte che stiamo bruciando dal desiderio di dare di nuovo voce e contano su di noi per farlo.

Rebatet - Ci siamo dichiarati contro il bolscevismo quando potevamo

---

[150] L'articolo 17 della legge di "amnistia" repressiva prevede la liberazione anticipata dei detenuti la cui testa tornerà alle signore e ai signori della Quarta Repubblica. Per sei mesi, la popolazione penitenziaria non ha parlato d'altro che dell'articolo 17. Cousteau e Rebatet non ne hanno mai parlato. Cousteau e Rebatet non ne hanno mai parlato.

stroncarlo sul nascere. Fu il momento in cui lo accogliemmo nella S.D.N. Continuammo poi quando l'esercito più potente del mondo lo attaccò, e soprattutto quando avevamo qualcosa con cui sostituirlo, il fascismo in cui credevamo. Per anni avevamo già studiato cosa avremmo fatto in caso di invasione russa. Nessuna esitazione come nel '44 di fronte ai Fifisti: ce ne saremmo andati da lì, con il Bidassoa come obiettivo.

Cousteau - In caso di bolscevizzazione, siamo sul primo vagone perché la propaganda lo richiede.

Rebatet - Ma non è su questa volgare e personalissima questione di vita e di morte che si possono ricostruire le proprie idee politiche. Non mi impegnerò certo a ripristinare la democrazia universale sulle rovine del bolscevismo. Il fatto che io debba essere ucciso dai bolscevichi non significa che la democrazia smetta di puzzarmi il naso.

Cousteau - Ne abbiamo parlato molte volte e ne parleremo all'infinito senza mai smettere di girare in tondo: nel 1945 i bolscevichi hanno avuto l'opportunità di radunare la maggior parte del nostro popolo alla loro causa. Un vero fascista è molto più predisposto alla disciplina marxista che non alla baraonda democratica.

Rebatet - I bolscevichi non lo volevano. Fecero di tutto per rendere impossibile il raduno.

Rebatet - Avevano torto? Avevano ragione? Non lo so. Ma ora è troppo tardi. Sono stati troppo implacabili nell'accusare i nostri compagni, c'è troppo sangue tra noi... e loro stessi sono troppo impegnati per potersi tirare indietro. Ma sono d'accordo con lei: le nostre meschine convenienze non devono influenzare il nostro giudizio. Sarebbe come dare credito a quegli idioti che erano contrari alla collaborazione perché non avevano la testa dei tedeschi da spaccare. Ora che siamo tornati su Sirio, nulla mi impedisce di dire che in questa Terza Guerra i bolscevichi mi disgustano meno dei loro nemici.

Rebatet - C'è ovviamente un rimprovero molto serio da fare a questi assassini polacchi, a questi antisemiti, a questi anticlericali. La grande critica è che sono russi.

Cousteau - Di certo non aiuta. Il socialismo di Stato non è molto divertente di per sé, ma quando è amministrato dai personaggi di *Possessed*, è la morte del piccolo kulak... Tuttavia, nel fenomeno di cui ci stiamo occupando, cioè il bolscevismo attuale, il fatto russo non mi sembra predominante. L'URSS è russa, certo, e nazionalista, oh tanto... Ma il governo sovietico non governa in modo specificamente russo. Altrimenti sarebbe molto tempo fa. I russi - almeno per me - sono innanzitutto dei pazzi che discutono sul senso della vita e si comportano nella vita pratica in modo così stravagante da sfidare ogni previsione. Non ho l'impressione che i leader sovietici, a partire da Yossip Vissarionovich, fossero degli zazus. Semmai, erano esattamente il contrario.

Rebatet - Quindi sono russi, più russi patriotticamente di quanto lo siano mai stati i russi, ma, come dire, de-schiavizzati dal bolscevismo? È possibile. Il bolscevismo ha certamente lasciato il mondo dei *Posseduti*, ma si ha l'impressione che gli Shatov e i Kirilov difficilmente infestino i corridoi del Politburo. Il fascino slavo non sembra giocare un ruolo dominante nel successo di Molotov. Tuttavia, sono cauto.

Cousteau - Hai ragione. Anch'io sono diffidente. In linea di principio, i russi sono capaci di tutto, assolutamente di tutto. È possibile che, morto Stalin, i padroni dell'URSS tornino a fare i burloni come Raskolnikoff, Alyosha... o Rasputin. Ma per il momento, ciò che li distingue dai loro avversari occidentali è il loro spirito di continuità, il loro gelido realismo, il loro prodigioso sangue freddo; sono nella tradizione dei grandi politici, la tradizione di Machiavelli, di Richelieu, di Federico II, di Bismarck, di

Disraeli. A Yalta, Roosevelt era il burlone *(per il popolo, dal popolo)* e Stalin era l'uomo serio. Un russo serio è abbastanza nuovo nella storia. Personalmente, tenderei a pensare che i leader sovietici perseguissero una politica nazionalista perché erano russi, e che fossero seri perché erano bolscevichi.

Rebatet - Mentre rileggevo tutto Dostoevskij l'altro inverno, continuavo a pensare alla sua data di nascita, il 1821. Per un autore francese, questa data significa che suo nonno era contemporaneo di Marivaux e Voltaire, il suo trisnonno di La Fontaine e Pascal e il suo trisnonno di Rabelais. Per Dostoevskij significava che suo nonno era contemporaneo dei muzhiks, e poi di nuovo dei muzhiks, e poi di nient'altro. La Russia intellettuale è iniziata, per così dire, con Dostoevskij. Ebbene, guardate fin dove è arrivato, sia in termini di profondità, sia di abilità tecnica o di stravaganza.

Cousteau - Soprattutto quando si tratta di stravaganze!

Rebatet - Se volete, ma le nozioni più audaci e volgari dei paesi più antichi sono immediatamente assimilate e sbocconcellate da questo selvaggio. Quello che ci irritava tanto dei russi che conoscevamo era forse uno stato intermedio, quello del primitivo in crisi di crescita intellettuale, del barbaro trapiantato che si becca tutti i malanni del civilizzato.

Cousteau - Il bolscevismo ha messo improvvisamente fine a questa sorta di adolescenza?

Rebatet - Do questa spiegazione per quello che vale; ho conosciuto i bolscevichi russi solo indirettamente. In ogni caso, questo è un paese che ha fatto l'esperienza della corruzione borghese più avanzata, del socialismo, che è effettivamente una delle forme di questa corruzione, e che ha trasformato questo socialismo nel quadro della tirannia più fantastica. Si può dire quello che si vuole, ma quando si percorrono le tappe e si arriva così rapidamente alla fine delle cose, è un segno di grande vigore, di indiscutibile giovinezza.

Cousteau - In ogni caso, non possiamo più dissociare il bolscevismo dal russismo, così come non possiamo dissociare il capitalismo dall'americanismo. In entrambi i campi, il fenomeno nazionale e il fenomeno politico sono strettamente intrecciati, con tutte le conseguenze che ciò comporta. Abbiamo ripetuto più volte che, in ultima analisi, è nell'universo capitalista che sarebbe meno spiacevole finire i nostri giorni.

Rebatet - Questo è certo. Non c'è alternativa. Nel mondo russo-bolscevico non ci lascerebbero vivere affatto.

Cousteau - È un peccato. Non che io sia tentato di aderire. Ma ho ancora una certa stima per il mondo bolscevico-russo, mentre non ne ho per il mondo capitalista-americano. Suppongo che sia per la linea generale che capisco (senza approvarla) e per i metodi che ammiro (sapendo che ho tutto da temere da loro).

Rebatet - Sì, capite, è enorme. Vede, in questo momento, in questo imbroglio americano-cinese, non sappiamo molto di quello che c'è dietro le carte. Sappiamo un po' di più sui desideri immediati di Truman - uscire da un vicolo cieco senza perdere la faccia, negoziare Monaco mobilitando l'America - che sulle intenzioni future di Giuseppe, che sono completamente oscure! Tuttavia, non capisco nulla di ciò che gli americani dicono o fanno. Questa famosa diplomazia democratica mi è sempre sembrata la pantomima di un ubriaco. Proprio quando si pensa di aver capito cosa vogliono i democratici, il giorno dopo l'ipotesi si ribalta.

Cousteau - È che i democratici stessi non sanno cosa vogliono, o sono costantemente impediti nel raggiungerlo.

Rebatet - Al contrario, il gioco di Stalin è così intelligente! È collegato, logico, flessibile, è una rete che viene tessuta sotto i nostri occhi, per intrappolare tutto l'Occidente. Lo vedevo già con una sorta di comica disperazione nel 1939. Volevo avere una certa stima per Daladier e Chamberlain, ma non capivo una parola di quello che dicevano. Non appena Dudule o i suoi amici aprivano bocca, invece, mi ritrovavo tra persone che parlavano la mia lingua. Che volete, queste cose finiscono per creare simpatie.

Cousteau - È una questione di temperamento. Anche prima della guerra, quando andavo in Germania, in Italia o nel Paese di Franco, sentivo un senso di liberazione non appena varcavo il confine. Proprio così! Liberazione. Mi sentivo liberato da una macchia: l'aria che respiriamo nelle democrazie ha qualcosa di escrementizio che è assolutamente incompatibile con il mio benessere intellettuale. Non mi importa di essere libero se lo sono anche i miei nemici. Certe parole: persona umana, diritto umano, coscienza universale, ecc. mi fanno vedere rosso, mi fanno venire voglia di sparare alla folla... o di andarmene.

Rebatet - Con Joseph, non c'è pericolo che qualcuno giochi con queste sciocchezze. Non c'è pericolo che il trifoglio apra la bocca. È già qualcosa.

Cousteau - Ecco uno Stato ragionevolmente governato da persone che sanno cosa vogliono e che lo vogliono senza debolezze, senza romanticismo, senza scrupoli legali, che non tollerano discussioni o opposizioni, che sanno che ogni mezzo è buono purché sia efficace. Questi metodi sono così soddisfacenti per lo spirito che mi dispiace sinceramente di non poter concedere la stessa ammirazione all'obiettivo perseguito da Stalin. Ma qui sono completamente in disaccordo.

Rebatet - Perché Stalin rimane un marxista? Questa è la speranza di tutti i democratici. Lo abbiamo detto cento volte: basta osservare il comportamento degli Herriot, degli intellettuali progressisti, delle canaglie umanitarie e di Sartre negli ultimi trent'anni di fronte all'URSS: un regime crudele, temibile, che tuttavia si assicura tutte le indulgenze perché forse persegue il miglioramento della sorte dei lavoratori. Era questa speranza che aveva condotto a Mosca persone ingenue come Gide e Céline.

Cousteau - Il vocabolario di Joseph dimostra sempre che hanno ragione.

Rebatet - Sì, ma Giuseppe ci dà comunque il diritto di pensare che il suo vocabolario fraterno sia sincero quanto delle chiese cristiane che hanno presieduto a tutti i grandi massacri per duemila anni, in nome del perdono delle offese.

Cousteau - Non dimentichiamo che le Chiese sono state dignitose solo nella misura in cui hanno tradito il loro vocabolario, nella misura in cui i Papi centauri del Rinascimento hanno smentito con il loro fasto l'ideale nazareno del puttanesimo.

Rebatet - Ma il fatto che il vocabolario cristiano sia rimasto intatto attraverso tutte le palinodie ecclesiastiche significa che la Chiesa può ripiombare nell'etica chandala in qualsiasi momento.

Cousteau - Temo che il bolscevismo russo subirà lo stesso destino. Lo Stato sovietico è magnificamente gerarchico, ha tutta l'aria di creare un'aristocrazia e, in pratica, distrugge allegramente tutti quei grandi principi democratici che puzzano di bruciato. Ma il suo ideale, ripetuto all'infinito, rimane immutato. Il suo ideale è l'allineamento dell'umanità al livello più basso, l'allineamento con lo spazzino, l'allineamento con il negro.

Rebatet - Se si ammette che il negro è inferiore allo spazzino!

Cousteau - Del resto, è esattamente lo stesso ideale dei democratici liberali, progressisti e capitalisti che si preparano a combattere con Stalin. In definitiva, entrambe le parti parlano la stessa lingua, hanno lo stesso obiettivo e propongono lo stesso degrado. Viene da chiedersi: perché persone che concordano così tanto sulla necessità di ridurre l'intera umanità al minimo comune denominatore hanno così tanta fretta di sgozzarsi a vicenda? Un semplice malinteso, ovviamente...

Rebatet - Quello che lei dice sul livellamento comunista, lo abbiamo osservato ovunque i russi si siano insediati dal 1945: stanno distruggendo, senza fretta ma in modo sicuro, l'intero strato sociale che rappresenta la civiltà. Questa è la prima fase, quella che ci porterebbe dritti al palo, o in una colonia penale siberiana. Ma perché non dovremmo parlare anche del futuro, visto che tutti ne parlano? Conosco il futuro delle democrazie: passano da una stupida guerra a un'altra stupida guerra e, tra una guerra e l'altra, sprofondano ancora di più nella merda. È impossibile immaginare che si correggano da sole; per correggersi, dovrebbero decidere la propria fine.

Cousteau - L'America fascista, insomma.

Rebatet - Tanto vale credere nel Messia. Confesso che trovo molto meno difficile immaginare una nuova società nata dal bolscevismo. Che cos'è il bolscevismo, in pratica? È l'annientamento di una borghesia impazzita, che non aveva la forza di difendersi, da parte di una nuova borghesia, il Partito.

Cousteau - Purtroppo questa nuova borghesia non è ancora all'altezza dell'altra. Questa nuova borghesia fa schifo. A parte i militari, che si salvano grazie alle loro uniformi, gli altri pezzi grossi si sentono obbligati - sempre per la forza dei loro principi proclamati! - di vestirsi come il proletariatocon berretti e pantaloni a cavatappi. L'élite russa è sistematicamente brutta. Pratica uno snobismo al contrario, allineando il proprio aspetto a quello dei minatori del Donets, mentre altrove, in Inghilterra, per esempio, è il minatore del Lancashire che cerca di assomigliare ai privilegiati del recinto di Ascot. Questa tendenza alla mediocrità è destinata ad avere conseguenze disastrose per l'arte in generale. L'arte sovietica contemporanea, quella che piace ai nuovi barini (o per la quale i nuovi barini sono costretti ad affermare le loro preferenze, il che equivale alla stessa cosa) è l'arte del calendario postale.

Rebatet - Raccontami! Ricordate il mio sgomento per il servizio di *Paris-Match* del mese scorso. Mi ha disgustato per tre giorni. Quei cromosomi, quei volti! Tutto ciò che la parola piccolo-borghese può contenere, il più ridicolo, il più brutto, il più basso. Ma è proprio su queste immagini che ho riflettuto: il Partito è la nuova borghesia russa, una caricatura della borghesia. Ma non è più il muzhik, lo scavatore. Le ragazze vanno in collegio, con i capelli tirati indietro e camicette modeste come le più devote collegiali cattoliche. I ragazzi vanno alla Prytanée, da cui si diplomano con le spalline. Si era creata una classe privilegiata.

Cousteau - Ovviamente si aggrapperà ai suoi privilegi.

Rebatet - Immaginate il bolscevismo vittorioso sul mondo intero. La famosa questione sociale è risolta, in ogni clima, radicalmente, con la ricostituzione di una schiavitù formidabile e spietata, come in tutte le epoche brillanti. Anche il cristianesimo è stato spazzato via.

Cousteau - E anche gli zoo dell'arte, i filosofi per antonomasia, i parlamentari francesi, con i comunisti in prima linea.

Rebatet - Beh, non mi dispiacerebbe affatto nascere, alla fine di questo secolo, in una società del genere. Avrebbe i suoi vantaggi e mi disgusterebbe meno di un pianeta totalmente americanizzato e gestito dai puritani. Certo, questa nuova società dovrebbe comunque essere arredata con arte e pensiero. Ma perché negare a una piccola borghesia di funzionari pubblici l'opportunità di perfezionarsi? L'estetica staliniana può anche scomparire con il geniale leader. Sappiamo di figli di droghieri che sono diventati squisiti decoratori. Il bolscevismo del 2000, che avrebbe distrutto quasi tutto, non soffrirebbe del nostro stucchevole criticismo, del nostro estetismo; potrebbe riscoprire l'ingenuità e la verve delle epoche creative.

Cousteau - Questo sviluppo è logico. Se una civiltà degna di questo nome deve emergere dal caos contemporaneo, è più probabile che emerga da un mondo sovietizzato che dall'anarchia liberale. Infatti, se la vittoria russa dovesse risolvere automaticamente tutti i problemi dando alla società dei quadri rigidi, la vittoria americana non risolverebbe nulla.

Rebatet - Su scala planetaria, sarebbe la totale incoerenza che le democrazie di oggi ci offrono, il divertente spettacolo delle lotte tra fazioni, delle crisi economiche cicliche, delle rivalità nazionali e della paralisi parlamentare.

Cousteau - Sì, preferisco il regno del commissario del popolo a quello delle bande elettorali e dei trafficanti di petrolio. Ma questo è il futuro, un futuro che non ci riguarda, che non può riguardarci, quindi è come se non esistesse. Nell'immediato, il bolscevismo è la prospettiva più spaventosa che l'uomo possa affrontare in questa metà del XX secolo. Anche quando si fa parte del sistema. Anche quando si è uno dei suoi Jules. I ministri del Padre dei Popoli non possono divertirsi tutti i giorni! Non ce n'è uno che sia più o meno sicuro di non avere un buco nella nuca domani... A maggior ragione, quindi, per i livelli inferiori...

Rebatet - Sì, ci sarà la maestra katinizzata, il generale ucciso, il ministro dissanguato prima di arrivare al bolscevismo borghese! E il letterato mandato in miniera. Che natura ricca avevano i letterati comunisti del 1950! Aragon, Ehrenbourg e, se così si può dire, Claude Roy! Ho trovato una definizione dell'intellettuale comunista che mi sembra abbastanza soddisfacente: è un signore che sa in anticipo cosa dovrà pensare di qualsiasi cosa, che si chiama qualsiasi cosa senza eccezioni. Un gesuita spagnolo del XVI secolo, in confronto, godeva di libertà dadaiste. Il bolscevismo, per un periodo indefinito, è un massacro nella notte.

Cousteau - Lo sappiamo da trent'anni e non ne abbiamo mai dubitato nemmeno per un attimo.

Rebatet - Abbiamo il diritto di prenderci un po' di merito, poiché sembra che questa fermezza nel buon senso sia un fenomeno abbastanza raro. Ma non sento più il bisogno di ricordare ai miei contemporanei queste nozioni di buon senso. Credo di aver fatto abbastanza il mio lavoro di sirena di avvertimento. Posso dirvi in tutta franchezza che quando penso al bolscevismo ora, non è per rabbrividire, ma per ammirare il fatto che questo sistema destinato a uccidermi è un sistema di ordine. Qualsiasi ordine, per quanto mostruoso, mi sembra preferibile al doglit democratico.

Cousteau - Ogni ordine è in definitiva fruttuoso.

Rebatet - Poiché il fascismo è morto, non c'è ordine se non tra i rossi. E il leader dei rossi è Joseph, il più grande politico di questo secolo, quindi non ho dubbi.

Cousteau - La cosa buffa è che, dopo che per quindici anni io e lei ci siamo fatti beffe degli scribi rettiliani che per la *Pravda* preparavano iperboli in lode del geniale leader, siamo arrivati in modo del tutto naturale - e del tutto libero - a dire esattamente la stessa cosa. Non stiamo dicendo che Stalin è buono, che è tenero, che è bello, che è umano, che è un artista, che è modesto, che ha inventato il coltello da burro e il calcolo differenziale, ma stiamo dicendo che è brillante.

Rebatet - Non stiamo scherzando.

Cousteau - Lo diciamo con ammirazione. Stalin supera di gran lunga tutti i leader di questo secolo. Al suo confronto, Churchill è un tuttofare e Roosevelt un pasticcione. Quanto a Dudule, con la sua abitudine wagneriana di entrare nelle città a passo d'oca... speriamo che sia un ragazzino. Dove, quando e come, per quanto ne sappiamo, Stalin ha commesso un errore? Non l'ha mai fatto. Quest'uomo d'acciaio non ha nervi saldi. Si muove verso l'obiettivo che si è prefissato, inesorabilmente, senza fretta, senza rischi, sempre con tutte le possibilità dalla sua parte. Quando c'è da ingannare, inganna. Quando deve indietreggiare, indietreggia. Quando è il momento di schiacciare l'ostacolo, lo schiaccia. Che artista! Che virtuoso! Ma l'abbiamo detto mille volte da quando abbiamo iniziato a tenere il conto...

Rebatet - Era naturale che i più veri elogiatori di Stalin fossero i fascisti. Perché solo i fascisti possono lodarlo per essere un despota. Ci sono momenti in cui sono davvero stanco di questo secolo. Eppure abbiamo visto un uomo elevarsi al livello di un Dio. Bisogna andare molto indietro nel tempo per vederlo, in Egitto e a Babilonia. L'unico modo in cui accetterei di fare di nuovo campagna elettorale contro Giuseppe sarebbe in un partito che proclama: "Lo massacreremo di botte, ma è un grande uomo".

Cousteau - Questo partito, ahimè, non esisterà mai... E le ragioni della nostra ammirazione per Stalin sono diventate innominabili in tutto il mondo. I bolscevichi non tollererebbero le nostre lodi perché, per definizione, siamo topi viscidi. Quanto alla borghesia occidentale, è sempre più condannata al conformismo antistalinista, che sta sostituendo in modo così comico il conformismo anti-hitleriano.[151] Guardate i giornali americani, che sono in *preda ai preparativi*. Non si preoccupano di inventare nuovi insulti. Tirano fuori tutte le vecchie invettive che gli

---

[151] Una parola difficile da tradurre che si riferisce al periodo di lavaggio del cervello che inevitabilmente precede una guerra premeditata.

ebrei hanno fornito loro fin dal 1933 e con cui hanno crivellato Adolf fino al 1945. Ora il bersaglio è Giuseppe, ma né il vocabolario né la tecnica sono cambiati. Non ha molta importanza. I destini della borghesia occidentale si compiranno alla fine. E questi borghesi non pagheranno solo per la loro russofilia durante la Seconda Guerra Mondiale. Pagheranno per le loro illusioni del 1917.

Rebatet - Le ho appena dato il *Journal* de la première guéguerre di Paul Morand; credo che la divertirà. Li vedrete dal vero, tutti gli aristos e i borghesi che esultano per la Rivoluzione russa, con la contessa Anna de Noailles in testa. Morand dice di aver trovato tre persone, tre, che non pensavano molto all'evento. E il giovane Morand aveva delle conoscenze.

Cousteau - È sempre la stessa cosa. Nel 1789, l'intera aristocrazia francese era in fibrillazione per le richieste degli Estati Generali. Quattro anni dopo, furono tagliati fuori o cacciati... In nessun luogo la Rivoluzione russa fu acclamata con più entusiasmo che negli Stati Uniti. Lo zar era l'abominio della desolazione, Kerensky era Washington, Jefferson e Lincoln tutti insieme. E ora gli americani fanno bella figura! Proprio come i giacobini tedeschi che applaudirono la Rivoluzione francese per poi essere saccheggiati dai soldati del secondo anno, ma l'America mi interessa solo di sfuggita. Quelli che tengo d'occhio con la coda dell'occhio sono i borghesi francesi. Anche loro hanno flirtato con il bolscevismo dal 1917 e si sono sempre rifiutati, nel complesso, di prendere misure diverse da quelle di salvezza. Erano liberali, erano antifascisti. Nel 1941, quando l'URSS era in guerra con la Germania, entrarono in trance e iniziarono a bruciare candele per la vittoria russa. Poi, nel 1944, furono felicissimi di dare una mano ai comunisti che volevano distruggerci.

Rebatet - Per la borghesia, l'arrivo a Parigi dei grandi alleati slavi sarebbe un po' più brutto del più brutto ritorno offensivo delle SS.

Cousteau - Un Gauleiter nazista, libero di vendicarsi a suo piacimento, non sarebbe in grado di fare alla borghesia francese un centesimo del male che le farebbero i Popoff. Si stancherebbe, si lascerebbe compatire... Il bolscevismo, invece, è un laminatoio ineccepibilmente efficiente. Nulla gli sfugge. Tutto ciò che sporge viene schiacciato. Allora il borghese non cresce più... E dopo tutto, abbiamo fatto tutto il possibile per evitarlo. Tanto peggio per chi ha fatto di tutto per renderlo possibile...

Bibliothèque de la maison centrale de Clairvaux, dicembre 1950.

DIALOGO N. 20

SACRO AMORE PER LA PATRIA...

> "Essendo la Francia contemporanea, un francese può essere una brava persona solo se si oppone"
> Montherlant, *il solstizio di giugno*

All'Assemblea Nazionale si discuteva di "amnistia". Il grande dibattito che tutti i detenuti dei campi di concentramento francesi aspettavano da sei anni, come gli ebrei in attesa del Messia. Dopo tutto, nelle prigioni si era cominciato a credere nell'amnistia già nell'agosto del 1944. L'amnistia era diventata qualcosa di favoloso, quasi metafisico, il simbolo stesso della Speranza, sinonimo di rinnovamento e gioia di vivere. C'era una fede ingenua, tenace e ombrosa nell'amnistia, che Cousteau e Rebatet avevano sempre mal sopportato. Avevano un affetto burbero per i loro compagni di prigionia e compiangevano questa povera gente per essersi esposta con tanta leggerezza ai suoi crudeli inganni. Cousteau e Rebatet sapevano che non c'era nulla da aspettarsi dalla Camera della Resistenza, che i parlamentari maquis avrebbero perseverato nel loro essere. Da qui la loro serenità, la loro leggerezza di spirito, il loro distacco. Non speravano in nulla, non temevano nulla.

Ma quello che non avevano previsto era che il progetto di "amnistia" - perché c'era un progetto di amnistia - avrebbe superato di gran lunga le previsioni più pessimistiche e che i parlamentari francesi avrebbero trovato il modo di chiamare "amnistia" una legge repressiva che istituiva nuove categorie di reati, che permetteva di imprigionare tutti i sospetti e gli eretici e in cui non un solo articolo permetteva a un solo prigioniero di uscire di diritto dal carcere. Era quasi troppo bello per essere vero. Tuttavia, questo progetto-canaglia appariva ancora ai deputati patriottici come stravagantemente generoso. Se fosse stato proposto che la Divisione *Das Reich* passasse sotto l'Arco di Trionfo, non avrebbero soffocato con più veemente indignazione. "Togliere quindici anni di indignazione nazionale ai traditori in un colpo solo! Non potete immaginare! Cinque se volete. - Facciamo dieci". Per quasi un mese, la discussione di questo tappeto è andata avanti tra un frastuono di parole nobili e insulti da pesce: "I nostri gloriosi morti! Letame... La generosa Francia! Taci, mascalzone! I sublimi sacrifici della Resistenza!... Vaffanculo! È giunto il momento di unire i francesi!... Branco di vacche!". A differenza dei loro compagni, che si aggrappavano ostinatamente all'illusione di fronte all'evidenza, Cousteau e Rebatet si divertivano molto.

Cousteau - Tuttavia, è angosciante, dice Cousteau, vedere che questo dibattito riflette molto la Francia contemporanea.

Rebatet - Nell'immagine stessa...

Cousteau - Quello che stiamo dicendo farebbe certamente saltare in aria il 99% dei cittadini liberi della Quarta Repubblica.

Rebatet - Protesterebbero che la nostra detenzione è deplorevole, ridicola, che sono contrari. E inizierebbero a cantare i noti versi sull'indecenza del Palais Bourbon e sulle pagliacciate che vi si svolgono. Vi avverto, non cammino più. Per quasi quindici anni ho avuto la debolezza di distinguere tra la Francia legale e la Francia reale. È stato uno dei grandi errori della mia vita. Per fortuna, l'ho superato molto tempo fa. Non ci sono venti deputati idonei su seicento, e questo accade fin dai primi giorni della Terza Repubblica. Ma questi perdenti sono stati scelti dal popolo francese nel suo complesso.

Cousteau - Questa professione non ha mai attirato persone di qualità.

Rebatet - Ma sono gli elettori che hanno reso questa professione ancora più degradante che in qualsiasi altro paese.

Cousteau - Anch'io ho camminato nella mistificazione del paese reale e del paese legale... Era così comodo... Funzionava così bene... Si poteva denunciare l'abiezione dei governanti e continuare a stimare i governati... Da una parte c'erano le scimmie ufficiali e dall'altra una Francia ideale, trascendentale, metafisica, ornata di tutte le virtù, che diffondeva un odore di santità...

Rebatet - Senza questa finzione, come si potrebbe essere patriottici? Dal giorno in cui ci si rende conto che Moch, Herriot e Francisque Gay *sono davvero la* Francia, diventa molto difficile...

Cousteau - Ma io vado oltre. Non mi sono accontentato di scoprire che la Francia reale e la Francia legale sono la stessa cosa. Credo che, in ultima analisi, la Francia legale sia piuttosto una tacca sopra la Francia reale. Gli uomini di Stato sono spesso costretti dalla necessità a comportarsi con un minimo di decenza e intelligenza e a non tenere troppo conto della volontà del popolo. Sarebbe molto peggio se si attenessero fedelmente.

Rebatet - È una magnifica verità. Ci sarebbe da scrivere un bell'editoriale su questo tema: "Elogio del Parlamento francese". Ma non dovremmo esagerare. Perché se i Parlamenti si mantengono al potere, è sempre per assecondare i gusti del popolo. Sottolineo la parola gusti. Non parlo di convinzioni. I francesi non ne hanno quasi più, sono troppo vecchi per farlo. In ogni caso, non credono nella democrazia come l'americano medio, candidamente e imperturbabilmente. Ma hanno un gusto, un vizio, se vogliamo. Se hanno le ultime istituzioni politiche del mondo, è perché queste istituzioni derivano dal vizio della maggioranza nazionale.

Cousteau - In effetti è una questione di gusto. Ma il gusto francese non li porta ad adottare indiscriminatamente tutti i loro principi. Delle tre incognite che compongono l'equazione iscritta sul frontone degli edifici pubblici, solo una è loro veramente cara. In fondo, non gliene frega niente della Libertà e non hanno idea di cosa sia la Fraternità, ma hanno un gusto appassionato per l'Uguaglianza. E l'uguaglianza è l'essenza stessa della democrazia. "Perché lui e non io? Perché lui e non io? E perché non io? Così tendiamo ad allinearci con lo spazzino.

Rebatet - E dà risultati piuttosto buoni: l'unica democrazia al mondo che non ha freni se non l'astuzia professionale dei vecchi ministri. D'altronde, la parola "democrazia" è ancora troppo esclusiva per il regime francese, poiché designa anche i regimi svizzeri, scandinavi e persino americani, i cui rappresentanti sono Solone e Richelieu se li confrontiamo con Herriot, Reynaud e Bidault. Dovremmo prendere l'abitudine di marcare la differenza e non dimenticare mai che la Francia è nella demagogia, e che lo è, a parte qualche eclissi, dal 1789.

Cousteau - Le origini di questo regime hanno lasciato su di lei un segno molto più profondo di quanto si possa pensare. Queste origini sono infelici. E lungi dal vergognarsene, la Francia - legale o reale - se ne compiace. Non è un caso che la sua festa sia il 14 luglio, la commemorazione di una sommossa guidata dai più vili furfanti. E in quali condizioni! Non mancava nulla a questa giornata gloriosa. In primo luogo, il reclutamento degli insorti, che non erano onesti commercianti come si voleva far credere, ma spudorati teppisti attirati dalla prospettiva del saccheggio. In secondo luogo, dal punto di vista militare, si trattò di una bravata: la Bastiglia non si difese più di quanto fece Von Choltitz, de Launay sparò *un* solo colpo di cannone e aprì subito le porte con la promessa che la guarnigione sarebbe stata al sicuro. Come disse Rivarol: "M. de Launay aveva perso la testa prima di essere tagliata". Infine, appena aperte le porte, nonostante gli impegni più solenni, la prima cosa che gli assedianti fecero fu mettere a morte i prigionieri. E per coronare questa carneficina senza gloria, gli pseudo-vittori si costituirono subito in associazione e divennero numerosi il 15 luglio come i combattenti della Resistenza del 32 agosto. Tali sono i giorni festivi di questo Paese. E tutte le sfilate di Saint-Cyriens in tonaca e guanti bianchi non cambieranno nulla.

Rebatet - E se ci fosse solo la Bastiglia. Ma tutto l'immaginario repubblicano è fondamentalmente fuorviante. Faccio un solo esempio: i Quaranta-Huitard, simboli della democrazia mistica, dell'ideale umanitario. Non me ne frega niente, questi apostoli gentili massacravano il popolo con una ferocia che Gallifet doveva solo portare avanti la tradizione.

Cousteau - Ogni nazione ha avuto i suoi falsi eroi, i suoi rivoltosi.

Rebatet - D'altronde, le leggende burlesche che glorificano gli assassini e denigrano le azioni onorevoli sono una specialità francese. Nel 1918, la Francia ha ottenuto una vittoria incompleta, anche se indiscutibile. Ho visto quasi tutti i francesi sputare su questa vittoria, provando una sorta di vergogna. Senza dubbio, il mito della Liberazione è più rispettato nel 1950 di quanto lo fosse l'11 novembre nel 1923.

Cousteau - Ciò che mi colpisce, vedete, è la straordinaria permanenza delle caratteristiche nazionali. E questo nonostante tutte le invasioni, nonostante tutti gli incroci. Che sangue gallico è rimasto in questo Paese? Eppure, tutto ciò che Cesare ha detto sui Galli si applica meravigliosamente agli elettori del signor Pleven: il gusto per le faide tra clan, il gusto per le imprese individuali, il gusto per le grandiose manifestazioni. È tutto presente di secolo in secolo. Così come il Paese reale non è diverso da quello legale, gli abitanti della vecchia Francia non sono diversi da quelli della nuova Francia. L'unica differenza - e sono d'accordo che sia cruciale - è che sotto il vecchio regime le aspirazioni di queste persone erano ostacolate, mentre dal 1789 sono state lasciate libere. Il risultato non è incoraggiante.

Rebatet - C'è anche il fatto che lei cita spesso, e ha ragione: la Francia era il Paese più popoloso d'Europa, e quindi il più temuto.

Cousteau - Tutto sommato, la Francia europea di un tempo era come la Russia di oggi: una cosa enorme in cui i migliori eserciti del mondo affondavano senza mai arrivare in fondo. Guardate la Guerra dei Cento Anni! Nel corso delle mie letture in carcere, ho appreso un dettaglio fondamentale che non dovrebbe mai essere riportato nei libri di testo scolastici. All'epoca c'erano venti milioni di francesi e solo tre milioni di inglesi. Per cento anni, gli inglesi vinsero ogni battaglia campale e ci vollero una pastorella miracolosa, San Michele Arcangelo e il tuono di Dio per battere i francesi sette a uno. E così è stato per tutta la nostra storia. Non ho le cifre dei formidabili eserciti che Luigi XIV lanciò contro la piccola Olanda senza riuscire a sconfiggerla, ma questo non può essere lusinghiero per l'autostima nazionale. A Rossbach, i francesi superarono i prussiani in numero di 58.000 a 20000. A Jemmapes, i francesi superarono i prussiani di due a uno. A Waterloo, i cannoni francesi erano 240 contro 159 cannoni inglesi. E nella Parigi del 1871, assediata da soli 200.000 tedeschi in un sottile cordone, c'erano 500000 soldati francesi che, in un'epoca in cui si usavano le baionette in battaglia, avrebbero dovuto essere in grado, con la loro massa, di realizzare il famoso sfondamento.

Rebatet - Ovviamente sono pochi gli storici francesi che farebbero ricerche in questo senso. Altri storici potrebbero rispondere, non senza ragione, che se la Francia era una nazione potente, era perché i suoi re l'avevano resa tale, che era stata la prima a raggiungere la sua unità. In ogni caso, per questa e altre cause, il prestigio della Francia era enorme.

Cousteau - Noi stessi siamo nati in un'epoca in cui questo prestigio era intatto, in cui ne eravamo impregnati, consciamente o inconsciamente, sia che fossimo patrioti o internazionalisti.

Rebatet - Senza andare tanto indietro nel tempo, vent'anni fa la Francia possedeva ancora, nel suo esercito, il principale strumento militare del mondo, e anche il più moderno. Con un sì o un no, la Francia era ancora in grado di ribaltare il destino dell'Europa. Oggi, il suo tesoro è praticamente azzerato e i suoi debiti sono diventati giganteschi. Non solo ha sempre bisogno del denaro americano, ma non è nemmeno più in grado di costruire le proprie armi né finanziariamente né industrialmente. La Francia della Marna e di Verdun è costretta a comprare i suoi carri armati, i suoi aerei e persino i suoi cannoni all'estero, come i Paesi balcanici in passato. A mio avviso, non c'è segno più evidente del suo declino.

Cousteau - Non avrei il coraggio di ridere di questo declino se fosse la conseguenza di qualche fenomeno naturale. Ma è il risultato logico di un sistema, di una filosofia di vita. E si dà il caso che i francesi provino un tumultuoso orgoglio per ciò che ha portato a questo declino. Tengono soprattutto alle cause delle loro disgrazie. Detestano tutto ciò che potrebbe sconvolgere il meccanismo. Noi stessi siamo stati condannati a morte, proprio , con le nostre deboli forze, abbiamo cercato di invertire la rotta.

Rebatet - E anche dopo il 1940, abbiamo avuto la semplicità di credere che potevamo ancora fare qualcosa. Abbiamo fatto tutto il possibile per preservare almeno una parte della forza della Francia, e poi abbiamo previsto i disastri che si sarebbero abbattuti su una Francia che fosse tornata al suo vizio democratico. Siamo stati ascoltati solo da una manciata di militanti e alla fine siamo stati incatenati mentre i becchini tornavano ai loro ministeri e alle loro presidenze. Torno a quello che dicevo prima: l'anno 1930, quando la Francia era ancora così potente e temuta. Dieci anni dopo, era in fondo al baratro. La repentinità di questa caduta lasciò sbalorditi i francesi, noi per primi. Ha sorpreso anche gli stranieri. Il declino della Francia è in così netto contrasto con un passato che non ha nemmeno quarant'anni, che nessuno si rassegna ad ammetterlo. La Francia è ancora il Paese di Napoleone, del 1918, il Paese di Parigi e di Versailles, il Paese che ha creato il secondo impero coloniale del mondo. In tutta la politica internazionale conserva il suo posto di "Terza Grande". È una grande opportunità. Ma guardate come i rappresentanti eletti della Quarta Repubblica stanno sfruttando questa opportunità: vanificando le combinazioni dei governi alleati, minando le stesse misure che gli stranieri vorrebbero adottare per la difesa di questo Paese.

Cousteau - La Francia è la nazione che dice "no" a tutti. E finisce sempre per accettare tutto, perché non ha i mezzi materiali per imporre le sue negazioni. Quindi non si accontenta di sottomettersi alla volontà degli altri. Per di più, compie il passo ridicolo di proclamare che non farà mai, in nessun caso, quello che sta facendo a malincuore un anno o sei mesi dopo, perdendo ogni volta il vantaggio morale e materiale dell'accettazione spontanea. E questa non è una prerogativa della Quarta Repubblica. Laval ha collaborato con i tedeschi non diversamente da come Moch ha fatto con gli americani o Barthou con gli inglesi e la S.D.N. Tuttavia, che sclerosi in questo popolo un tempo grande...

Rebatet - È una sclerosi. È anche una decomposizione del tessuto, dei partiti all'interno dei partiti, dei socialisti della tradizione jauréssienne, dei socialisti della sfumatura blumista, dei socialisti progressisti, del M.R.P. erpecificante, del R.P.F. emerpecificante, dei radicali di sinistra, di destra, del centro, tutti ulteriormente suddivisi in hardliner, softliner, né hardliner né softliner, grandi leader della sinistra. emerpéisants, i radicali di sinistra, di destra e di centro, tutti ulteriormente suddivisi in hardliner, softliner, né hardliner né softliner, grandi resistenti e piccoli resistenti, e a seguire la nostra pagoda di collaborazionisti germanofobici o germanofili, deatisti d'avanguardia e di retroguardia, doriotisti maestosi e doriotisti arcivescovili. La coesione si trovava solo tra quei francesi che avevano completamente smesso di vivere lo stile di vita francese, tra i comunisti.

Cousteau - Questa frammentazione delle fazioni non è solo un fenomeno di decadenza. È una vecchia caratteristica nazionale, presente in tutta la nostra storia. Come abbiamo detto prima, le carenze permanenti dei francesi non hanno conseguenze gravi quando il Paese è potente grazie alla sua massa e quando le fazioni sono spezzate da un pugno di ferro. Nessun'altra nazione ha bisogno di essere governata da Filippo il Bello, da Luigi XI, da Enrico IV, da Richelieu, da Luigi XIV, da Napoleone... più della Francia. Anche, se volete, da Robespierre - Robespierre è meno brutto del fabbro Capet... Non dimenticate mai che questo popolo, che ha contato e conta tuttora così tanti individui stimabili, è il più stupido di tutti i popoli non appena è padrone del suo destino. E non appena lo si lascia libero dal guinzaglio, diventa feroce.

Rebatet - Tutti i popoli hanno le loro atrocità. La storia dell'Inghilterra, per esempio, è abbastanza ripugnante. Che serie di massacri!

Cousteau - Sì, ma da quando c'è la regina Elisabetta è praticamente finita, mentre in Francia è permanente: la Crociata albigese, le Jacqueries, la dittatura dei Cabochi, degli Armagnacchi e dei Borgognoni, dei Cattolici e dei Protestanti, la Fronde, la Grande Rivoluzione, le incessanti rivoluzioni del XIX secolo, la Comune... È solo quando il potere centrale è abbastanza forte che questi istinti sanguinari, che sono certamente comuni a tutti i popoli, vengono soppressi. Purtroppo, in Francia, il potere centrale è raramente forte.

Rebatet - Certo, stiamo parlando delle cause del declino francese: la ferocia non è una di queste. Semmai è un segno di vitalità! Ma ciò che aumenta costantemente in questo popolo è la sua vitalità. Prendo l'esempio dell'esercito nel 1940 per un lungo periodo. Io, il fascista, il pacifista, ero considerato un fenomeno, in mezzo a duemila persone, perché volevo allenarmi un po' nella marcia e nel tiro. Gli altri erano perlopiù anti-hitleriani, non tanto contrariati dall'idea che la Francia fosse entrata in guerra, ma totalmente contrari ad ammettere che questa guerra doveva essere combattuta con le loro ossa, o almeno con il loro sudore. Non solo non volevano rischiare la pelle, ma non volevano nemmeno stancarsi. Nella loro mente, Hitler avrebbe probabilmente finito per tirare le cuoia, ma così, da solo, o almeno sotto i loro colpi. Ed è quello che è successo. Ma nel frattempo ci fu la grande decarrée, come diceva Laubreaux.

Cousteau - E così sia. Ma non ha senso lamentarsi di questo record negativo. La Francia ha ancora dei lati piacevoli. Ma i francesi non hanno alcuna considerazione per le loro vere virtù.

Rebatet - Ne abbiamo parlato molte volte. I francesi sono molto bravi a fare l'amore, forse anche più degli italiani. Cucinano molto bene. Non sono qualità trascurabili. Sono il segno di un alto grado di civiltà, costituiscono la metà della vita dei comuni mortali. Tra un francese di bocca buona e un americano che beve latte con la bistecca e scopa come un passero, mi sembra che non si debba esitare a designare l'animale che è, se non superiore, almeno più evoluto. Non vorrei che lo si attribuisse a una certa boria di cui sono colpevole e di cui non riesco a pentirmi.

Cousteau - Pacchianeria! Ma tutti gli uomini sono lascivi. La differenza è che alcuni lo ammettono e altri lo nascondono. I due miliardi e mezzo di persone che abitano questo pianeta non pensano ad altro che ad accoppiarsi.[152] Il fatto che i francesi siano significativamente più bravi degli altri bipedi nel fare ciò a cui tutti gli altri pensano, che abbiano più

---

[152] *Il massimo della* raffinatezza erotica per P.-A. Cousteau. Non ha mai accettato di rivelare il minimo dettaglio di questo "turbine".

successo di chiunque altro nel vortice giapponese, è una rivendicazione di fama estremamente seria e qualcosa di cui essere orgogliosi, qualcosa che giustificherebbe davvero l'orgoglio nazionale. stesso vale per le cianfrusaglie. Gli scarti contano nella vita degli uomini. E fa una grande differenza che il cibo di tutti i giorni non sia solo calorie e vitamine...

Rebatet - I francesi hanno anche risorse di gusto, finezza e arguzia. A riprova di ciò, non c'è bisogno di guardare oltre le manifestazioni attuali: la moda, il fascino delle donne, la verve popolare, la causticità di quasi tutti. È persino strano che queste qualità, che ci hanno dato un così grande prestigio artistico, abbiano prodotto così pochi diplomatici degni di questo nome in politica.

Cousteau - Ancora una volta, i francesi disprezzano le loro vere virtù. Vogliono che si dica che sono ospitali e generosi, mentre il loro "vecchio buon senso contadino" li rende sospettosi e parsimoniosi. Proclamano che le loro mogli sono virtuose. Sostengono di aver inventato tutto. E insistono soprattutto sul loro genio militare.

Rebatet - Ehi! Ehi! Pianoforte! La storia non deve essere negata. C'è molto da dire sulla battaglia della Marna. Ma le truppe che la vinsero, dopo 400 chilometri di ritirata, dimostrarono senza dubbio alcune qualità militari e persino alcune eccezionali. Inoltre, dalla Marna all'11 novembre 1918, i soldati francesi hanno fatto cose molto lodevoli. È stato indubbiamente un po' pomposo elencare così tante battaglie sotto l'Arco di Trionfo, ma è vero che i francesi le hanno vinte tutte. Si potrebbe dire che questo compensa Azincourt, Rosbach e Sedan. Anche nella grottesca guerra del 1870, i vecchi reggimenti si batterono bene e avrebbero potuto resistere abbastanza a lungo senza le manovre dei marescialli.

Cousteau - Va bene, va bene, non nego che i francesi abbiano dimostrato una certa attitudine al combattimento. Individualmente sono spesso intrepidi e quando combattono in piccole formazioni generalmente surclassano i loro nemici. Ma questo non va oltre il livello della squadra o della sezione, la sezione di biffe del 1914-1918 nella merda di Verdun o la squadra del grande Ferré. Purtroppo, non appena si sale al livello di corpo d'armata o di École de Guerre, le cose diventano disastrose. Che io sappia, non c'è nessun'altra nazione le cui grandi operazioni militari siano state condotte in modo più scadente. La storia della Francia è iniziata ad Alesia: un disastro. La sua epopea è *La Chanson de Roland, un* altro disastro. Nessuna nazione ha avuto una successione di capi militari peggiori, nessuna nazione ha avuto così tanti monarchi catturati, da Vercingétorix ai due Napoleoni, passando per Giovanni il Buono e Francesco I. Nessuna nazione ha avuto stati maggiori più regolarmente sorpresi dalle invenzioni del nemico, Le bombarde di Crécy o i gas asfissianti, l'adozione di metodi di guerra più bizzarri, la carica della cavalleria corazzata nelle paludi di Azincourt o la carica dei pantaloni rossi davanti alle mitragliatrici tedesche. Infine, nessun Paese ha mai avuto così tante squadriglie spazzate via: certo, le imprese dei corsari, ma ogni volta che gli ammiragli francesi schieravano la loro flotta davanti al nemico in formazione di battaglia, quella sera stessa non c'era più una flotta francese. No. La storia militare della Francia è spaventosa.

Rebatet - Dopo tutto, c'è stato Napoleone!

Cousteau - Questo è stato un'eccezione. Ma è passato come una meteora. La regola è che i capi militari francesi non sanno fare la guerra. Ma la guerra del 1914-1918 conferma la mia tesi. I francesi di quella generazione sapevano morire e soffrire, ma le loro operazioni furono condotte in barba al buon senso, con un folle spreco di vite umane: per tenere 3 o 400 chilometri di fronte morirono quasi tante persone quante ne morirono i tedeschi per tenere migliaia di chilometri di fronte, a est, a ovest e a sud. E, alla fine, la Francia vinse solo perché aveva con sé il mondo intero.

Rebatet - Alla fine, dice Rebatet, dopo aver rimuginato e brontolato un po', non stiamo guardando la questione francese dalla stessa prospettiva. Voi cercate i tratti permanenti del francese. Non credo che lei abbia torto. Per quanto mi riguarda, la storia della Francia serve soprattutto a stabilire una sorta di diagnosi. So bene che sono bastati alcuni grandi uomini, in molte occasioni, per cambiare il destino di questo Paese. Ma credo che oggi questi grandi uomini non bastino più, o più precisamente, questi grandi uomini sono diventati impossibili. Possono nascere, ma le istituzioni francesi li condannano all'oscurità e li respingono dalla politica. I grandi uomini sono le antitossine, le reazioni organiche di un corpo sociale. In ultima analisi, penso che la Francia sia un corpo troppo vecchio. È stata la prima a raggiungere l'unità: per le nazioni, questa dovrebbe essere misurata come la data di nascita degli individui. È sciocco aspettarsi dalla Francia il vigore, l'audacia, l'istinto di conquista dei Paesi giovani. La Francia possiede ancora alcune qualità che sono proprie dei vecchi e delle vecchie civiltà. È scettica, analitica, incline a un allegro pessimismo. Ha conservato i suoi archivi, i suoi musei, le sue cattedrali e la sua capitale, che è una delle zone più piacevoli del mondo. Le sue donne sono ancora belle, le sue tavole ben apparecchiate, la sua letteratura ingegnosa e gustosa. Se la Francia sapesse accettare la sua decadenza, rinunciando alle imprese e alle tartarinate che non sono più della sua epoca, e al tempo stesso si prendesse cura di sé contro le pisciate sartoriali, picassiane o progressiste che affrettano l'ora della sua decomposizione, potrebbe ancora essere affascinante e svolgere un ruolo invidiabile in questo universo di predicatori sanguinari e di selvaggi meccanizzati. Non protestate: so perfettamente che questo sogno è assurdo.

Cousteau - Non sto protestando. Il sogno è assurdo, ma è seducente. E il fatto che ci venga in mente questa ipotesi, questa ipotesi che è ancora una volta - come tutto ciò che abbiamo desiderato e proposto - il male minore, dimostra che, nonostante la nostra messa al bando, io e lei dobbiamo essere tra gli ultimi francesi con un minimo di senso francese.

Rebatet - È tristemente vero! Ma è questo tipo di patriottismo, l'unico saggio e utile, che farebbe ululare i patrioti di professione.

Rebatet girò più volte intorno al tavolo con il suono pesante degli zoccoli:

Rebatet - C'è una caratteristica permanente dei francesi che lei dimentica: il bisogno irresistibile di parlare male del proprio Paese. Il che mi porta a dire che lei è il più francese dei francesi.

Cousteau era commosso. Ma ha incassato il colpo in termini sportivi:

Cousteau - Certo, nonostante la decisione della Corte di giustizia, non sono completamente denazionalizzato. A volte lo dico, ma non è vero. Se mi guardo onestamente, sono costretto ad ammettere che sono ancora francese, in termini di gusto e di temperamento. Non è facile... So che per molti versi rimango legato a questo esagono, so che per molti versi sono simile a tutti gli altri francesi... Eppure la maggior parte delle cose a cui tengo sono per me ripugnanti, e su quasi tutti i punti mi sento in disaccordo con il Paese nel suo complesso. Gli unici francesi che mi piacciono sono quelli che si ribellano ai valori ufficiali francesi, ma preferisco questi francesi ribelli a tutti gli stranieri... E gli unici scrittori francesi che leggo con piacere sono gli eretici - penso a *Urano* di Marcel Aymé, a *Royaume* di Michel Mohrt - ma questi scrittori francesi eretici mi sono più cari dei più seducenti scrittori stranieri. No, vedete, non è così semplice...

Bibliothèque de la maison centrale de Clairvaux, dicembre 1950.

Già pubblicato

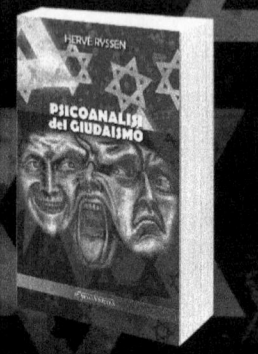

Dialogo tra gli sconfitti

www.ingramcontent.com/pod-product-compliance
Lightning Source LLC
Chambersburg PA
CBHW050126170426
43197CB00011B/1732